Christophine Reinwald (1757-1847) ist der Nachwelt als Schwester Friedrich Schillers bekannt. Sie war ihrem Bruder eine enge Vertraute und verständnisvolle Briefpartnerin und nahm großen Anteil an seinem literarischen Schaffen. Verheiratet mit dem wesentlich älteren Bibliothekar Wilhelm Reinwald, führte sie ein gesellschaftlich relativ zurückgezogenes Leben. Neben ihren häuslichen Tätigkeiten widmete sie sich der Malerei und dem Zeichenunterricht, mit dem sie sich ein eigenes Einkommen sicherte.

Auf der Basis bisher unveröffentlichten Archivmaterials zeichnet Annette Seemann das Porträt der Schillerschwester, die ihren bescheidenen Lebensverhältnissen die Liebe zu ihrem genialen Bruder entgegensetzte und in Witwenjahren zu einer erstaunlich modernen Frau aufblühte.

Annette Seemann lebt als freie Autorin und Übersetzerin in Weimar. Sie ist Vorsitzende des Fördervereins zugunsten der Herzogin Anna Amalia Bibliothek. Von Annette Seemann liegen im Insel Verlag außerdem vor: *Anna Amalia. Herzogin von Weimar* (Insel Verlag), *Die Geschichte der Herzogin Anna Amalia Bibliothek* (Insel Bücherei 1293) und *Weimar. Ein Reisebegleiter* (insel taschenbuch 3066).

insel taschenbuch 3410

Annette Seemann

Schillers Schwester Christophine

ANNETTE SEEMANN

Schillers Schwester Christophine

Mit zahlreichen Abbildungen

Insel Verlag

Umschlagabbildung: Christophine Reinwald, geb. Schiller.
Gemälde von Ludovike Simanoviz, um 1789.

insel taschenbuch 3410
Originalausgabe
Erste Auflage 2009

Vertrieb durch den Suhrkamp Taschenbuch Verlag
Umschlag nach Entwürfen von Willy Fleckhaus
Satz: Hümmer GmbH, Waldbüttelbrunn
Druck: Druckhaus Nomos, Sinzheim
Printed in Germany
ISBN 978-3-458-35110-8

1 2 3 4 5 6 – 14 13 12 11 10 09

INHALT

VORWORT

Dieses Buch zeichnet ein mit unterschiedlichsten Dokumenten angereichertes Lebensbild der älteren Schwester Friedrich Schillers. Eine Beschäftigung mit der nahezu unbekannten Christophine Schiller ist lohnend, unterscheidet sich ihre Lebensgeschichte doch radikal von der des berühmten Bruders, dem sie als Kind so nahe war. Doch ein letztlich trauriges Fazit muß gezogen werden: Ihre hervorragenden geistigen und künstlerischen Anlagen wurden nicht gefördert. Daher hegte sie lebenslang den Wunsch, dem eigenen, zumeist kärglichen Leben etwas anderes entgegenzusetzen: die Liebe zur Kunstschönheit und dem eigenen Zeichnen, zum Erhabenen, zu Gott, aber auch zu den Mitmenschen und nicht zuletzt zum genialen Bruder. Von ihm war sie seit ihrem fünfzehnten Lebensjahr getrennt, begleitete seinen Lebensweg jedoch, soweit es ihr möglich war.

Christophine Reinwald, geborene Schiller – so unterschrieb sie ab dem Zeitpunkt des Todes ihres Mannes eigentlich jeden Brief – führte nicht nur ein Leben im Schatten eines großen Menschen, sondern auch im Schatten ihres Ehemanns: Sie heiratete einen armen Bibliothekar aus Meiningen, hypochondrisch, grämlich und geizig, der auf seltsame Weise mit dem Bruder zum Zeitpunkt seines Exils in Bauerbach verstrickt war. Mit neunundzwanzig Jahren ging sie eine für damalige Verhältnisse späte Ehe ein, der Ehemann war weitaus älter. Die Ehe brachte Christophine nicht das ersehnte Glück, sie währte aber lange: von 1786 bis zum Tode des Ehemanns 1815. Dann erst folgte eine Zeit in ihrem Leben, die zweiunddreißig Jahre, also länger als die ersten beiden Phasen dauerte: ihre Witwenschaft, die sie plötzlich in die Selbstbestimmung entließ und mit etwas Geld versah.

Im Spiegel von Christophine Reinwalds bescheidener und doch idealisch angelegter Lebensgeschichte erscheint der Weg, den ihr Bruder ging, letztlich als noch radikaler, als man ihn ohnehin einschätzt. Denn wir begreifen, von welchen Vorstellungen und Verhaltensnormen er sich, gedanklich zuerst und dann real, entfernen mußte. In dieser ersten Phase war die Schwester Christophine lange seine Komplizin: Sie teilte, wenn auch nur per Brief, sein Schicksal, sprach Trost zu, gab vernünftige Ratschläge, vermittelte bei den Eltern – eine Rolle, die sie vermutlich am liebsten lebenslang gespielt hätte.

Nach Schillers Tod 1805, also in der zweiten Lebenshälfte Christophines, werden wir Zeuge, wie sie in dem ihr möglichen Maße mitarbeitete an der Legendenbildung um ihn, wie der Bruder immer präsent war in ihrem Denken. Das Bewußtsein, Schillers Schwester zu sein, war ihr neben ihrem Glauben und ihren menschlichen Beziehungen die wichtigste Stütze im Leben. Sie wurde mit fast neunzig Lebensjahren annähernd doppelt so alt wie ihr Bruder und war daher noch unmittelbare Zeugin des Beginns seiner Verklärung zum Nationaldichter der Deutschen im 19. Jahrhundert. Diesen Prozeß begleitete sie mit und begrüßte ihn, ja konnte ihn als Schillers Schwester im Bewußtsein einer Kenntnis über ihn genießen, einer Kenntnis, die aus seiner Frühzeit stammte, als er noch nicht der große Dichter der Deutschen war. Sie war in ihrem Alter die einzige Überlebende aus der Geschwisterreihe.

Grundlage für das Buch sind alle gedruckten Dokumente

wie etwa ihre Briefkorrespondenz mit Schiller und seiner Frau oder die sogenannten *Notizen über meine Familie*, aber auch bislang unveröffentlichtes und unbearbeitetes Archivmaterial aus dem Goethe- und Schiller-Archiv Weimar: Briefe, Lektürenotizen und Exzerpte, Gedichte, die sie abschrieb, eigene Gedichte, schließlich einige Tagebuchversuche und ihre selbstverfaßte Abhandlung *Über den Adel*, Stammbuchblätter, dazu ihr vielfach geändertes Testament und Nachrufe auf sie. Aus all diesem Material sowie nicht zuletzt den hinterlassenen Zeichnungen und Aquarellen – es sind dies im wesentlichen Blumenmotive, Familienporträts, Kopien von Meisterwerken oder aus Büchern sowie biblische Szenen – setzt sich das Lebens- und Charakterbild von Schillers Schwester zusammen. Vor allem ihr Briefwechsel mit dem Bruder und der Schwägerin Charlotte sowie in späteren Jahren mit den Nichten spielt eine entscheidende Rolle. Ergänzt werden diese Dokumente durch Briefe ihrer Freundinnen, mit denen sie eines der damals typisch weiblichen Netzwerke geknüpft hatte.[1]

Die unkonventionelle Orthographie Christophines, zurückzuführen auf ihre nur rudimentäre Schulbildung, wurde zugunsten der besseren Lesbarkeit der heutigen Schreibweise angeglichen, ebenso auch die Interpunktion. Auch in den Briefen der Zeitgenossen und denen Schillers wurden die Schreibweisen von »y« für »i«, etwa in »seyn«, und »th« für »t«, etwa in »That«, der heute üblichen angeglichen, lexikalische und manche grammatikalische Besonderheiten jedoch belassen, um das Gefühl der Fremdheit und zeitlichen Entferntheit in gewissem Maße zu bewahren.

Annette Seemann, Weimar, im März 2009

I. HERKUNFT, KINDHEIT UND JUGEND

Als alte Frau, im Jahr 1845, legt Christophine Reinwald die sogenannten *Notizen über meine Familie*[2] nieder, in denen sie die Herkunft vor allem des Bruders beschreibt, doch freilich auch auf sich selbst zu sprechen kommt. So setzt dieser Text mit den Worten ein: »Ob ich schon vermute, daß die bisherigen Lebensbeschreibungen von meinem sel[igen] Bruder fast alles berührt haben, was meine Familie betrifft, so könnte doch vielleicht teilnehmenden Freunden nicht unwillkommen sein, was ich als älteste Schwester in meinen Erinnerungen noch aufbewahrt habe, und es hiermit aufzeichne.« Die »teilnehmenden Freunde« sind es, diejenigen, die dereinst den Nachlaß ordnen würden – namentlich war dies die einzige damals noch lebende Nichte Emilie von Gleichen-Rußwurm (1804-1872). Damit ist ein zentrales Lebensthema Christophine Reinwalds genannt: die Freundschaft, die ihr fast wichtiger als die Liebe war. Trotz hoher moralischer und geistiger Ansprüche gewann sie lebenslang viele Freunde, fast ausschließlich Frauen. Ein zweites Identifikationsmerkmal stellt sie dem Leser in diesem ersten Satz vor: »Christophine Reinwald, geborene Schiller« – so sollte sie im Alter fast alle Briefe unterzeichnen. Sie sah sich in erster Linie als »Schillers älteste Schwester«. Diese Identität schloß andere Identitäten aus, die gleichwohl einen Großteil ihres Lebens ausmachten: Tochter von Johann Caspar und Elisabeth Dorothea Schiller, Schwester von Louise und Christiane Schiller, Ehefrau von Wilhelm Reinwald, oder einfach nur: Christophine Reinwald, begabte Zeichnerin und Malerin!

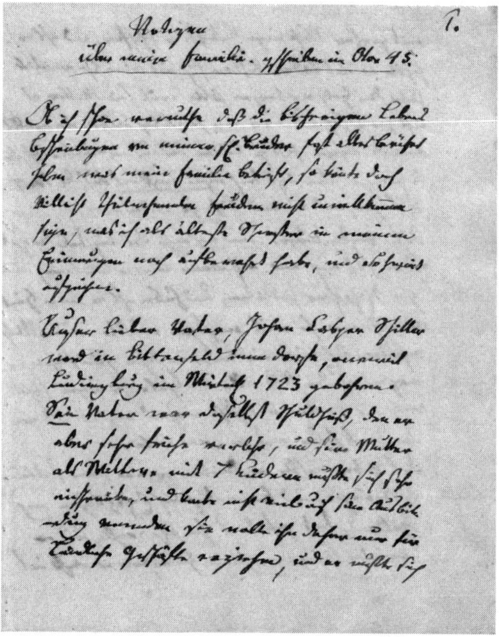

1. Christophine Reinwald, Notizen über meine Familie, 1. Seite (GSA).

Sie fährt fort: »Unser lieber Vater, Johann Caspar Schiller, ward in Bittenfeld, einem Dorfe unweit Ludwigsburg in Württemberg, 1723 geboren.

Sein Vater war daselbst Schultheiß, den er aber sehr frühe verlor, und seine Mutter, Witwe mit sieben Kindern, mußte sich sehr einschränken und konnte nicht viel auf seine Ausbildung verwenden. Sie wollte ihn daher nur für ländliche Geschäfte erziehen, und er mußte sich mit großer Mühe einige Kenntnisse verschaffen. Und oft erzählte er uns Kindern, daß er sich mit seiner Grammatik hinter dem Holz verborgen hätte, weil seine Mutter es nicht gerne sah, und wie wir so glücklich wären, da er alles anwende, unseren Geist zu bilden und uns an nützliche Geschäfte zu gewöhnen, um einst durch eigne Kraft uns durch die Welt zu bringen und niemandem lästig zu werden.«

Der Bildungshunger war bereits beim Vater stark ausgebildet. Heimlich erwarb er sich nach eigenen Angaben Lateinkenntnisse und bestürmte die Mutter, ihn mangels der Möglichkeiten eines Studiums zumindest die Wundarznei-Kunst erlernen zu lassen.[3]

Wie in vielen ihrer Briefe deutlich wird, hätte auch Christophine lernen und studieren wollen. Allein den Wunsch zu äußern erschien ihr jedoch als unweiblich und unangemessen. Ausnahmen waren hier höchstens adlige Mädchen, denen man schon früh Privatlehrer gab, oder aber selbstbewußte bürgerliche Mädchen mit wohlsituiertem Hintergrund.[4] Von solchen Privilegien war Christophine weit entfernt. Als ungerecht hatte sie es wahrscheinlich nie empfunden, daß sie nur drei, nach anderen Quellen vier Jahre die Volksschule absolvieren durfte und danach auf ein Lernen im Haushalt, in Gesprächen bei Geselligkeiten, durch Abschauen bei Freundinnen, über Lektüre sowie im Gottesdienst angewiesen war. Und wie sollte sie es auch als ungerecht empfinden, in einer Zeit, als die Schulbildung vor allem von Mädchen noch nicht üblich war und Mädchen in der Regel so wie Christophine lernten: im Verborgenen, auf dem elterlichen Hof, in der Werkstatt des Vaters, der Küche der Mutter, oder aber, in der zweiten Hälfte ihrer Kindheit, in Familien von Freunden oder Verwandten, was ihre Ausbildung vervollständigen sollte.[5] Selbst die eigentlich übliche Form des Ausbildungsabschlusses eines jungen Mädchens in einem anderen Haushalt im Hinblick auf ihre spätere Rolle als Hausfrau und Mutter ist in ihrem Fall nie überlegt worden: Christophine hatte im elterlichen Haus zu bleiben, bis ihre weitaus jüngeren Schwestern – Louise war neun Jahre jünger als sie, Christiane gar zwanzig – in der Lage waren, ihre Arbeit im Haushalt zu übernehmen. Denn die Mutter war immer schon kränklich und nicht sehr belastbar gewesen. Christophine hatte im Gegensatz zu den Schwestern noch das Glück gehabt, als kleines Kind von dem etwas mitzubekommen, was der Vater dem einzigen Sohn und jüngeren Bruder an Bildung vermitteln wollte. An schulischer Bildung sollte es im wesentlichen jedoch bei der Lesefähigkeit und dem Rechnen bleiben. Mit dem Schreiben haperte es meist mangels Übungsmöglichkeiten, und so wird auch erklärlich, warum Christophine Reinwalds Briefe und übrigen eigenhändigen Schriften doch zahlreiche Abweichungen von der zwar noch nicht normierten, jedoch in Bildungsschichten im 18. Jahrhundert üblichen Orthographie aufweisen.

Die ehrgeizigen Bürger erkannten indes schon früh, daß an der Qualität der Bildung auch für Mädchen ihre Heiratschancen gemessen wurden. Musik-, Zeichen- und Sprachstudien galten neben dem Handarbeiten, Hauswirtschaften und Tanzen als die zentralen Disziplinen der Frauenausbildung. Von all diesen Disziplinen konnte Christophine in ihrer Jugend lediglich, und auch dies letztlich autodidaktisch bzw. vermittelt durch ihre Freundin Ludovike Simanowiz, das Zeichnen erlernen, während die jüngste Schwester Nanette bereits Klavierstunden und privaten Französischunterricht erhalten sollte. Durch die fromme Mutter erwarb Christophine zudem die Kenntnis der evangelischen religiösen Praktiken und erkannte die sinnstiftenden Möglichkeiten, sich mit Religionsgrundsätzen zu »therapieren«. Gleichwohl herrschte in ihrem Leben nie Langeweile, denn die kränkliche Mutter hatte ihr schon früh die Sorge für einen großen Teil des Hauswesens übergeben.

Auch der zweite Aspekt der väterlichen Lehre, daß es wichtig sei, sich aus eigener Kraft zu erhalten, hatte bei Christophine offenbar mehr als gesessen. Nur so läßt sich im Grunde ihre spätere Entscheidung für die Ehe mit Wilhelm Reinwald erklären: als Möglichkeit, die Eltern von der Versorgungspflicht zu befreien. Daß diese Maxime auch an ihrem Lebensende noch galt, zeigt die Fortsetzung des Textes: »Diese Vorstellungen, und noch mehr das Beispiel der guten Eltern, sind auch mir auf meinem langen Lebensweg immer zur Richtschnur geblieben und haben oft in einer Zeit, wo ich mir so viel versagen mußte, meinen Mut erhalten, auch weil wir Kinder in diesen Grundsätzen erzogen wurden, daß alle Schicksale, sie mögen sein, wie sie wollen, eine höhere Hand regieret, und nur den Zweck haben, uns zu veredeln.«

Genau diese Lehre prägte Christophine lebenslang, während Bruder Friedrich aus dem bedrückenden Dienst als Regimentsarzt ausbrach und seinem »Schicksal« trotzte. Dies tat er, obwohl sein Naturell, so wie Christophine es mehrfach darlegt, äußerst friedliebend und gutmütig war. Ihm war der äußere Druck der beruflichen Verhältnisse unerträglich geworden, so daß er schließlich rebellierte. Ein Potential zur Rebellin gibt es wohl auch bei Christophine, allerdings nur in Rudimenten – während der Ehe mit Reinwald wurde die verinnerlichte Doktrin der Eltern, man hätte sich in sein Schicksal zu fügen, jedenfalls auf eine harte Probe gestellt.

Zurück zum Werdegang des Vaters: »Der l[iebe] Vater wählte einstweilen zu seinem fernern Fortkommen die Chirurgie und kam endlich durch Empfehlungen nach Holland, dort gefiel es ihm sehr wohl, und er erinnerte sich gerne jener Zeiten, wo er recht ins Leben aufgeweckt wurde; nach einigen Jahren besuchte er wieder sein Vaterland und erhielt unter dem Militär eine Stelle als Fähnrich – bei einer Durchreise durch Marbach lernte er unsere Mutter kennen; sie war das einzige Kind wohlhabender Eltern und gut erzogen; nach näherer Bekantschaft wählte er sie zu seiner Lebensgefährtin, und dieses Vertrauen, diese Liebe, begleitete sie beide bis an das Ende des Lebens, das oft schweren Prüfungen unterworfen war.«

Was fand der junge Feldscher Schiller vor, als er nach Marbach kam? Das schwäbische Nest war ein Ort, in dem damals viel gebaut wurde: Marbach hatte im Dreißigjährigen Krieg gelitten, dann war es 1693 im Zuge des Pfälzischen Erbfolgekriegs durch französische Truppen vollkommen niedergebrannt worden. Nur die steinernen Teile der Stadtmauer und der Gebäude innerhalb des Mauerrings, zumeist deren Keller und Untergeschosse, waren stehengeblieben, das ebenfalls stark zerstörte herzogliche Schloß Marbach diente der Bevölkerung in der Folge gar als Steinbruch. Die nächsten Jahrzehnte galten dem Wiederaufbau der Stadt, der heutigen Altstadt; und so präsentiert sich uns dieselbe auch, als eine frühe deutsche Barockstadt in Württemberg. Noch einmal zogen in den 1710er Jahren spanische und französische Truppen durch die Stadt und zogen sie in Mitleidenschaft. Zwischen 1757 und 1759, zum Zeitpunkt der Geburt der beiden ältesten Schillerschen Kinder Christophine und Friedrich, war der Tiefpunkt in der wirtschaftlichen Entwicklung

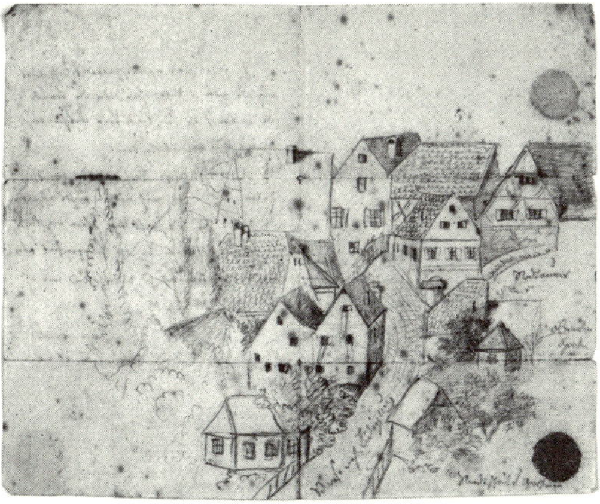

2. Christophine Reinwald, Marbach am Neckar, Bleistiftzeichnung, undatiert (DLA).

Marbachs zu verzeichnen. Und dieser Tiefpunkt spiegelte sich punktgenau in der wirtschaftlichen Situation der Familie Schiller wider.

Warum war der junge Feldscher Schiller eigentlich nach Marbach gekommen? Auch hierzu wissen wir etliches, obwohl sich die Familienangehörigen dazu ausschweigen. Johann Caspar Schiller hatte den Marbacher Gasthof *Zum Goldenen Löwen* aufgesucht, um dort eine Schwester zu besuchen, in der Hoffnung, eine andere Schwester habe eine Heirat für ihn arrangiert. »Im März kam er nach Marbach, doch das für ihn ausgesuchte Mädchen war vergeben. So heiratete er am 22. Juli 1749 schließlich die Tochter seines Wirtes, die sechzehnjährige Elisabeth Dorothea Kodweiß.«[6]

In einer Fußnote bemerkt Christophine in ihren *Notizen über meine Familie* ehrlich, daß der Schwiegervater Kodweiß zwar ursprünglich wohlhabender Holzinspektor gewesen sei, aber durch vielerlei Unglück sein Vermögen verloren hatte. Daß er daneben auch Gastwirt des heute noch in Marbach bestehenden Gasthofs *Zum Goldenen Löwen* sowie Bäkker war und sie selbst im Gasthof und elterlichen Haus ihrer Mutter geboren wurde, erwähnt sie nicht. Angesichts des Bankrotts ihres Großvaters war ihr wichtig, diesen in möglichst ehrbarem Licht erscheinen zu lassen.

Hier die entsprechende ungeschönte Passage in der Lebensgeschichte des Vaters: »Mein Schwiegervater Georg Friedrich Kodweiß, ein Bäcker, hatte schon etwa zehn Jahre vor meiner Ankunft die Holz-Inspektion bei dem herrschaftlichen Floßwesen übernommen, sich aber dabei durch unvorsichtige Handlungen mit Bauen und Güter-Kaufen einen solchen Rest in seiner Holz-Rechnung zugezogen, daß sein ganzes Vermögen kaum hinlänglich war, solchen zu tilgen. Eine geraume Zeit hatte er sich mit Aufnehmen verschiedener *Capitalien* zu helfen gesucht, und auch mein an barem Geld beigebrachtes Vermögen wurde zur Abschlags-Zahlung seines Rests angewandt, und mir, der ich damals den Verfall meines Schwiegervaters weder vermuten noch einsehen konnte, von seinem Vermögen eigentlich dagegen ausgesetzt, unter der Vorspiegelung, daß ja dereinst das Ganze mir zufallen müßte. Als ich aber endlich auf den Grund sehen konnte und befürchten mußte, daß mit dem Umsturz meines Schwiegervaters ich auch das meinige verlieren könnte, kaufte ich ihm die Hälfte seines Hauses ab und hielt an dem Kaufschilling mein Beibringen zurück. Um aber auch der Schande des Zerfalls eines so beträchtlich angeschienenen Vermögens auszuweichen, trachtete ich von Marbach ganz hinweg zu kommen.«[7]

Über ihre Mutter fallen in Christophines Aufzeichnungen keine weiteren Bemerkungen – was schade ist, denn über diese bemerkenswerte Frau läßt sich Interessantes berichten. So las sie als junges Mädchen Lyrik und beschaffte sich nach Möglichkeit Literatur, ihre Frömmigkeit war erwähnt worden. Sobald sie Ehefrau und Mutter war, fehlte ihr die Zeit, den literarischen Interessen weiter nachzugehen.[8] Über die Lebensgeschichte des Vaters dagegen lesen wir weiter: »Als die lieben Eltern neun Jahre verheiratet waren, wurde ich, das erste Kind, geboren. Die liebe Mutter wählte ihr Wochenbette in Marbach zu halten, um nahe bei ihren Eltern zu sein und ihrer Pflege zu genießen. Nach eineinhalb Jahren befand sie sich abermals wieder in gesegneten Umständen, als eben der Siebenjährige Krieg ausbrach, wo auch unser Vater mit ins Feld mußte. Diese Trennung, in diesen Umständen, griff meine Mutter sehr an, und in der Folge noch mehr die traurigen Nachrichten vom Kriegsschauplatz, die hier einliefen. Daher mein Bruder von Jugend auf immer schwächlicher war als ich – und seine nachherigen Schicksale waren auch nicht von der Art, daß sein Körper recht erstarken konnte.«

Man fragt sich, warum Christophine kein Wort über den Verbleib der Familie in der Zeit von der Verheiratung bis zu ihrer Geburt verlor. Und auch die Zeit danach bleibt im dunklen, sie präsentiert nicht die kleinste Detailaufnahme aus ihrer Kindheit. Der gesamte Bericht steuert geradlinig auf etwas in ihren Augen viel Wichtigeres hin: auf die Geburt des Bruders Friedrich. Sie selbst nimmt sich als unwichtig, bleibt die bescheidene Chronistin eines großen Dichterlebens. In derselben Weise kolportiert Caroline von Wolzogen, Schillers spätere Schwägerin, eine Stelle aus einem

3. Marie Luise Lempp, geb. Reiniger, Marbacher Geburtshaus von Friedrich Schiller, Aquarell, um 1840 (DLA).

»eigenhändigen Aufsatze« von Johann Caspar Schiller, der Gott angerufen habe: »Und du, Wesen aller Wesen, Dich hab' ich nach der Geburt meines einzigen Sohnes gebeten, daß Du demselben an Geistesstärke zulegen möchtest, was ich aus Mangel an Unterricht nicht erreichen konnte, und Du hast mich erhört. Dank Dir, gütiges Wesen, daß Du auf die Bitten der Sterblichen achtest!«[9]

Johann Caspar Schiller, der nicht dabei zusehen wollte, wie der Schwiegervater dem Ruin entgegenging, meldete sich 1753 erneut zum Militär, diesmal zum württembergischen. Sogar die untergeordnete Funktion eines Fouriers war ihm recht, um der peinlichen Situation im kleinen Marbach zu entgehen. Seine Frau ließ er bei ihren Eltern zurück und erfuhr, daß diese zum Martinstag 1756 die Löwenwirtschaft räumen mußten und in der heutigen Niklastorstraße 28 eine neue Unterkunft fanden. Dort kam Christophine Schiller, spätere Reinwald, am 4. September 1757 zur Welt.[10] Sie erhielt in der Taufe die Namen Elisabeth Christophine Friederike.

Im selben Jahr war ihr Vater Fähnrich und Adjutant geworden. Der Siebenjährige Krieg brauchte nun verstärkt Soldaten. Er konnte erst Anfang April des Jahres 1758 endlich wieder in die Heimat zurückkehren, inzwischen war er zum Leutnant aufgestiegen. Zum Zeitpunkt der Geburt des zweiten Kindes am 10. November 1759 wohnte die Familie im sogenannten Schillerhaus in der Niklastorstraße 31 gegenüber dem einstigen Gasthof *Zum Goldenen Löwen*. Es war nach dem Stadtbrand von 1693 als gewöhnliches Handwerkerhaus errichtet worden und gehörte mittlerweile einem Säckler, einem Hersteller von Lederwaren, namens Ulrich Schöllkopf. Die Schillers hatten im Erdgeschoß ein größeres Zimmer, außerdem gab es eine fensterlose Gemeinschaftsküche für alle Hausbewohner – solche beengten Lebensumstände waren nichts Ungewöhnliches zur damaligen Zeit. Die Mutter nahm all diese Veränderungen als schicksalhaft gegeben hin und verarbeitete sie mit standhafter Frömmigkeit. Kein Wort fällt bei Schillers Schwägerin davon, daß das elterliche Haus von Dorothea Elisabeth Kodweiß, verheiratete Schiller, zu diesem Zeitpunkt bereits verkauft war.

Johann Caspar Schiller lernte seinen Sohn erst ein halbes Jahr später kennen, man schrieb April 1760. Christophine war zweieinhalb Jahre alt und konnte laufen und sprechen – allein, es fehlen uns alle aufgezeichneten Erinnerungen. Schillers Schwester fand das, was man ihr aus jener Zeit erzählt hatte, wohl auch nicht der Erwähnung oder Erinnerung wert. Sie fährt stattdessen in ihren Familiennotizen fort:

»Nach Beendigung des Siebenjährigen Kriegs, wo unser Vater sich durch seinen Diensteifer als Adjutant bei dem von Gablenzischen Regiment Anerkennung erworben hatte, erhielt er bei dem Regiment von Stain die Hauptmannsstelle, und dieses Regiment wurde von Stuttgart nach Ludwigsburg verlegt. Hier wohnten wir aber nicht lange, weil die Offiziere an die Grenzen berufen wurden, um junge Leute zu Soldaten anzuwerben. Unsern Vater traf das Los nach dem Grenzorte Lorch, einem Dorfe. [...] Hier in Lorch fanden wir eine liebevolle Aufnahme, und wir alle erinnerten uns gerne jener Zeiten, obschon auch fand unser lieber Vater in dem dortigen Oberamtmann einen alten Freund wieder, der ehemals Offizier war, und auch ein treuer Freund unser aller wurde; unser lieber Vater befand sich wieder in seinen alten Umgebungen und konnte sich aussprechen und tätig sein, auch zwei würdige geistliche Herren wohnten hier, und eine nach Verhältnis des Orts wohleingerichtete Schule, wo wir Kinder auch hingingen; der H. Pfarrer Moser hatte auch die Güte, meinem Bruder mit seinen zwei Söhnen im Lateinischen Unterricht zu geben.«

Die Erinnerung an Friedrich Schillers Frömmigkeit als Kind war der Schwester im Familiendialog manchen Bericht oder Brief wert. Erneut die Version Caroline von Wolzogens: »Ebenfalls erinnert sich die Schwester [Christophine, A. S.] manches Spaziergangs, den die fromme Mutter mit ihr und dem Sohne, da dieser noch Kind war, zu den nicht fern wohnenden Eltern an Sonntag-Nachmittagen zu machen pflegte. Da war sie gewohnt, ihnen das Evangelium, über das an dem Tage gepredigt wurde, auszulegen. Einst, an einem Ostermontage, sprach sie über Christus, wie er in Begleitung zweier Jünger nach Emmaus wanderte, so erbaulich, daß in beiden Geschwistern die Rührung sich in heißen Tränen Luft machte. Welche religiöse Zweifel auch späterhin Schillern bedrängen mochten, das Gemüt, die Innerlichkeit, die bei jedem guten und reinen Menschen am Ende das Band zwischen Himmel und Erde machen, waren früh in ihm geweckt und gebildet. Durch seinen großen Geist verklärt, sollten sie einst nicht allein ihm Befriedigung und Ruhe geben, sondern auch ihn fähig machen, Gottes Wege auf Erden in großen Bildern den Menschen darzustellen.«[11]

Die Lorcher Kindheit begründete die lebenslange innige Zuneigung von Friedrich und Christophine Schiller. So nah waren sich die beiden niemals später wieder – in jeder Beziehung. Christophine genoß die enge Gemeinschaft mit dem fünfjährigen Bruder, mit dem sie gemeinsam die Volksschule besuchte. Bei dem Lorcher Pfarrer Moser, mit dessen Sohn Christoph sich Friedrich Schiller anfreundete, erhielt er mit sechs Jahren privaten Lateinunterricht, ein Jahr später auch Griechischunterricht. Der Pfarrer war beeindruckend für den Bruder, schreibt Caroline von Wolzogen: »Seine Schwester [Christophine, A. S.] erinnert sich, daß hier seine Neigung zum geistlichen Stande erwachte. ›Oft‹, so erzählt sie, ›stieg er auf einen Stuhl und fing an zu predigen. Mutter oder Schwester mußten ihm eine schwarze Schürze umbinden und ein Käppchen aufsetzen. Dabei sah er sehr ernsthaft aus. Was zugegen war, mußte ihm zuhören, und wenn jemand lachte, wurde er unwillig, lief fort, und ließ sich so bald nicht wieder sehen. Diese kindischen Vorträge hatten immer einen richtigen Sinn …‹«[12] Schillers Schwägerin betont, daß die innig miteinander verbundenen Geschwister Christophine und Friedrich selten Kirche oder Schule versäumten, doch sei dies an heiteren Tagen doch vorgekommen, wenn ein Ausflug in die nahen Berge gelockt habe – derlei Eskapaden mußten dem strengen Vater verheimlicht werden. Die Kinder besuchten besonders gerne eine Kapelle oder ein nahegelegenes altes Kloster mit Gräbern der Hohenstaufen, beides auf Anhöhen gelegen. Es muß auch die Landschaft ihren Reiz auf beide Geschwister ausgeübt haben, von denen übereinstimmend berichtet wird, sie hätten nie Streit gehabt und seien besonders anhänglich miteinander verbunden gewesen. So verwundert es nicht, daß nach Schillers Verlassen der Carlsschule ein Ausflug beide Geschwister in die Gegend von Lorch zurückgeführt hatte.[13]

Für den Vater wiederum war auch diese Zeit nicht der Erwähnung wert in seinem jetzt wesentlich knapper und ab diesem Punkt chronologisch abgefaßten Lebensbericht – er war inzwischen im Range eines Hauptmanns Werbeoffizier in Schwäbisch Gmünd. Die Abwesenheit von der Familie führte bei ihm zu Langeweile, die er mit Kartenspielen töten wollte, wobei er das ohnehin knappe Geld an einen Falschspieler verlor. Um so strenger trat er als Erzieher der Kinder auf, wenn er zu Hause war. Insbesondere den kleinen Fritz – so nannte man Friedrich in der Familie – traktierte er mit Gedächtnis- und Schreibübungen. Spielen galt als überflüssig und wurde bestraft, zuweilen mit Hieben. Diese trafen allerdings nur Friedrich – was Christophine lernte oder nicht, war von untergeordneter Bedeutung.

Nach dem Umzug nach Ludwigsburg wurde für Friedrich ein gänzlich anderes Bildungsideal verfolgt als für die ältere Schwester, die dort keine Schule mehr besuchen sollte. Daß die Mutter 1768 ein weiteres Mädchen zur Welt brachte, Maria Charlotte, das im Alter von fünf Jahren an Lungenentzündung starb, erwähnt Christophine nicht, auch nicht die Geburt einer weiteren Schwester, Beata Friederike, die 1773 geboren wurde und noch im selben Jahr starb: Im ausgehenden 18. Jahrhundert war die Kindersterblichkeit immer noch so hoch, daß dies in Aufzeichnungen nur selten Erwähnung fand. Auch wird im Abstand der vielen Jahrzehnte Christophine diesen Ereignissen nicht viel Bedeutung zugemessen haben.

Ihrer Schreibabsicht kam jedenfalls entgegen, daß man in Ludwigsburg auch außerschulische Anregungen aufgreifen konnte. So schreibt sie: »Wir zogen nun [gemeint ist das Jahr 1766, A. S.] nach Ludwigsburg wieder zurück und wohnten dort bei Freunden nahe beim Schloße und Komödienhaus. Die Offiziere mit ihren Familien hatten freien Zutritt, und da geschah es ganz natürlich, daß wir Kinder zuweilen auch mitgenommen wurden. Es war wohl ganz natürlich, daß diese prächtigen Vorstellungen in unsern Jahren uns sehr entzückten, ob wir schon nichts verstanden, da alles italienisch gesprochen wurde. Aber die Dekorationen, die prächtige Kleidung war uns schon genug. In Ludwigsburg wurde nun mein Bruder in die lateinische Schule geschickt und erwarb sich durch sein gutes Verhalten und seinen Fleiß die Zufriedenheit seiner Lehrer, daß er bald in eine höhere Klasse kam.«

Erneut fällt kein Wort über sie selbst, was sie tut, mit wem sie verkehrt. Dabei hätte Christophine einen Namen zumindest erwähnen können, da die Person nicht nur für sie selbst, sondern auch für das Nachleben Schillers im Bild eine große Rolle spielen sollte: Ludovike Reichenbach, spätere Simanowiz, im selben Jahr 1759 wie der Bruder Friedrich in Schorndorf bei Stuttgart geboren, wohnte mit ihrer Familie ab 1762 im selben Ludwigsburger Haus wie die Schillers, in der damaligen Marbacher, heutigen Mömpelgardstraße 26. Fast zwangsläufig befreundeten sich die beiden Mädchen miteinander. Ludovike besuchte eine Schule, wo ihr außergewöhnliches Zeichen- und Maltalent entdeckt wurde.[14] Zwei Jahre später zog Schillers Familie um in das Haus Cotta in der Stuttgarter Straße, aber die Freundschaft der Mädchen blieb erhalten. Und während Friedrich Latein und andere Fächer paukte, war Ludovike fleißig dabei, ihr Talent zu entfalten, sowohl auf eigenen Wunsch wie auf Empfehlung ihrer Lehrer. Christophine fing unter der Anleitung der jüngeren Hochbegabten selbst an, zu zeichnen und zu malen: Sie zeichnete Blumenmotive, Vasen und Ornamente ab, oder kopierte sie auch aus Büchern. Ludovike war eine ernsthafte Lehrerin, die öfters korrigierte. Christophine war ebenfalls sehr talentiert, aber ihre eigenen Interessen konnte sie unter dem strengen Vater nicht durchsetzen, auch fehlte ihr die Überzeugung, daß sie eine künstlerische Berufung habe. Daneben mangelte es der Familie Schiller an dem, was die Familie Reichenbach besaß: betuchte Verwandte, die Freude daran hatten, das begabte Mädchen zu fördern, und erkannten, daß der für damalige Zeiten durchaus exotische Wunsch der Tochter, Malerin zu werden, ernst zu nehmen war.

Vater Schiller lieferte für diese entscheidenden Jahre im Leben seiner Kinder, auch Christophines, erneut nur lapidare Einträge in seinem Lebensbericht: »1770, den 10. September, bekam ich eine eigene *Compagnie*.

1773 wurde ich mit sechzig Mann von der Ludwigsburger Garnison an den Eglosheimer See auf Arbeit kommandiert, und 1775, den 5. Dezember, kam ich aus dem *Nexu militar* als Vorgesetzter bei der herzoglichen Hofgärtnerei auf der Solitude.«[15]

Kurz bevor Herzog Carl Eugen in Ludwigsburg die Residenz gegründet hatte (1764), hatte er den Entschluß gefaßt, einen Rückzugsort errichten zu wollen: das 1763 bis 1767 erbaute Schloß Solitude, zwei Stunden von Stuttgart entfernt im Walde versteckt, im Rokokostil errichtet, ein ovaler Hauptbau mit zwei zu beiden Seiten sich anschließenden Pavillons. Ein Arkadenbau umschloß das Ganze, oben eine breite Galerie. Hinter dem Schloß befand sich ein Kavalierbau sowie ein Schloßtheater, in Unweite dann verschiedene Akademiegebäude. 1770 wurde auf der Solitude ein Militärwaisenhaus gegründet, das bald eine Militärpflanzschule wurde, wenig später eine Militärakademie.

Christophine, über die wir hier nicht mehr erfahren, berichtet ihrerseits getreulich:

»In jener Zeit [gemeint ist das Jahr 1773, A. S.] trug sich der Herzog mit dem Vorhaben, eine Pflanzschule für die Söhne seiner Offiziere und Soldaten auf der Solitude zu errichten, er ließ sich daher von den Lehrern Zeugnis über ihre Anlagen und Fleiß geben, und unter diesen jungen Leuten wurde auch mein Bruder erwähnt, daher der Herzog meinen Vater zu sich berief und ihm sein Vorhaben eröffnete und ihm vorschlug, auch seinen Sohn in diese Anstalt aufzunehmen.

Worauf aber der Vater erwiderte, daß sein Sohn von Jugend auf Neigung für den geistlichen Stand gezeigt habe, was ihm, dem Vater, auch recht wäre, und wenn er also diese Neigung in dem Institut fortsetzen und ausbilden kann, so würde er es als eine Gnade ansehen, wenn sein Sohn aufgenommen würde.

Darauf entgegnete der Herzog, daß in seiner Anstalt keine Einrichtung dafür gemacht werden könne, sein Sohn könnte sich eine andre Wissenschaft wählen. Darauf entstand eine lange Pause – mein Bruder wollte keine Wissenschaft wählen, der Vater auch nicht, aber der Herzog drang auf eine Antwort, endlich nach langem Kampf wählte er die Rechtswissenschaft, zu der er aber nicht die geringste Lust hatte, und bloß aus Rücksicht des Vaters (der unmittelbar unter dem Herzog als Offizier stand und man dessen Zorn fürchtete) gab er nach und ergriff auch nach seiner Gewohnheit mit allen Geisteskräften diese Wissenschaft.«

Am 16. Januar 1773 rückte der dreizehn Jahre alte Friedrich Schiller auf der Solitude in der Hohen Carlsschule ein. Caroline von Wolzogen gibt ein sicherlich richtiges, aber nicht komplettes Bild dieser nicht unumstrittenen Erziehungsinstitution und der Lage ihres Schwagers: »Es zeugt

4. Friedrich Keller, Schloß Solitude bei Stuttgart, Stahlstich von Ernst Friedrich Grünewald und William John Cooke, um 1835 (DLA).

für des Herzogs Charakter und hellen Verstand, daß er durch häufige persönliche Gegenwart Selbstgefühl in den Jünglingen zu wecken und zu nähren suchte, durch Unterredung mit ihnen sie zu anständiger Äußerung veranlaßte. Er zeigte seine wissenschaftlichen Kenntnisse gern. Er warf Fragen auf, die die Zöglinge beantworten mußten, und veranlaßte gelehrte Diskussionen. Freiheit der Äußerungen und Geistesgegenwart erhielten seinen Beifall. [...] Die klösterliche Einschränkung der Jünglinge, die, aus der Freiheit ihres Familienkreises gerissen, hinter Mauern von der Welt durch eiserne Tore und Schildwachen geschieden wurden, mußte ihnen hart und drückend erscheinen. Die Mütter und noch unerwachsenen Schwestern durften am Sonntag Söhne und Brüder besuchen.«[16]

Weder Caroline von Wolzogen erwähnt die strengen Bestrafungen, denen die Schüler selbst bei kleineren Vergehen ausgesetzt wurden und die mit entwürdigenden Ritualen einhergingen, noch Christophine oder der Vater, aber mit Sicherheit wußten alle von den Leiden, die Schiller dort ertragen mußte.

Die Aufnahme Friedrichs in die Hohe Carlsschule, die erst 1770 bis 1771 von Herzog Carl Eugen von Württemberg gegründet worden war, galt in der Familie Schiller als unabwendbar, gleichzeitig als Gnade wie auch als Fluch. Als Gnade, da der Familie keinerlei Kosten für die Ausbildung, Unterbringung und Kleidung des Sohnes mehr entstehen würden und bekanntermaßen ausgezeichnete Lehrkräfte dort unterrichteten. Als Fluch, weil das von allen Familienmitgliedern ersehnte Ziel, daß Friedrich Geistlicher werde, damit vereitelt wurde, daß man den Knaben aus dem Familienkreis riß und eine lebenslängliche Verpflichtung bestand, »sich gänzlich den Diensten des herzogl. württemberg. Hauses zu widmen und ohne darüber zu erhaltende gnädigste Erlaubnis daraus zu treten keiner befugt sei«.[17] Eine Ablehnung des Wunschs des Herzogs, den begabten Knaben in diese elitäre Ausbildungsstätte aufzunehmen, hätte unweigerlich einen Gnadenverlust für Johann Caspar Schiller und die gesamte Familie bedeutet. Also fügte man sich.

Christophine jedenfalls bedauerte den Bruder, der ab sofort fern von der Familie aufwuchs – unter unerträglichem militärischen Drill und unter Abschneidung des Familienkontakts, von sonntäglichen Besuchen abgesehen. Es soll nur im Falle des unmittelbaren Ablebens der Eltern möglich gewesen sein, daß ein Carlsschüler selbst Urlaub bekam. Dabei wäre es letztlich einfach gewesen, daß die Schillers ihren Friedrich gelegentlich getroffen hätten, denn die Carlsschule war 1770 ursprünglich auf Schloß Solitude bei Gerlingen

(Stuttgart) gegründet worden, und just auf dieses Schloß war Johann Caspar Schiller 1775 als Herzoglicher Hofgärtner berufen worden. Dort konnte er mit der Familie bequem wohnen – doch hatte der Herzog die Pflanzschule 1775 nach Stuttgart hinter das Neue Schloß verlegen lassen. Wie die Knaben hier litten, insbesondere der schlaksige Friedrich, der der militärischen Uniform nichts abgewinnen konnte, ist hinlänglich bekannt. So notiert auch Christophine, daß die Belastungen in der Schule sich bald auf Friedrichs Gesundheit auswirken, und bezieht sich dabei auf das dem Bruder vom Herzog auferlegte Medizinstudium: »Ich brauche wohl nicht zu erwähnen, welcher harte Kampf abermals zu bestehen war, und unsere ganze Familie in Ruhe störte. – Da man aber voraussehen konnte, wie dieser abermalige Wechsel seinen Geist und Körper angreifen mußte – und dennoch in der Hoffnung einer einstigen guten Anstellung, bequemte er sich auch dazu und ergriff auch dieses Studium mit allen Geisteskräften.«

In der Familie war bekannt, wie oft der junge Schiller krank war, daher erlebte man diese wiederkehrenden Beeinträchtigungen voll Besorgnis: In den ersten zwei Jahren hatte er siebenmal im Krankenzimmer gelegen, einmal gar fünf Wochen lang. Dennoch waren seine Leistungen zunächst recht gut, während er im dritten Jahr seines Aufenthalts dort mit Problemen zu kämpfen hatte und sich beim Herzog in einem Brief geradezu dafür entschuldigte. Nicht so Christophine: Sie wuchs heran ohne dergleichen Beschwerden, sie war auch in dieser Hinsicht fast das Gegenbild zu ihrem Bruder in ihrer robusten körperlichen Natur. Sie trug im Haushalt mit allen Kräften zur Erleichterung der Arbeit bei, hatte Geflügel zu versorgen und wurde zu einer anstelligen

Gärtnerin. Sie würde zeitlebens die Bewegung im Freien als wohltuend empfinden, sie machte Handarbeiten, und in ihrer spärlichen Freizeit malte oder zeichnete sie, las, traf Freundinnen oder ging in die Kirche. Sicherlich trug die Geburt ihrer jüngsten Schwester Caroline Christiane im Jahr 1777, die Mutter war immerhin schon fünfundvierzig Jahre alt, nicht zu ihrer Arbeitsentlastung bei.

Auf der Solitude, wie der Name sagt, war es mit freundschaftlichem Austausch schlecht bestellt. Die Isolation des Ortes trug auch zu einer Isolation des jungen Mädchens bei, das fern von den Lustbarkeiten, die man doch in Ludwigsburg in bescheidenem Maße hätte genießen können, ohne regelmäßige Kontakte zu Gleichaltrigen heranwuchs, obschon es bereits achtzehn Jahre alt war, einem Alter, in

5. Christophine Reinwald, St. Catharinen Ordensdame, Aquarell, undatiert (DLA).

dem Gleichaltrige zur damaligen Zeit schon Verehrer hatten oder sich die Eltern um gesellschaftlichen Kontakt ihrer heiratsfähigen Töchter kümmerten. Christophines Gedanken dagegen drehten sich nach wie vor um den zugleich nahen wie fernen Bruder, der oftmals lange mit seinen Briefantworten auf sich warten ließ. In seinem einzig erhaltenen Brief an die Schwester aus der Carlsschul-Zeit vom 19. Juni 1780, in dem er zunächst den Tod seines dortigen Freundes von Hoven berichtet, bringt er diesen dann mit der eigenen depressiven Verfassung in Verbindung: »O meine Liebe, mit Mühe, mit schwerer Mühe habe ich mich aus Betrachtungen des Todes und menschlichen Elends heraus gearbeitet, denn es ist etwas sehr Trauriges, teure Schwester, einen Jüngling voll Geist und Güte und Hoffnung dahinsterben sehen. [...] Und ich darf Dir sagen, mit Freuden wär' ich für ihn gestorben. [...] Mir wär's erwünscht, zehntausendmal erwünscht. Ich freue mich nicht mehr auf die Welt, und ich gewinne alles, wenn ich sie vor der Zeit verlassen darf. Ich bitte Dich, Schwester, wenn es geschehen sollte, so sei klug und tröste Dich, und tröste Deine Eltern. [...] Ich habe viele Freunde in der Academie, die mich sehr lieben. Ich habe Dich, meine Teure, und doch kann dies alles keine Heiterkeit von einiger Dauer in meine Seele rufen. Du weißt nicht, wie ich so sehr im Innern verändert, zerstört bin. Auch sollst Du's gewiß niemals erfahren, was die Kräfte meines Geists untergräbt. [...] Diesen Brief läßt Du die lieben Eltern nicht lesen, Du weißt warum. – Ich hätte sie nicht gern traurig gemacht. – Noch einmal lebe wohl und fahre fort zu lieben Deinen Bruder, der sich glücklich schätzt, sich den Deinigen zu nennen. I. C. F. Schiller«[18]

Deutlich war Christophine für den vielfach gedemütigten jungen Mann damals die vertrauteste Person, der er sogar mögliche Selbstmordgedanken anvertrauen konnte, wohl wissend, daß sie die Eltern damit nicht belasten, ihm dafür aber in einem nächsten Brief Trost spenden und positive Zukunftsvorstellungen ausmalen würde.

Damals bereitete Schiller in der medizinischen Fakultät der Schule seine Dissertation vor. Die erste Arbeit wurde abgelehnt, worauf der junge Mann sicherheitshalber gleich zwei weitere anfertigte und schließlich mit dem *Versuch über den Zusammenhang der tierischen Natur des Menschen mit seiner geistigen* promoviert wurde. Der Drucker war Cotta, wenig später auch sein literarischer Verleger. Schiller wurde 1780 mit zwanzig Jahren aus der Militärakademie entlassen und erhielt den ungeliebten Posten eines Regimentsarztes, den er allerdings nur zwei Jahre lang ertragen konnte. Aus dieser Zeit sind keine Briefe an die Schwester, noch solche von ihr an ihn erhalten: Da das Regiment Schillers in Stuttgart stationiert war, bot sich dem Arzt nun wenigstens die Gelegenheit, Eltern und Schwestern regelmäßig persönlich zu sehen.

2. KOMPLIZIN, FAUSTPFAND, SCHLIESSLICH BRAUT

Kontur gewinnt Christophine – und zwar in der Eigenschaft als Komplizin und Briefpartnerin ihres Bruders – erst in seiner dramatischen Emanzipationsphase. Die Vorgänge sind im Grunde hinlänglich bekannt: Der zweiundzwanzig Jahre junge Regimentsmedikus entfernte sich unerlaubt von seiner Truppe im württembergischen Stuttgart, um am 13. Januar 1782 der Uraufführung seines ersten Stücks, *Die Räuber*, am Mannheimer Theater beizuwohnen. Schiller genoß die nie gekannte Freiheit in seiner Stuttgarter Bude, das Stück war unmittelbarer Ausdruck seines neuen Lebensgefühls. In dieser Zeit lernte er den Musiker Andreas Streicher kennen und befreundete sich mit Henriette von Wolzogen, deren Söhne die Hohe Carlsschule besuchten. Nach der Wiederholung seines Ausflugs in die Mannheimer Theaterwelt hatte er einen zweiwöchigen Arrest abzubüßen. In Christophines Darstellung stellt sich diese bedeutende Episode im Leben ihres Bruders folgendermaßen dar:

»Endlich erfolgte nun die Zeit der Anstellung, und diese bestand in der Stellung eines Regimentsmedikus beim Grenadier-Regiment von Augé, mit monatlichem Gehalt von achtzehn Gulden – in Stuttgart zu leben, wo die Volksmenge alles teurer machte, war unmöglich, daher hoffte er von seinen Nebenarbeiten sich noch einiges zu erwerben, da auch schon das Schauspiel der *Räuber*, in der Akademie angefangen, nun gedruckt war. Allein in diesem ist eine Stelle, die die Graubündner sehr übelnahmen und sich förmlich beim Herzog beschwerten. Darauf erfolgte der Bescheid:

Schiller soll nichts mehr schreiben. – Nun war alle Hoffnung verschwunden und die Folgen davon sind bekannt. – Es war kein anderer Weg, wenn sein Geist nicht ganz untergehen sollte, als der, den er wählte, das Vaterland zu verlassen.«[19]

Einige Zwischenstationen seien kurz nachgetragen: Schiller hatte im Arrest flugs sein nächstes Stück konzipiert, das einmal *Kabale und Liebe* heißen sollte. Wenig später gab er Gedichte heraus, unter denen eines zu finden ist, das mit dem Titel *Die schlimmen Monarchen* den verhaßten Tyrannen aufspießt. Und über ein Detail in dem Stück *Die Räuber* hatte der Herzog, der vielleicht nicht einmal das eindeutige Gedicht zur Kenntnis genommen hatte, Beschwerden vernommen, was Christophine nur andeutet: In der dritten Szene des zweiten Aktes behauptet Spiegelberg, das Graubündnerland sei »das Athen der heutigen Gauner«, ja, es gehöre nun einmal zum Nationalcharakter der Graubündner, daß sie Spitzbuben seien. Nach einer Denunziation untersagte der Herzog Schiller zukünftig, über das medizinische Fach hinausgehende Schriften zu verfassen. Er wußte sehr gut, wie der Herzog mit unbotmäßigen Dichtern umgehen konnte: Christian Friedrich Schubart war seit 1777 in dem grausamen Gefängnis auf dem Hohenasperg unweit Stuttgarts eingekerkert, ohne die Erlaubnis zu schreiben. Der junge Mann konnte sich in dieser Situation ausrechnen, was ihm bald drohen würde, und sah kein anderes Mittel als eine schnelle Flucht, da er nicht nach seiner Bestimmung leben konnte. Mit Hilfe seines Freunds, des Musikers Andreas Streicher, rüstete er sich am 22. September 1782 zur Flucht. In der Version Christophines heißt es: »[E]ndlich erscholl das Gerücht, daß des Herzogs Nichte, die Großfürstin von

Rußland, mit ihrem Gemahl und Gefolge den Herzog besuchen würde. Da mußten nun überall große Zubereitungen gemacht werden, auch auf der Solitude, wo sie gegen Abend zuerst ankommen würden. Da wurde nun vom Herzog befohlen, daß der ganze Weg von Ludwigsburg drei Stunden lang sollte erleuchtet werden und das schöne Schloß, welches auch in gerader Linie oben stand, ebenfalls [...] – in dieser Nacht also wählte mein Bruder, das Vaterland zu verlassen, um nicht so bald vermißt zu werden. Er reiste mit Herrn Streicher, einem Freunde, gerade nach Mannheim, wo er eingeladen war. Von da aus schrieb er sogleich an den Herzog die Ursache seiner Entweichung, an seinen General, der ihn sehr liebte, und an unsern Vater. Der Herzog gab kein Zeichen der Ungnade von sich. Er mochte wohl fühlen, daß er die Ursache dieses Schrittes war. Natürlich, der Vater und wir alle waren sehr bestürzt über die Art und Weise der Entweichung, allein jetzt nach der langen Zeit, da dies geschah, war kein andrer Ausweg, um nicht geistig unterzugehen.«[20]

Streicher und Schiller passierten ungehindert die sonst stark bewachten Stadttore. Der Vater durfte nichts erfahren, als württembergischer Hauptmann hätte ihn die Kenntnis eines solchen Vergehens unter schwersten moralischen Druck gesetzt: Ein Verschweigen der Fluchtabsichten seines Sohnes wäre für ihn einem schweren Vergehen gleichgekommen. So erfuhren von seinem Entschluß nur die Mutter und Christophine – die jüngeren Schwestern waren ebenfalls nicht informiert.

Die Freunde langten in Oggersheim in der Pfalz an, eine Stunde von Mannheim entfernt. Schiller nannte sich jetzt Dr. Ritter und verfaßte sein zweites Theaterstück, den *Fiesko*,

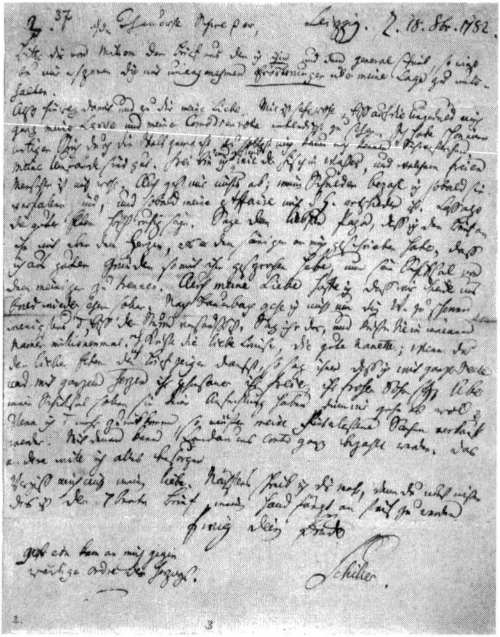

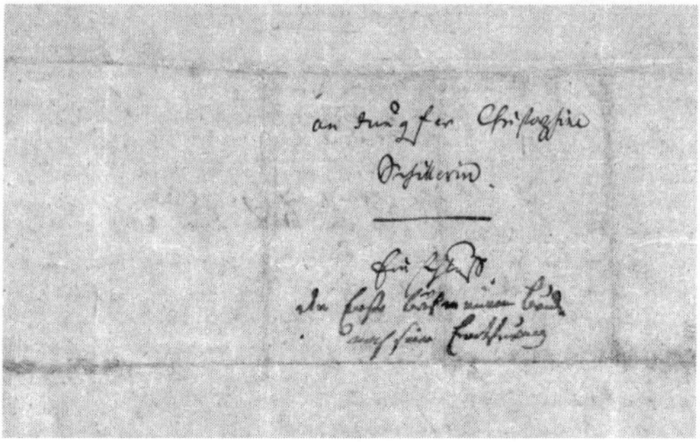

6 und 7. Brief Friedrich Schillers an Christophine Schiller am 18. Oktober 1782 (GSA).

und vielleicht hat der Schiller-Interpret Friedrich Dieckmann damit recht, daß, wie Amalia in den *Räubern*, auch Leonore im *Fiesko* dasselbe Vorbild in der Phantasie des Verfassers besaß: die ältere Schwester Christophine, das einzige Mädchen, das er kannte, schätzte wie auch anziehend fand.[21]

Mehrere Briefe des Herzogs – dem letzten fügte man auch ein unterstützendes Schriftstück von Schillers Vater bei, in dem er die Rückkehr des flüchtigen Sohns forderte – beantwortete Schiller mit der Bitte um Aufhebung des Schreibverbots. Den vierten und letzten Brief des Fürsten ließ der Dichter unbeantwortet, woraufhin er offiziell von der Regimentsliste gestrichen wurde und ab sofort als Deserteur galt.

In dieser Zeit war allein der Brief noch das Band, das den Dichter mit seiner Familie verknüpfte, und aus Sicherheitsgründen erfand er immer neue Aufenthaltsorte. Vor allem schrieb er nicht an die Eltern selbst, sondern an Christophine, die vertraute Schwester, die ihn mit Sicherheit nicht verraten würde. Aus Oggersheim (angeblich Leipzig) kam der erste Brief, den der Bruder nach seiner Entfernung aus Mannheim sandte:

»Leipzig. den 18. Oktober 1782.
Teuerste Schwester, [...] Mir ist sehr wohl, bis auf die Ungeduld, mich ganz aus meiner Larve und meiner Komödienrolle entledigt zu sehen. Ich habe schon einen artigen Strich durch die Welt gemacht, Du sollst mich kaum noch kennen, Schwesterchen. Meine Umstände sind gut. Frei bin ich und gesund wie der Fisch im Wasser, und welchen freien Menschen ist nicht wohl. Auch geht mir nichts ab; meine Schulden bezahl' ich, sobald sie verfallen sind und sobald meine Affäre mit dem Herzog entschieden ist. Laß also die guten Eltern höchst ruhig sein. Sage dem liebsten Papa, daß ich

den Brief an ihn mit eben dem Herzen, als er den seinigen an mich geschrieben habe, daß ich aus guten Gründen so mit ihm gesprochen habe, um sein Schicksal von dem meinigen zu trennen. Auch, meine Liebe, hoffe ich, daß wir beide uns bald wieder sehen sollen. Nach Bauerbach gehe ich nicht, um die W. [Henriette Freifrau von Wolzogen (1745-1788), Schillers Beschützerin, A. S.] zu schonen, wenigstens nicht, bis der Sturm versaust ist. Sag ihr das, und küsse Sie in meinem Namen Millionen Mal. Küsse die liebe Louise, die gute Nanette; wenn Du den lieben Eltern den Brief zeigen darfst, so sag ihnen, daß ich mit ganzer Seele und mit ganzem Herzen ihr gehorsamer, ihr freier, ihr froher Sohn sei. Über mein Schicksal sollen sie keine Anfechtung haben, denn mir gehe es wohl. Wenn ich nicht mehr zurückkomme, so müssen meine hinterlassenen Sachen verkauft werden. [...] Vergiß mich nicht, meine Liebe. Nächstens schreib' ich Dir mehr, denn Du mußt wissen, das ist der siebente Brief, meine Hand fängt an, steif zu werden.

Ewig Dein Bruder

Gestern kam an mich gegenwärtige Ordre des Herzogs

Schiller.«[22]

Deutlich wird die Rolle, die Schiller Christophine zuweist: Sie ist ab sofort Vermittlerin zwischen ihm und den Eltern und wird nicht mehr völlig in sein Denken und Fühlen eingeweiht. Trotzdem oder gerade deshalb versichert er ihr seine Zuneigung.

Ebenfalls aus Oggersheim stammt der nächste Brief, vom 6. November 1782, in welchem er vom Scheitern seiner Hoffnung schreibt, in Mannheim als Theaterdichter arbeiten zu können:

»Teuerste Schwester. Gestern abend erhalte ich Deinen lieben Brief und eile, Dich aus Deinen und unserer besten Eltern Besorgnissen über mein Schicksal zu reißen. Dein Verlangen, mich zu Mannheim etabliert zu wissen, kann nicht mehr erfüllt werden. So wenig es auch im Kreis meines Glücks läge, dort zu sein, so gern wollt' ich die nähere Nachbarschaft mit den Meinigen vorziehen und dort Dienste zu erlangen suchen, wenn mich nicht eine tiefere Bekanntschaft mit meinen Mannheimischen Freunden für ihre Unterstützung zu stolz gemacht hätte.«[23]

Schiller führt aus, er wolle nach Berlin gehen, dort sein Glück machen, vielleicht aber sogar bis nach St. Petersburg, freilich nur, um im Falle einer Briefzensur seine Spuren zu verwischen, und geschickt spricht er die Gefühle der Schwester an: »Erschrick nicht, beste Schwester, daß soviel Meilen zwischen Euch und mich werden zu liegen kommen. Ihr sollt jedes meiner Verhängnisse mit mir teilen: Ich suche mein Glück eben so sehr für Euch als für mich. Innerhalb einiger Jahre soll, wenn Gott will, kein Schuhbreit zwischen uns liegen. Bis dahin wache der Ewige über Euch und mich.«[24]

Er fleht die Schwester an, die Schuldner um Aufschub zu bitten, er wolle innerhalb eines halben Jahres Doktor der Medizin sein, rechnet sich aber auch mit literarischen Arbeiten Einkünfte aus.

All diese Zeit über sann Schiller in Wahrheit über ein wirklich sicheres Asyl nach. Insofern war die Erwähnung von Bauerbach als einem Ort, den er keinesfalls aufsuchen würde, ebenfalls eine Finte, denn im Grunde plante er bereits, diese ruhige Enklave als Rückzugsort zum Schreiben anzupeilen. Des weiteren zog ihn die siebenunddreißig Jahre alte Henriette von Wolzogen mächtig in Bann, die ihn eingeladen hatte (wie auch deren blutjunge Tochter Charlotte).

Wenig später ging er wirklich nach Bauerbach bei Meiningen und traf Ende November auf seinen Wunsch nochmals mit der Mutter und der Schwester Christophine zusammen, und zwar in Bretten an der württembergischen Grenze. Am 7. Dezember 1782 erreichte er Bauerbach und blieb bis in den April des folgenden Jahres. Auf den Tag seines Eintreffens ist sein Billett datiert, das die auf der Durchreise durch Meiningen am selben Tag begonnene Bekanntschaft mit dem dortigen Bibliothekar Wilhelm Friedrich Hermann Reinwald (1737-1815) dokumentiert: »P. p. Ein Fremder von Stuttgart, der vor einer halben Stunde hier eintraf und Ihnen vielleicht schon bekannt ist, wünscht das Vergnügen zu haben, Sie zu sprechen; weil er aber wegen Sicherheit seiner Person inkognito bleiben muß, so werden Sie so gütig sein zu bestimmen, wo wir beide am ruhigsten beieinander sind. Ich höre, Sie haben die Kost aus dem Hirsch, ich bin also so frei, Sie auf ein Mittagessen zu bitten.«[25]

Meiningen im 18. Jahrhundert – wie hat man sich diese Stadt, die seit 1680 Residenz des Herzogtums Sachsen-Meiningen war, vorzustellen? 1782 hatte Herzog Georg I., ein aufgeklärter kulturliebender Regent, den Englischen Garten bei seinem Schloß, der Elisabethenburg, anlegen lassen. Wie in Weimar war in Meiningen ebenfalls eine Freimaurerloge gegründet worden und hatte die Herzogsfamilie 1782 die herzogliche Bibliothek sowie das Naturalien- und Kunstkabinett für die interessierten Bürger geöffnet, und schon seit 1768 gab es Leihbibliotheken und Lesezirkel in der Stadt.[26] Herzog Georg I. hatte den damals an vielen

Höfen aufkommenden Wunsch, bedeutende Geistesgrößen nach Meiningen zu ziehen, doch konnte er letztlich nur Jean Paul zwischen 1801 und 1803 an sich binden. So war es eher eine Riege von Männern der zweiten Reihe, die den »Musenhof« Meiningens ausmachten. Zu ihnen gehörten auch der Hofprediger Johann Georg Pfranger (1745-1790) und dessen bester Freund, der erwähnte Bibliothekar Reinwald. Sie hatten Herzog Georg I. und seinem Bruder Karl zwischen 1776 und 1780 dabei geholfen, im großen Saal des Meininger Schlosses gemeinsam mit Handwerkern und Studenten als Laiendarstellern eine Liebhaberbühne zu bespielen.

Reinwalds Biographie weist einige Brüche auf, die sicherlich seine als »grämlich« und »hypochondrisch« geltende Natur zum Teil erklären können: In Wasungen geboren, hatte der Sohn eines Amtmanns und Regierungsrats, der zweiundzwanzig Jahre älter als Schiller war, zunächst die Rechtswissenschaften studiert. Sein Vater war früh gestorben, ein Onkel unterstützte ihn daraufhin. Nach Ausbruch des Siebenjährigen Kriegs verlor seine Mutter ihr Vermögen, und er selbst wurde von Herzog Anton Ulrich von Meiningen 1762 als Geheimer Kanzlist nach Wien geschickt, um über politische und literarische Ereignisse zu berichten. Dieser Herzog, der Reinwald freundlich gesonnen war, starb jedoch im Jahr darauf, woraufhin Anton Ulrichs Witwe Charlotte Amalie ihn nach Meiningen zurückberief und ihm trotz seiner breiten literarischen, geschichtlichen und sprachlichen Kenntnisse lange Jahre lediglich die Stelle eines Kanzlisten bot. 1776 wurde er vom jungen Herzog Karl von Meiningen als Sekretär und gleichzeitig Gehilfe an der Herzoglichen Bibliothek angestellt, erst 1802 sollte er Erster Bibliothekar werden, 1805 schließlich Hofrat. Wahrscheinlich rührte von der langjährigen geistigen Unterforderung und sozialen Degradierung auch sein misanthropisches Wesen. In seiner Freizeit beschäftigte sich Reinwald lebenslang mit sprachgeschichtlichen und literarischen Publikationen, so verfaßte er Gedichte, aber auch ein sogenanntes *Hennebergisches Idiotikon*, eine Art Wörterbuch der heimischen Mundart, und bearbeitete in Meiningen gemeinsam mit seinem Freund, dem Hofprediger Pfranger, das Landesgesangbuch, dem er einige selbstkomponierte und -getextete Lieder beigefügt hatte.

Zu dem kulturell interessierten Kreis Meiningens gehörten neben Reinwald und Pfranger die Familie von Türck, in der Charlotte von Kalb, die spätere Freundin Schillers, ab ihrem zehnten Lebensjahr aufwuchs, sowie der Prinzenerzieher Ludwig Heim und der Maler Johann Christian Reinhart.

Reinwald wußte, wen er in dem angeblichen Dr. Ritter vor sich hatte – nur ihm gab Schiller seine wahre Identität preis. Der Bibliothekar notierte in seinem Tagebuch: »Es wohnt ein außerordentliches Genie in ihm, und ich glaube, Deutschland wird einst seinen Namen mit Stolz nennen. Ich habe die Funken gesehen, die diese vom Schicksal umdüsterten Augen sprühen, und den reichen Geist erkannt, den sie ahnen lassen.«[27]

Dem ersten Billett Schillers an Reinwald folgten zahlreiche Briefe: Einundsechzig eigenhändige Briefe Schillers bis 1804 sind bezeugt, sehr viele davon aus der ersten Jahreshälfte 1783, als der Dichter auf Reinwald und Henriette von Wolzogen angewiesen war. Demgegenüber sind aus der Zeit von 1780 bis 1803 lediglich siebzehn Briefe Schillers an die Schwester und achtzehn von ihr an den Bruder erhalten. Reinwald, mit dem Christophine 1786 die Ehe einging, trat zunächst an ihre Stelle und nahm ihr den Bruder sogar über lange Zeit als Korrespondenzpartner weg. Er schrieb seinem Schwager, den er oft Bruder nannte, fast ebenso viele Briefe wie dieser ihm, nämlich siebenundfünfzig.[28]

Reinwalds Verdienst aus seiner Berufstätigkeit war karg, gelegentlich konnte er ihn durch kleine Schreibhonorare aufbessern. Schiller umwarb den Bibliothekar anfänglich, versprach er sich doch von dieser Bekanntschaft im abgelegenen Bauerbach eine Versorgung mit Literatur und etlichen anderen Artikeln. Die Rückantwort Reinwalds war für Schiller beruhigend: Der Polyhistor in untergebenen Diensten willigte ein, das Genie zu unterstützen. Schiller schreibt gönnerhaft, die dabei entstehenden Unkosten gingen Reinwald nichts an, und verspricht, ihm sein neues Drama *Luise Millerin* (später: *Kabale und Liebe*) zu schicken, fordert ihn auf, darüber zu urteilen – und die Verlockung, Vertrauter des Dichters zu sein, verfing. Reinwald wurde Schiller in der Bauerbacher Zeit unverzichtbar: Er orderte seinen Schnupftabak, Zeitungen, Tinte und Schreibpapier bei ihm. Und immer wieder versicherte er dem Älteren seine Freundschaft. Am 12. April 1783 gestand er Reinwald erstmalig seine Geldprobleme, die dieser offenbar erzürnt aufgedeckt hatte. Schiller schrieb, bisher habe er sich noch nie an die Eltern um Geld gewandt, wolle das aber tun, und überschickte Reinwald sodann einen Entwurf zu *Don Carlos.* Auch in seine Arbeit an *Kabale und Liebe* weihte er ihn ein.

Nie wieder sollte Reinwald für Schiller eine so bedeutende Rolle spielen wie in den Bauerbacher Tagen seiner selbstgewählten Isolation. Und nur aufgrund dieser emotio-

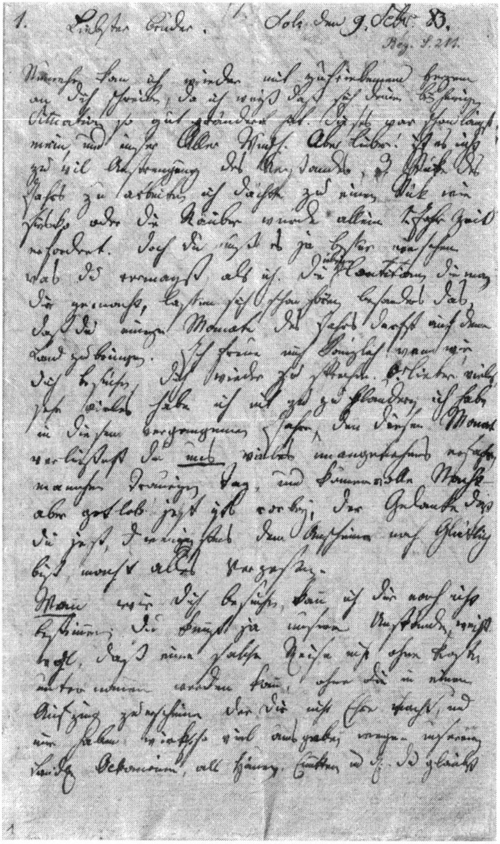

1. Liebster Bruder. Sol. den 9. Febr. 83.

8.-11. *Brief Christophine Schillers an Friedrich Schiller am 9. Februar 1783 (GSA).*

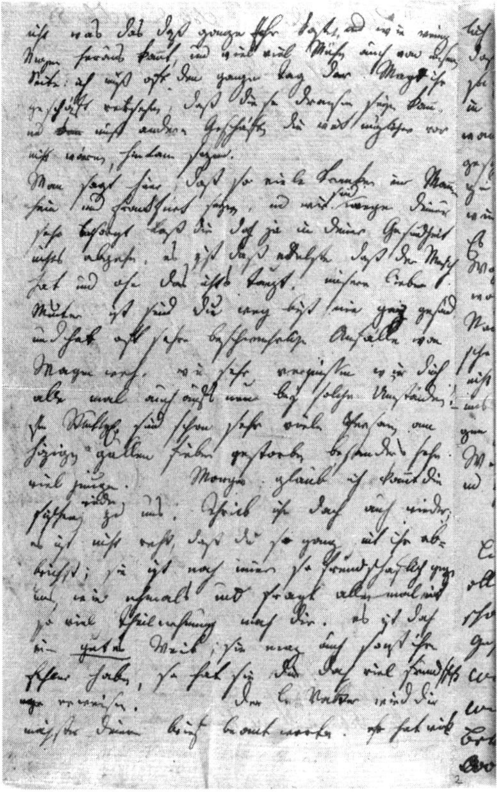

9.

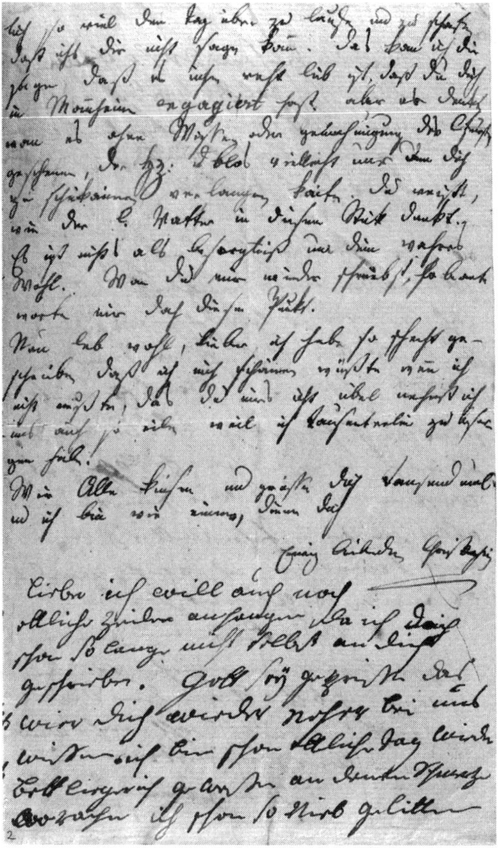

10.

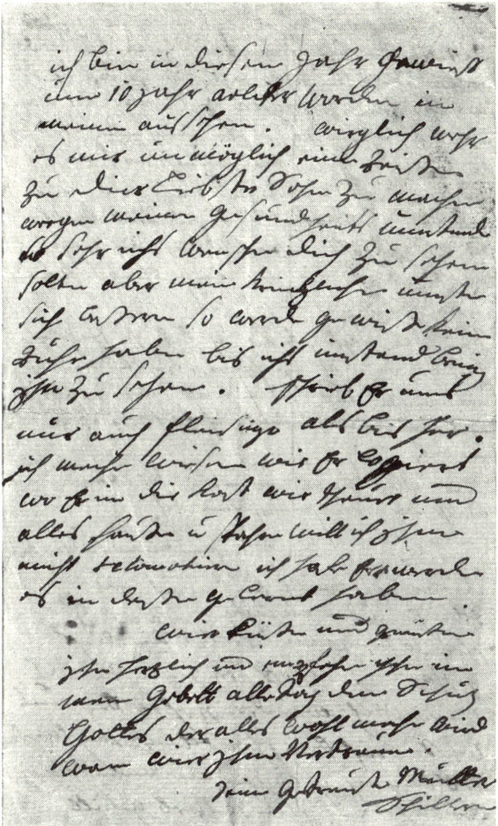

ich bin in diesem Jahr gewiß
um 10 Jahr älter worden in
meinem aussehen. wirklich wäre
es mir unmöglich eine Reise
zu dir Liebster Sohn zu machen
wegen meiner gesundheits umstand
so sehr ich wünsche dich zu sehen
solte aber mein [illegible] umstände
sich ändern so werde gewiß keine
Mühe sparen bis ich imstand bin
Ihn zu sehen. Schreib er uns
uns auch fleisiger als bis her.
ich möchte wissen wie er logiert
wo er in die kost wie theuer und
alles [illegible] u sachen will ich Ihm
nicht detaillieren ich [illegible]
es in [illegible] gelernt haben.

Wir küssen und grüssen
Ihn herzlich und empfehlen Ihn in
unser Gebett alle tag dem Schutz
Gottes der alles wohl machen wird
wann wir Ihm vertrauen.

Deine getreuste Mutter
Schillerin

11.

nalen, aber auch geistig-künstlerischen »Intimität« der beiden Männer, die sich zumeist brieflich abspielte, war die Beziehung Reinwalds zu Christophine möglich: Schiller hatte den acht Kilometer langen Weg von Bauerbauch nach Meiningen am 10. Mai 1783 auf sich genommen, um den Bibliothekar in seiner Junggesellenklause in der Anton-Ulrich-Straße 32 zu besuchen. Dieser war jedoch bis zum Abend abwesend. Schiller vertrieb sich die Zeit mit dem Lesen von Briefen, die er in seiner Brieftasche aufbewahrte – darunter auch einer der Schwester –, und blieb auch noch über Nacht. Als er am nächsten Morgen schließlich nach Bauerbach zurückging, vergaß er die Brieftasche, die Reinwald bei seiner Rückkehr fand. Und wahrscheinlich las dieser alle darin enthaltenen Briefe, doch nur einer war ihm von Bedeutung: der Christophines. Er war vom lauteren, zugewandten und zugleich sich unterordnenden Charakter der Briefschreiberin bezaubert und setzte sich zwei Wochen später hin, um ihr einen Brief zu schreiben:

»Mademoiselle: Ein besonderer Zufall macht mich so frei, an die Schwester meines Freundes diese Zeilen zu schreiben. Unter etlichen Papieren, die H[err] D[oktor] S[chiller] nach einem Besuch bei mir hat liegen lassen, fand ich einen Brief von Ihnen. Es war wohl nicht Sorglosigkeit allein dran schuld, sondern auch Vertrauen, denn ich glaube gänzlich, daß er mich liebt. Ich fand in diesem Briefe, den ich gelesen und noch mal gelesen und abgeschrieben habe, soviel *reifes Denken* und soviel herzliche, besorgte Wohlmeinung gegen Ihren Herrn Bruder, daß ich mich gefreut habe, und scheue mich nicht, jeden Gedanken, der mir zu seiner Ausbildung oder Glückseligkeit einfällt, mit Ihnen zu teilen.«[29]

Ohne sie zu kennen, war Reinwald offenbar an einer Beziehung zu Christophine interessiert, die ihm eine lebenslange Freundschaft mit dem verehrten Dichter ermöglichen würde. In diesem Sinne fuhr er fort: »Vielleicht kann ich Ihnen oder Ihren lieben Eltern auch manche Unruhe benehmen, die Ihnen über die Situation Ihres Herrn Bruders aufsteigt, und ich werde gerade sein und nie schmeicheln, weil mich auch die glänzendste Frucht der Schmeichelei nicht verführen würde und weil ich überhaupt nicht sonderlich viel von der Zukunft hoffe. Warum sollt' ich nicht, um recht zu tun, meinen Gang gehen? Sie finden unter anderem Rätsel in dem Bezeigen der Frau v. Wolzogen. – Ich kenne diese Dame einigermaßen von verschiedenen Jahren her. Aber ganz wird man sie nicht leicht fassen, denn sie ist unbeständig in vielen Dingen und schwach; doch auch gut, und hat schon vielen Menschen gedient, viele froh und manche glücklich gemacht. [...] Der, den ich liebe, kann zwar Freundschaft, Menschenliebe und Guttätigkeit bei der Frau v. W. lernen, aber Ordnung und Beständigkeit lern' er woanders! Noch scheint es aber nicht, daß Ihr Herr Bruder zum Weggehen inkliniert, er scheint ganz an seine Wohltäterin gefesselt, die ihn von der Seite seines guten und dankbaren Herzens eingenommen hat. Vielleicht sind Ihre Furchtsamkeitsäußerungen und besonders ihre Wünsche, daß er woanders hingehen möchte, Verstellungen [...]. Da dessen [des Briefs, A. S.] Inhalt vielleicht nicht ganz nach unsers Freundes Sinne sein möchte, so lassen Sie oder die Ihrigen sich auch von meinen Gedanken nichts gegen ihn merken. Es könnte sein Vertrauen zu mir schwächen und unsre Freundschaft untergraben.«

Christophine selbst gedachte der Vorgänge, die zu ihrer Ehe mit Reinwald führen sollten, erneut in ihren *Notizen über meine Familie* und vermutete: »Wahrscheinlich mochten die Grundsätze der Sparsamkeit, die mein Brief enthielt, ihn bewogen haben, an mich zu schreiben – genug, ich erhielt einen Brief von ihm, wo er mir die Geschichte erzählt und zugleich versicherte, daß er meinem Bruder schon auch dergleichen bemerkt hätte, daß er aber jetzt sehr beschäftigt sei, weil er von Göschen sehr gedrängt würde, den Don Carlos zu vollenden, so würde er auch uns nicht viel schreiben können – er aber könnte uns immer Nachricht geben. Mein lieber Vater trug mir auf, Reinwald wieder zu schreiben und ihn zu bitten, fernerhin mit gutem Rat seinen Sohn zu unterstützen – und so entstand denn ein Briefwechsel, worin immer mein Bruder der Hauptgegenstand war, auch weil Reinwald immer mit ihm im Briefwechsel stand, so wußte er von seinem Schicksal mehr als wir, wo sich ganz natürlich eine gewisse Beschämung dazwischenstellte, daß er uns noch nichts Bestimmtes über sein Schicksal sagen konnte.«[30]

Christophine war fünfundzwanzig Jahre alt, als der Briefwechsel einsetzte, und für damalige Verhältnisse auf dem Heiratsmarkt bereits schwer zu vermitteln. Auch empfand sie ihr Dasein auf der Solitude als zu sehr von Arbeitsbelastungen und Sorge für ihre ständig mit Magenproblemen kämpfende Mutter gekennzeichnet, als zu isoliert von der Teilhabe am gesellschaftlichen und kulturellen Leben. Hier sah der gebildete, unattraktive und wenig betuchte Reinwald sein Kapital und lockte die junge Frau mit Bildungsgütern.

In Bauerbach bahnten sich derzeit Veränderungen an, denn Schiller hörte Rufe aus Mannheim: Dalberg wollte sein neues Stück aufführen. Er vermutete, daß Schiller nicht mehr von Herzog Carl Eugen verfolgt wurde. So reiste der Dichter im Hochsommer nach Mannheim ab, wo *Fiesko* angenommen wurde, die *Räuber* erneut auf den Spielplan kamen und man auch vorhatte, *Luise Millerin* aufzuführen. Schiller erhielt einen einjährigen Vertrag als Theaterdichter, in den auch das neue Stück, *Don Carlos*, aufgenommen wurde. All das quittierte man auf der Solitude mit Genugtuung, wovon Christophines Brief vom 9. September des Jahres (1783) ein lebhaftes Dokument ist: »Liebster Bruder! Nunmehr kann ich wieder mit zufriedenem Herzen an Dich schreiben, da ich weiß, daß sich Deine bisherige Situation so gut geändert hat. Dieses war schon längst mein und unser aller Wunsch. Aber Lieber! Ist es nicht zu viel Anstrengung des Verstandes, drei Stücke im Jahr zu arbeiten? Ich dächte, zu einem Stück wie Fiesko oder Die Räuber würde allein ein Jahr erfordert. Doch Du mußt es ja besser einsehen, was Du vermagst, als ich. Die übrigen Konditionen, die man Dir gemacht, lassen sich schon hören, besonders, daß Du einige Monate des Jahrs darfst auf dem Land zubringen. Ich freue mich königlich, wenn wir Dich besuchen, Dich wieder zu sprechen. O Lieber! Vieles, sehr vieles habe ich mit Dir zu plaudern; ich habe in diesem vergangenen Jahre (denn diesen Monat verließest Du uns) viel Unangenehmes erfahren, manchen traurigen Tag und kummervolle Nacht – aber gottlob! Jetzt ist's vorbei, der Gedanke, daß Du jetzt wenigstens dem Anscheine nach glücklich bist, macht alles vergessen. Wann wir Dich besuchen, kann ich Dir noch nicht bestimmen; Du kennst ja unsere Umstände, weißt wohl, daß eine solche Reise nicht ohne Kosten unternommen werden kann, ohne in einem Aufzug zu erscheinen, der Dir nicht Ehre macht, und wir haben wirklich so viel Ausgaben wegen unserer ländlichen Ökonomie, als Hühner, Enten und dergleichen. Du glaubst nicht, was das ganze Jahr kostet, wie wenig Nutzen herauskommt, und wie viel Mühe auch von unserer Seite. Ich muß oft den ganzen Tag der Magd ihr Geschäft versehen, daß diese draußen sein kann, und muß andere Geschäfte, die weit nützlicher für mich wären, hintansetzen. Man sagt hier, daß so viele Kranke in Mannheim und Frankfurt seien, und wir sind wegen Deiner [Gesundheit, A. S.] sehr besorgt. Laß Dir doch ja an Deiner Gesundheit nichts abgehen; es ist das edelste, was der Mensch hat, und ohne das er nichts taugt. Unsere liebe Mutter ist, seit Du weg bist, nie ganz gesund und hat oft sehr beschwerliche Anfälle von Magenweh; wie sehr vermissen wir Dich allemal aufs neue bei solchen Umständen! [. . .] Der liebe Vater wird Dir nächstens Deinen Brief beantworten; er hat wirklich so viel den Tag über zu laufen und zu schaffen, daß ich's dir nicht sagen kann. Das kann ich dir sagen, daß es ihm recht lieb ist, daß Du Dich in Mannheim engagiert hast, aber er denkt, wenn es ohne Wissen oder Genehmigung des Kurfürsten geschehen, der Herzog bloß vielleicht, um Dich zu schikanieren, nach Dir verlangen könnte. Du weißt, wie der liebe Vater in diesem Stück denkt. Es ist nichts als Besorgnis um Dein wahres Wohl. Wenn Du mir wieder schreibst, so beantworte mir doch diesen Punkt.

Nun leb wohl, Lieber; ich habe so schlecht geschrieben, daß ich mich schämen müßte, wenn ich nicht wüßte, daß Du mir's nicht übelnimmst; ich muß auch so eilen, weil ich tausenderlei zu besorgen habe. Wir alle küssen und grüßen Dich tausendmal, und ich bin wie immer Deine Dich ewig liebende Christophine«[31]

Daß Schiller am Morgen des 24. Juli 1783 Bauerbach verlassen hatte, hatte Reinwald an Christophine geschrieben. In einem Brief vom 27. Oktober an Schiller wollte er der Schwester durch den Bruder etwas übergeben lassen: »Stellen Sie diesen Einschluß Ihrer lieben Schwester zu, die, wie ich höre, Sie in Mannheim besucht. Es sind einige Kupfer. Ich habe sie einige Zeit nach Ihrer Abreise von hier um Nachrichten von Ihnen, (die mir zu lange fehlten) und um einige Zeichnungen, die ich hatte rühmen hören, ersucht, und sie hatte die Güte, mir zu willfahren.«[32] Reinwald erhielt keine Antwort auf seinen Brief, was ihn verbitterte. In einem nächsten Billett unterschieb er daher mit »ehemaliger Umgangsgenosse WFHR«.[33]

Die Reise Christophines nach Mannheim unterblieb, und erst Ende November nahm der vielbeschäftigte Bruder, der sich bei Reinwald entschuldigt hatte, auf den Auftrag des Bibliothekars Bezug, indem er der Schwester aus Mannheim schrieb: »Schon vor einigen Wochen hat mir Herr Reinwald in Meiningen diesen Einschluß an Dich übersandt, weil ich mir aber gewisse Rechnung machte Dich im Dez[ember] persönlich zu sehen, so behielt ich ihn bisher zurück. Nun ist aber durch die Krankheit unserer lieben Mutter – und jetzt durch m e i n e eigene Beschäftigung – diese Zusammenkunft aufgeschoben, und ich wollte Dich nicht länger warten lassen.«[34]

Am Neujahrstag 1784 schrieb Schiller, der mit dem *Don Carlos* gedanklich beschäftigt war, einen wichtigen Brief, in dem er auf die vermutlichen Klagen der Schwester über den säumigen Briefeschreiber – der er immer war – einging:

»Meine teuerste Schwester, ich bekomme gestern Deinen Brief, und da ich über meine Nachlässigkeit, Dir zu antworten, etwas ernsthaft nachdenke, so mache ich mir die bitterste(n) Vorwürfe von der Welt. Glaube mir, meine Beste, es ist keine Verschlimmerung meines Herzens – denn so sehr auch Schicksale den Charakter verändern können, so bin doch ich mir immerdar gleich geblieben – es ist ebensowenig Mangel an Aufmerksamkeit und Wärme für Dich, denn Dein künftiges Los hat schon oft meine einsamen Stunden beschäftigt, und wie oft warst Du nicht die Heldin in meinen idealischen Träumen!«[35]

Die Heldin seiner idealischen Träume – nie hatte Schiller so deutlich ausgesprochen, was er empfand: daß Christophine wirklich Vorbild für seine Heldinnen der frühen Dramen war.[36]

Inzwischen hatte Reinwald ohne Schillers Wissen seinen Ansturm auf die Solitude intensiviert. Christophine berichtet so darüber: »Nach einiger Zeit äußerte R[einwald, A. S.] den Wunsch, unsere ganze Familie kennenzulernen, und bat sich die Erlaubnis aus, uns zu besuchen. Mein Vater gewährte ihm gerne seinen Wunsch, da er seine Briefe immer mit Vergnügen las, die auch wirklich das Gepränge der Wahrheit waren. Ich durfte ihm also schreiben, daß wir ihn gerne aufnehmen würden.

Endlich also im Jahr 84 kam er mit einigen Freunden aus Stuttgart bei uns an – seine Persönlichkeit hatte zwar nichts, was beim ersten Erscheinen einen angenehmen Eindruck machte, aber seine Unterhaltung war geistreich und wahr – und wir lernten uns an seine Persönlichkeit gewöhnen, und er wurde als Freund meines Bruders behandelt; es schien ihm auch bei uns und auf der schönen Solitude zu gefallen, denn er blieb einige Wochen bei uns und bat sich beim Abschied die Erlaubnis aus, uns noch einmal besuchen zu dürfen und den Briefwechsel mit mir fortzusetzen – dessen Inhalt durch die persönliche Bekanntschaft sich vermehrte, und der Vater es versprach.«[37]

Was Schillers Schwester verschweigt, war dreierlei: erstens die Tatsache, daß Reinwald schon bei diesem Besuch förmlich um ihre Hand angehalten hatte, zweitens, daß sie 1784 eine weitere Heiratschance hatte, in Gestalt eines Stuttgarter Obristen von Müller aus Stuttgart, den sie offenbar mochte und auch aquarellierte, drittens, daß sie nach dem Besuch gemeinsam mit Reinwald nach Mannheim reiste, was als Überraschung für Schiller gedacht war.[38] Vater Schiller dagegen wollte den Sohn nicht unversehens mit Besuch konfrontieren und schrieb ihm daher von Reinwalds »ganz unvermuteten Besuch« auf der Solitude und dem geplanten Überraschungsbesuch in Mannheim. Der Vater weist den Sohn an, sich als wirklich überrascht zu zeigen, sobald das Paar eintreffe, und fährt fort: »Was ich ihn ferner bitte, ist dieses, daß Er doch Herrn Reinwald, der es wahrhaftig gut mit ihm meint, in allen Stücken so wie dem besten Freund und Vater oder Bruder folgen möchte, und Er wird finden, daß dessen Rat der beste ist, denn er besitzt eine ausgedehnte Kenntnis der Menschen, und dieses ist eben der Stein des Anstoßes, an dem Er, mein bester Sohn, schon so oft sich wehe getan hat. Er läßt sich zu sehr von dem Schein einnehmen, schließt von seinem eignen guten Herzen auf andere, ohne sie zu prüfen, und am Ende findet sich nicht selten das Gegenteil, oder wenigstens mehr Komplimente als Realitäten.«[39]

Es war kein besonders kluger Schachzug des besorgten Vaters, den Bibliothekar als seinen verlängerten Arm zu installieren, indem er ihn als lebensklüger auswies. In seinen Briefen an die Schiller-Familie hatte Reinwald Henriette von Wolzogen denunziert, auf die er eifersüchtig war, weil sie ihm den Freund entfremdete, wie er glaubte. Ein bißchen Rachsucht spielte hier mit: Hatte nicht der Freund in den Monaten zuvor auf keinen seiner Briefe geantwortet? Schiller erkannte, was sich inzwischen angebahnt hatte, und auch er reagierte getroffen auf den alternden Mann, der ihm die Schwester wegzunehmen bereit war. Bei dem Besuch des Paares war er offenbar mehr als zugeknöpft. Kein Wunder, Reinwald redete dem Dichter auf Wunsch des Vaters ins Gewissen wegen dessen Schulden, die dazu geführt hatten, daß eine Bürgin ins Schuldgefängnis gesteckt worden war, weil er ihr Geld nicht zurückzahlen konnte. Reinwald wiederum sah es nur ungern, daß Christophine die Freude über das Wiedersehen mit dem Bruder kaum verbergen konnte.[40] Darüber hinaus erfuhren die Besucher, daß Schillers Vertrag als Mannheimer Theaterdichter nicht verlängert worden war. Kurz – das Zusammentreffen war für alle Beteiligten nicht harmonisch. Schiller schrieb an seinen Vater einen leider verlorenen Brief, auf den dieser am 31. Juli angeblich »niedergedrückt« reagierte, in Wahrheit aber aggressiv den Sohn an der Ehre packte. Schiller hatte in seinem Brief offenbar kritisiert, daß der Vater die Tochter an Reinwald verheiraten wolle. Der Vater parierte so: »Was den Punkt Seiner Schwester anbelangt, da zweifle ich mehr, ob ihr Betragen dem H[errn] R[einwald] gefällig genug, als daß sie ihm zu arm sei. So, wie wir diesen Herrn kennengelernt haben, kann er mit hundert Gulden besser auslangen als Er, mein Sohn, mit tausend. Und nichtsdestoweniger ist und bleibt er immer gehörig arrangiert. Da auch seine Person nicht anziehend und gewisse Launen ihn beim andern Geschlecht nicht sonderlich recomandieren können, welches mit Ursache sein mag, daß er bis jetzt noch nicht verheiratet ist, so wird er, um es zu werden, eines Teils nicht viel wählen können, andern Teils aber wahrscheinlich mehr aus Neigung als aus Eigennutz eine Verbindung eingehen. Es wird darauf ankommen, was beide Personen füreinander empfinden, und müssen es lediglich der göttl[ichen] Vorsehung überlassen. Christophine hat die Weisung, ohne Zeitverlust wiederum hierherzukommen, und ich hätte wünschen mögen, daß Er mich eher mit seiner dermaligen traurigen Lage bekannt gemacht hätte, dann wäre Christophine hiergeblieben und hätte uns und ihm dasjenige erspart, was jetzt ihre Reise und Aufenthalt gekostet.«[41]

In der gesamten Beziehungsgeschichte zwischen Reinwald und Christophine spielte (fehlendes) Geld eine wichtige Rolle, und dies, obwohl Christophine bescheiden war. Auch ihr nächster Brief an den Bruder, direkt nach ihrer Rückkehr aus Mannheim am 8. August 1784 geschrieben, behandelt in erster Linie das Geldproblem, diesmal aber dasjenige Schillers: »Was machst denn Du, mein Lieber! Hast Du noch keine Aussichten, ich darf gar nicht an diese Sache denken; schreib doch an Abel. Er wird Dir gewiß mit Tat, und wenn er das nicht kann, mit einem guten Rat an die Hand gehen; er hat viele Freunde, die es ihm gewiß zu Gefallen tun werden, schreib mir doch so bald als möglich. Aber die Wahrheit! Du mußt mir das nicht übelnehmen. Ich weiß, daß Du mich gern schonst in dergleichen Fällen, aber ich merke es gewiß Deinem Brief an, wenn Du nicht wahr redest, und wozu hilft das? Ich kann Dir freilich dadurch, daß ich es weiß, nichts helfen, aber es ist doch eine

Art von Beruhigung, jemandem seinen Zustand zu entdekken. Und wie leicht hat oft eine andere Person einen Einfall, den wir nicht gleich haben.«[42]

Reinwald wiederum hatte nun das Bedürfnis, Schiller brieflich versöhnlich zu stimmen. Gleichzeitig legte er ihm am 13. August ein Geständnis seiner Liebe zu Christophine ab: »Liebster Freund! [...] Ich hoffe, Sie werden noch so sein, wie ich Sie verließ, nämlich mein Freund. Vielleicht zeigt sich's noch, daß ich der Ihrige bin. [...]

Von Ihrer Schwester höre ich nichts, und die Furcht, daß sie krank sein möchte, durchschneidet mir das Herz. Ich kann nichts dafür, daß ich sie liebe. Ich habe keinen Grund finden können, gleichgültig gegen sie zu sein: Man sucht sich zu gefallen, man wird sich unvermerkt unentbehrlich, und das ist sie mir, um so mehr, da ich an keinem andern weiblichen Geschöpfe mehr Geschmack finden kann.«[43]

Christophine hatte sich Zeit gelassen, dem Bibliothekar zu schreiben. Erst am 16. August erhielt er ihren nächsten, nicht überlieferten Brief. Sie zweifelte vermutlich an ihren Gefühlen zu ihm und hatte richtigerweise das Gefühl, daß eine Ehe mit diesem Mann ihr Verhältnis zum Bruder nachhaltig trüben müßte. Zudem zweifelte sie in der zweiten Jahreshälfte 1784 daran, daß Reinwalds wirtschaftliche Verhältnisse für eine wenn auch bescheidene Eheführung ausreichen konnten. Der beste Freund des Bibliothekars, der Hofprediger Pfranger, schien ihr der einzige Ratgeber, um ihr in dieser Frage weiterzuhelfen. So fragte sie ihn im Herbst des Jahres in einem Brief nach Reinwalds wirtschaftlichen Verhältnissen und seiner Ansicht zu einer Verbindung zwischen ihr und dem Bibliothekar. Der Pfarrer hatte keine genaue Einschätzung über das Vermögen Reinwalds, ermutigte sie aber zu der schönen Lebensaufgabe, Licht in das Dasein des grämlichen Junggesellen zu bringen.[44] Auch brachte er ein Argument ins Spiel, das bei der frommen Christophine verfing: Mit dieser Heirat täte sie ein wahrhaft christliches Werk.

Christophine selbst verkürzt in ihren Familiennotizen den langen Prozeß der Bedenkzeit, die sie sich ausgebeten hatte: »Ich erklärte mich also auf folgende Weise, daß ich zwar sein Vertrauen auf meinen Charakter schätze, aber mich nicht entschließen könne, meine Eltern zu verlassen, da meine beiden Schwestern noch zu jung seien, die Wirtschaft zu führen und die liebe Mutter oft kränklich wäre.«[45] Reinwald habe dies verstanden und wolle wiederkommen, wenn das Hindernis beseitigt wäre, sprich, die Schwestern älter seien. All dies spielte sich erst im Jahr darauf, 1785, ab, als Reinwald im Juni zum zweiten Male auf der Solitude eingekehrt war und seinen Wunsch erneut vortrug. Inzwischen war Schiller auf Einladung Körners und Hubers nach Leipzig übersiedelt und hatte offenbar dem Vater (und anderen Menschen) vorgespiegelt, er wolle sich erneut der Medizin zuwenden. Nach zahlreichen Ratschlägen, die der Vater brieflich erteilte, wie auch dem Anerbieten, sich etwa in Sachen einer Aufführung des *Don Carlos*, sobald er fertiggestellt sei, einzusetzen, schloß Caspar Schiller den Brief mit neuen Nachrichten von Reinwald: »Reinwald ist dieser Tage wieder hier gewesen, hat Christophine, die eben damals, als er in Stutt[gart] angekommen, auch dort gewesen, einen Ring geben wollen, da sie solchen aber ohne unser Vorwissen nicht angenommen, so ist er hierhergekommen, hat sich sechs Tage aufgehalten, aber doch nichts mehr vom Ringgeben gesagt, nichts ausgemacht, und ist gestern mit der Äußerung fort, daß er vorher seine Umstände verbessern müsse und dann seine Freundin abholen wolle.«[46]

Keineswegs waren es die Eltern, die die Heirat blockierten, Christophine selbst schwankte und spielte auf Zeit. Sowohl mit Reinwalds Charakter wie auch dessen wirtschaftlicher Lage war sie nicht völlig versöhnt. Das Thema spielt eine Rolle in Briefen ihres Bruders und der mit ihm befreundeten Frau von Kalb, die jedoch verloren sind. Erhalten ist dagegen ein Brief Schillers vom September 1785, schon aus Dresden, wohin er auf Einladung Körners übersiedelt war. Diesem Brief entnehmen wir, daß trotz des nicht überreichten Rings das Paar seit diesem Besuch verlobt war. Ohne die sonst übliche Anrede »Teuerste Schwester«, setzt der ungestüme und tief getroffene Bruder folgendermaßen ein: »Da Du mir Deinen gefaßten Entschluß wegen Reinwald nur bloß historisch hast melden lassen, nachdem eure Verlobung vorbei ist, so sollte ich freilich vermuten, daß Dir an meiner Bestätigung nicht sonderlich viel gelegen sein werde. Doch keine Vorwürfe, meine gute Schwester – vielleicht habe ich durch meine vorhergegangenen Zweifel, durch den Anschein von Mißbilligung, Dein Vertrauen zurückgescheucht, und Dein Verdacht in die Unbefangenheit meines Rats hat Deiner Freimütigkeit gegen mich geschadet.

Die Gegengründe, die ich Dir aufstellte, überwogen zwar die Gründe, die ich bei Dir voraussetzte, aber Du behieltest vielleicht den hauptsächlichen zurück, wobei Du mich nicht zum Vertrauten machen wolltest, und konntest also niemals hoffen, meine Zweifel zu widerlegen. Ich fürchte sogar, daß Du aus meiner Übereinstimmung mit der Frau von Kalb ein

Komplott gegen diese Heirat geschlossen hast, und wir beide hatten zugleich das Schicksal, Dein Vertrauen zu verlieren. Wie dem auch sei – die ganze Sache ist nun entschieden, und ich habe Dich bis jetzt noch so wenig auf Übereilungen überrascht, daß ich in die überlegte Klugheit Deines Entschlusses nicht das mindeste Mißtrauen setze. Die *Beharrlichkeit* meines Freundes, die sich bei *diesem Fall* vorzüglich auszeichnet, und die Verbesserung seiner Glücksumstände verändern ohnehin die ganze Gestalt der Sache, und also natürlicherweise auch meine Meinung. Du kennst ihn und bist also auf alles vorbereitet, was unvermeidlich sein wird, und wirst Dich in das zu finden wissen, was Dich nicht mehr überraschen kann. Er wird das *Opfer* schätzen, das Du ihm gebracht hast, und Dich mit jedem Fall zu verschonen trachten, wo es Dich reuen könnte. Alles hoffe ich von Deinem Verstand und seiner Rechtschaffenheit, und mit der nämlichen Wahrheit und Offenherzigkeit, womit ich alle meine Einwendungen gegen Deinen künftigen Mann zu verantworten mich erbiete, gebe ich jetzt meinen brüderlichen Segen zu Eurer Vereinigung. Mache ihn so glücklich, meine Liebe, als Du verdienst, es durch ihn zu werden.

Meine und der Frau von Kalb Briefe über diese Angelegenheit bitte ich Dich, ihm ausdrücklich zu zeigen. Sie werden ihn an die Pflichten erinnern, die er gegen Dich hat, und er wird sich Mühe geben, unsere Besorgnisse zu widerlegen. Ich habe niemals aufgehört, sein Freund zu sein, sage ihm das und auch meinem Vater. Unsre Mißverständnisse waren nie etwas anders als eine Kollision seiner Hypochondrie und meiner Empfindlichkeit. Ich kann ihn nicht *mehr* lieben, nachdem er mein Schwager ist, als vorher, da er nur mein Freund war. Jetzt tu' ich aus Pflicht, was ich damals aus Wahl getan.

Einst, meine gute Schwester, wiegte sich mein Herz mit glänzenden Hoffnungen für Deine und Deiner Schwestern Glückseligkeit. – Meine Entwürfe sind demütiger geworden, aber ich gebe noch keinen einzigen auf. Solang mich unter den manigfaltigen Bizarrerien des Schicksals das Gefühl meiner selbst nicht verlassen wird, hoffe ich alles.«[47]

Schiller hatte in diesem Brief ein letztes Geschütz aufgefahren. Zuvor hatte er Charlotte von Kalb gebeten, ihrerseits zu intervenieren, denn sie kannte Reinwald bestens aus der Zeit ihrer Erziehung im Meininger Haus der Frau von Türck, in welchem Reinwald als Angehöriger des Gelehrtenzirkels verkehrt hatte. Im gleichen Atemzug gestand er sich frustriert ein, daß seine idealischen Träume von der Zukunft seiner Schwester ausgeträumt waren. Auch er wußte, daß sie in ihrem Alter nicht mehr allzu viele Möglichkeiten hatte, eine Versorgung außerhalb ihrer Familie zu finden. Daß er im zweiten Teil seines Briefs jedoch sein eigenes, frei gewähltes Schicksal und seine Entwicklung erneut als notwendig und folgerichtig beschreibt, darüber hinaus vermutet, daß sein Leben wahrscheinlich schon bald äußerst glücklich würde, läßt den Kontrast zwischen den Lebensentwürfen der beiden Geschwister um so krasser aufscheinen. Schiller schreibt: »Ich sehe rückwärts in mein Leben und bin fröhlich, liebe Schwester, und voll Mut für die Zukunft. Alle meine Schicksale verschwinden gegen das, was ich gewann – schon allein die Eroberung einiger (und warum soll ich nicht sagen, vieler?) edler herrlicher Menschen war den bedenklichen Glückswurf um mein Schicksal wert. Mein Vater ist sechzig Jahre alt und hat eine kleinere Liste solcher Freunde als ich, und diese alle danke ich ja bloß jenen getadelten Schimären. Lebe wohl, liebste Schwester. Unsern Eltern sage, daß sie von jetzt an um mich ganz unbesorgt sein sollen. Alle ihre Wünsche und Projekte mit mir werden weit unter meinem jetzigen glücklichen Schicksal bleiben. Grüße Louisen und küsse meine Nanette. Schreibe mir bald und recht aufrichtig. Ich bin mit unwandelbarer Liebe

Dein zärtlicher Bruder Fried. Schiller!«[48]

Christophines Antwort auf diesen Brief ist nicht überliefert. Wie mag sie den Brief aufgenommen haben, in dem ihr Bruder seinen Haß gegen die Mittelmäßigkeit von armseligen Lebensbedingungen ausdrückte? Sie mußte sich sagen, daß das genau Reinwalds Situation war, aus der er sich aufgrund fehlenden Muts und auch Ehrgeizes nie hatte befreien können. Sie mußte sich folgerichtig sagen, daß ein solches Leben in der Mittelmäßigkeit künftig das ihre sein würde. Und sie durfte bereits eine Ahnung davon haben, daß sich das Leben ihres Bruders und das ihre immer weiter voneinander entfernen würden.

Christophine entschied sich im Laufe des Winters erneut für die Heirat mit Reinwald, doch motivierte sie die Entscheidung im Alter wiederum nicht als ihre, sondern die der Eltern: »Meine guten Eltern glaubten mich bei dem älteren rechtschaffnen Mann wohl aufgehoben und so wurde denn die Einrichtung getroffen, daß ich ohne Sorgen meine guten Eltern verlassen konnte, und Reinwald holte mich das folgende Jahr 1786 nach unserer Trauung und dem Segen der guten Eltern in sein Vaterland ab, wo ich denn auch mit vieler Liebe als eine Fremde aufgenommen wurde.«[49]

Noch war es nicht soweit. Stolz von Reinwalds Seite klingt aus den Zeilen, die er an Schiller im Januar 1786 richtete, als Antwort auf ein Angebot des Dichters, er könne sich einen Nebenverdienst durch Beiträge in Schillers Zeitschrift *Thalia* verdienen. Er legt dem Brief einige Lehr-Oden bei und schreibt: »Sie können sicher glauben, daß diese Sammlung von sechs Bogen ruhig bei mir liegengeblieben wäre, wenn ich nicht fest beschlossen hätte, den Aufwand bei meiner Veränderung mit eignem ungeborgtem Gelde zu machen. Und der Debit von jener Kleinigkeit, wenn sie zumal auf Subscription herauskommen könnte, gäbe doch entweder einen Beitrag zu meiner Reise, oder einen Anzug für meine liebe Christophine.«[50]

Die Hochzeit war also zu diesem Zeitpunkt fest geplant. Die dafür notwendige dritte Reise Reinwalds nach Schwaben, die er erwähnt, würde wieder erhebliches Geld kosten. Schiller hatte sich daher in das Unvermeidliche zu schicken und antwortete – wenn auch wieder sehr verzögert – am 15. April, inzwischen aus Dresden, wo er auf Einladung Körners seit September 1785 weilte und Hofrat durch Carl Augusts von Sachsen-Weimar-Eisenachs Gnaden geworden war. Die Rollen der Briefpartner hatten sich erneut – und jetzt auf Dauer – verändert: Schiller war jetzt der Ratgeber des Älteren. Was Reinwald geschickt hatte, war laut Schiller wenig tauglich zur Veröffentlichung. Seine Geringschätzung der Dichtwerke des Bibliothekars verbrämte er höflich mit wirtschaftlichen Gesichtspunkten: »Sie, liebster Freund, verlieren nichts dabei, wenn ich Ihnen sage, daß diese einzelnen Stücke, die Sie als eine Probe müssen ansehen lassen, zu wenig Schein für einen Kaufmann besitzen«, doch er fährt großzügig und versöhnlich fort, indem er dem künftigen Schwager vorschlägt, zu einem sehr guten Honorar, wie er es selbst bekomme, zwei Louisdors pro Bogen, einzelne Gedichte für die neue Zeitschrift *Thalia* zu schikken. Und schließlich macht er einen bemerkenswerten Annäherungsversuch: »Sie haben mir – oder Du hast mir (denn warum das entfernende Sie noch unter uns? Ich wundere mich, daß es keinem von uns noch eingefallen ist, es abzuschaffen, sind wir nicht Brüder? Sapperment und sind wir nicht oder werden wir nicht Schwäger?) – Du hast mir in Deinem letzten Briefe kein Wort von einer Reise nach Stuttgart geschrieben, welche meines Wissens doch auf dem Tapet war, auch kein Wort von der Hochzeit, daß ich mich mit einem *Carmine gratulatorio hymenaeo thalassio* darauf richten könnte. Im Ernst, liebster Freund, ich weiß gar nicht, was vorgegangen sein muß, denn von Hause habe ich nun schon über zwei Monate keine Antwort erhalten. Meine Schwester hat mir keine Zeile Antwort geschrieben, und Du bist in deinem Briefe auch von meiner Familie stumm. Was ist denn das? Wahrhaftig ist das der erste Fall in meinem Leben, wo man mir Briefe schuldig bleibt, mein Vater, glaube ich, und meine Schwester wollen alle meine Korrespondenzen an mir rächen. Übrigens ist mir diese Ungewißheit so gar angenehm nicht. Ich höre kein Wort von meiner Familie und muß mir allerlei Sorgen darüber machen. Wenn Du etwas mehr weißt als ich, so laß mich es wissen.«[51]

Reinwalds und Christophines Schweigen (und wahrscheinlich schlossen sich die Eltern aus eben den Gründen an) erklärte der Bibliothekar in seinem Brief an den Schwager in spe vom 26. April 1786, wo er zunächst, ebenfalls im brüderlichen »Du« einsetzend, dankt für seinen Vorschlag und ironische Beiträge für die *Thalia*, wie Schiller es empfohlen hatte, dem Brief beilegt. Dann geht er zur Frage nach der Hochzeit über: »Daß ich Dir nichts von meiner Reise nach Schwaben und von Hochzeit gemeldet, geschah größtenteils aus Mißmut: Ich habe schon lange einen Brief an unsern Herzog geschrieben, der mir jüngst auf Verlangen eine Besoldungsaddition dekretiert hatte, wie man sie einem Lakaien oder Kanzleikopisten macht, der in gehöriger Demut seine dürftigen Umstände untertänigst – treu – gehorsamst zu Füßen gelegt hat (mein Kollege, der in der Bibliothek entweder nichts tut oder nur Spielerei vornimmt, bekam zu gleicher Zeit hundert Taler, und damit wäre ich zufrieden gewesen). Ich schrieb ihm, daß ich mehr brauchte, ich hätte dem Fürstl[ichen) Hause nun vierundzwanzig Jahre gedient, mich verschiedene Male krank gearbeitet, arbeitete noch immer, und zwar gut, wie man das nur untersuchen dürfte. Ich brauchte nun etwas mehr, weil ich die Erdäpfel, das Sauerkraut und die halbgekochten Stücke Fleisch aus unsern elenden Wirtshäusern nicht mehr vertragen könnte und mir selbst kochen lassen müßte, weil ich keine Köchin haben wollte, die mich betröge, sondern die meine Freundin wäre und Schmerz und Freude mit mir teilen könnte u. s. w. (ich muß noch den Umstand zu meiner Rechtfertigung hinzusetzen, daß ich von des jetzigen Herzogs Vater bei meiner ersten Aufnahme in Dienste hundert Gulden höher stand als jetzt; und jetzt verlange ich nur das wieder). Ich verlangte nur Hoffnung und sein fürstliches Wort meiner Verbesserung, und in diesem Fall seine Erlaubnis zu meiner Verbindung, die ich nicht länger aufschieben könnte. Darauf hab' ich nun noch immer keine Antwort. Sollte nicht eine kleine Rache mit dabeisein, weil er mir einst ein gewisses ganz artiges Mädchen vorschlug, die Französisch, Italienisch und Englisch kann, aber die er mit mir teilen wollte? Ich bin auf alle Fälle entschlossen, gegen Pfingsten abzureisen, es wäre aber ohne diese Umstände einige Wochen eher geschehen, und meine frühere Reise wäre nicht der Sommerhitze so ausgesetzt gewesen. Die bloße Erlaubnis, mich zu verbinden (es ist hier ein altes Herkommen, daß sie gesucht werden muß), erhalt' ich immer, aber daran hab' ich nicht genug. Inzwischen entrüste Dich nur nicht über mein Schicksal, ich bin gefaßt. Deine Schwester weiß alles, und wir haben schon längst Maßregeln danach genommen, die schwerlich fehlen können.«[52]

Als wäre ihm klargeworden, wie unattraktiv Schiller die Funktion der Köchin, auf die die Schwester künftig reduziert sein soll, vorkommen mußte, setzte er fort: »Dein Epithalamium soll mir willkommen sein. Noch mehr aber bitte ich mir ein Hochzeitsgeschenk oder Aussteuer durch Dein Porträt aus: wozu ich dir ausdrücklich einen Maler nach Dresden schicken werde, der gewiß einer der größten Treffer in Deutschland ist. Es ist Schröder, der Hofmaler von Braunschweig, ein Meininger von Geburt. Er ist jetzt auf der Messe in Frankfurt, geht von da nach Mannheim, dann wieder hierher und nach Dresden. Ich verlange bloß eine Kopie en crayon[53] mit Wasserfarbe, um sie Deiner Schwester zu ihrem nächsten Geburtstag zu schenken. Das Original kannst Du in Dresden behalten, zumal, weil er eigentlich in Pastell malt, das sich nicht gut verschicken läßt. Und nach diesem Original kannst Du Dich sicher in Kupfer stechen lassen.«[54] Reinwald will Christophine mit Schillers Bild beschenken. Dieses soll von nun an die Stelle des Bruders treten, den Christophine möglichst gar nicht mehr in persona sehen soll. Damit nicht genug. Reinwald fährt fort mit seinen Forderungen und kommt auf die Literatur zu sprechen:

»Den ersten Akt vom *Don Carlos* hab' ich nicht einmal ganz lesen können, weil ich kein eignes Exemplar und auch keins für die Bibliothek hatte: Denn ich kann oder darf fast gar keine Journale für die Bibliothek kaufen; das wenige Geld, das ich für sie einnehme, geht für einige Hauptschriften in den Fächern, die ich unter mir habe, und für technische und Sprachwörterbücher auf. Doch habe ich Deine Trauerspiele angeschafft, weil sie denn doch (wie Deine Feinde gestehen) Epoche machen. Du wirst also wo möglich dafür sorgen, daß Deine Schwester die drei Stücke Deines Journals gratis in ihre Bibliothek bekommt, in die ich (meiner Armut ungeachtet) für siebzig Gulden Bücher stiften werde: damit, wenn etwa bei mir für ihr halbes Dutzend äußere Sinne nicht Nahrung genug wäre, doch ihr innerer Sinn nicht Hunger leide.«[55] Reinwald fordert die *Thalia*-Nummern vom Schwager, die in der Tat ihren Preis hatten: Sie kosteten pro Heft in heutiger Währung rund zwanzig Euro.[56] Der nächste Brief Schillers an Reinwald ist vom 17. Mai 1786 datiert. Er rät ihm darin, sich im Genre der bürgerlich-philosophischen Briefe zu versuchen, was die *Thalia*-Beiträge angeht. Sollte er die Zeitschrift fortsetzen können – das würde sich in Kürze entscheiden –, könnte Reinwald mit sicheren Einnahmen rechnen, die Schiller unverzüglich als »Nadelgeld für Deine Frau«, seine Schwester, angewandt sehen will. Auch legt er ihm Übersetzungen aus dem Italienischen ans Herz.

Wenig später heirateten Christophine und der Meininger Bibliothekar. Vater Schiller schilderte in seinem Brief an den Sohn vom 27. Juni 1786 den Auszug seines ältesten Kindes: »Da zieht sie hin, Seine Schwester, von unser aller Herzen losgerissen, vielleicht auf ewig unserm Wiedersehen entzogen. Ihr Verlust geht uns sehr, sehr nahe, denn sie ist ein gutes Kind gewesen, voll kindlicher Liebe, fleißig, sparsam und eingezogen. Nun ist uns alten Eltern die zweite Stütze niedergesunken und unserer Freuden werden immer weniger. Von dem Schicksal der Christophine hoffe ich zwar alles Gute, denn es scheint schon in den wenigen Tagen ihrer Trauung mit Reinwald, daß sie vielleicht seinen ganzen Humor umstimmen und ihn zu einem mehr geselligen Mann machen werde. Auch glaub' ich, daß sie mit seiner Besoldung wohl auslangen und überhaupt sich in Meiningen so betragen wird, daß wir alle Ehre davon haben. Den 9. dieses [Monats] ist Reinwald hier angekommen und den 22. wurde die Trauung ohne Gepränge in Gerlingen vollzogen [...]. Reinwald hat seiner Braut eine schöne goldene Uhr und der Mama eine in Gold gefaßte Dose mitgebracht. Christophine hat an Aussteuer und Geld etwas über dreihundert Gulden von mir und verschiedene artige Geschenke von andern Leuten bekommen, womit Reinwald ganz zufrieden gewesen, und besonders ihm gefallen hat, daß wir allhier und auswärts so vorzüglich geachtet sind. Nun hoffen wir zu Gott, daß unsere Tochter wohlversorgt und nicht unglücklich sei. Ach, wenn wir nur auch den Trost hätten, daß Er, mein lieber Sohn, auch einmal versorgt wäre, eine bleibende Stätte hätte und etwa durch eine vorteilhafte Heirat unter Dach gebracht wäre! Würde Er das Studium Medicinae ganz wieder vornehmen [...].«[57] Der Vater konnte nicht umhin, immer wieder Ratschläge zu geben, die Schillers ungesicherte wirtschaftliche Situation betrafen, auch eine gute Partie diente er ihm an: Die wohlhabende Buchhändlerstochter Margarete Schwan aus Mannheim, um die Schiller sogar per Brief bei ihrem Vater schon geworben hatte, sollte die Künftige des Sohns auch nach seinem Willen sein – allein, Schiller war schon wieder in neue Gefühlsbande verstrickt.

Christophine Reinwalds Ehe wurde also sofort in materiellen Kategorien bemessen, und alle Angehörigen versuchten, über die Lebensumstände des Paars aus der Ferne Erkundigungen einzuholen: Die goldene Uhr, die der ansonsten so geizige Reinwald der Braut verehrte, stammte übrigens aus einem kleinen Kommissionshandel, den er seit kurzem, nachdem er mit einem ebensolchen von Kupferstichen gescheitert war, unternahm, um seine Einkünfte aufzubessern.[58]

3. VOM BEGINN DER EHE MIT REINWALD BIS ZU SCHILLERS HEIRAT (1786-1790)

Am Tage der Abfassung des Briefs von Caspar Schiller an seinen Sohn war das frischvermählte Paar von Stuttgart aufgebrochen. In Ludwigsburg blieb es zwei Tage lang, dann ging es über Mühlhausen, Heilbronn, Öhringen, Künzelsau, Mergentheim, Würzburg, Schweinfurt, Münnerstadt, Neustadt und Mellrichstadt nach Meiningen, wo es am 4. Juli eintraf. Die Eltern sollten ihre Tochter erst drei Jahre später zu einem Besuch auf der Solitude wiedersehen.

Einige Monate vergingen, bis sich die beiden per Brief bei Schiller meldeten. Zunächst schrieb Reinwald an den Schwager am 5. Oktober und kam auf seine von diesem abgelehnten Gedichte zurück: Er wolle sie verkaufen, auch wenn Schiller sie nicht nehmen sollte, und sucht Rat bei dem Jüngeren, wo sie eventuell unterzubringen wären. Auch die anderen literarischen Vorschläge des Schwagers wolle er grundsätzlich realisieren. Erneut rekurriert er auf die drei Hefte der Zeitschrift *Thalia*, die Schiller noch nicht geschickt hatte, und erbat sie sich »als Aussteuer«.[59] Und gleich darauf macht er seine Empfindlichkeiten ziemlich deutlich: »Zur Übersetzung eines italienischen Buches hätte ich nicht üble Lust. Es darf aber nicht so stark sein (und geographischer oder historischer Inhalt würde mir vorzüglich gefallen haben: Es gibt auch unterhaltende kritische oder satirische Briefe). Ich möchte nicht gern so übersetzen, daß die Ursprache wörtlich durchscheint, und meine Augen haben auch ihre schwachen Launen. Item, es müßte bei dem Honorarium der drei Reichstaler bleiben wegen des Nadelgeldes, davon Du schreibest: Denn man trägt jetzt große Hüte, wozu auch große Nadeln gehören.

Über den Artikel, wie ich sonst lebe, mag meine Frau Dir Auskunft geben. Solche allgemeine Dinge lass' ich sie besser wissen als ich. Gut ist es nur, daß sie nicht alle Tage Burgunder verlangt, noch auch wie eine gewisse Mylady die Sterne vom Himmel von einer ausnehmenden Schönheit. Wär' ich reich, sie würde vielleicht geizig. Aber die groben Species eilen schneller davon, als daß man eine dauernde Freundschaft mit ihnen stiften könnte, und Landmünze kann auf ihre Achtung zu wenig Anspruch machen.

Sie wird Dir melden, daß eine der ersten Damen bei Hof ihr die Proposition getan, ein halbes Dutzend Schülerinnen im Zeichnen für sie auszumachen, die eine kleine Akademie formieren sollten. Bis jetzt sind ihrer nur zwei: aber feine Personen, die man ohne Beleidigung des Wohlstandes annehmen konnte.«[60]

In einer Nachschrift gibt Christophine dem Bruder nur die Nachricht von der bevorstehenden Heirat von Bekannten, um am folgenden Tag einen eigenen Brief an den Bruder zu schreiben, dessen Ton, ganz untypisch für sie, zunächst schnippisch und trotzig, ja beleidigt klingt:

»Lieber Bruder.

Freilich hättest Du Ursache, Dich über mich zu beklagen, und ich würde mir auch Vorwürfe machen, wenn ich nicht gewußt hätte, daß Dir unser lieber Vater die ganze Geschichte unserer Verbindung gemeldet hätte; überdies kann ich mich nicht erinnern, daß ich Dir eine Antwort schuldig war: Ich schrieb Dir vielmehr vor einigen Monaten meine ganze Lage und ich erhielt keine Zeile. Ich mußte

12. Christophine Reinwald, Friedrich Schiller, Bleistiftzeichnung, signiert, nach 1794 (Goethe-Nationalmuseum Weimar).

glauben, daß sie Dich nicht sehr interessierte (denn daß Du den Brief bekommen hast, weiß ich fast zuverlässig). Ich wurde also mit meinem Vertrauen zurückgescheucht, das ich Dir so gern schenkte – es sei aber nun, wie es wolle. Ich hatte dich im Grund nie weniger lieb, nur ein gewisser Stolz, den du so gut kennst, nicht zudringlich zu werden, hielt meine schriftliche Unterredung zurück, die, wenn es Dir gefällig sein wird, sie zu unterhalten, künftig besser beobachtet werden soll.

Von unserer Reise hierher, unserer Zufriedenheit und Einrichtung kann ich Dir mit heiterem Herzen sagen, daß erstere sehr glücklich und angenehm durch die mancherlei Auftritte (von welchen ich Dir einen ganzen Brief schreiben könnte) vorbeiging. Von dem andern kann ich Dir die angenehme Nachricht geben, daß wir einander verstehen und uns lieben und schätzen; unsere Bedürfnisse sind beiderseitig nicht zur Ausschweifung gewöhnt und lernen sich also so gut als möglich nach unseren Einnahmen bequemen. Überdies weißt du, wie wenig wir Mädchen in solche Gesellschaft gelassen wurden, wo beim Weggehen ein Gedanke von Unzufriedenheit mit dem, was Glück uns sparsamer zuwarf, unsere Zufriedenheit kränkte – ich suche diese glückliche Stimmung durch die Gesellschaften, die ich hier wähle, zu behalten. Und ich habe wirklich schon mehr Freunde hier gefunden, als ich erwartet habe, und die noch dabei Personen vom ersten Range sind. Überhaupt finde ich unter den hiesigen Vornehmen auch die besseren Menschen, welches in meinem Vaterlande seltener war.

Personen von unserem Stande taugen schon weniger. Ihre Gesellschaft kann nie ohne großen Aufwand in Essen und Trinken sein, bei welcher Unterhaltung Geist und Herz sehr hungrig weggehen.

Außerdem gefällt es mir sehr wohl hier. Die Gegend ist angenehm und fruchtbarer, als ich glaubte. Das Klima scheint meiner Natur nicht entgegen zu sein, denn ich bin außer einem kleinen Anstoß von Zahnschmerzen und Geschwür, was die Veränderung der Luft und Speisen mit sich brachte, so gesund als jemals. Unsere Kost ist einfach, aber unserm Körper gesund: Ich koche meistens nach Schwäbischer Art, die auch meinem Manne besser schmeckt als die hiesige. Meine Beschäftigung ist außer den gewöhnlichen häuslichen Zeichnen und Lesen. Ich gehe fleißig mit in die Bibliothek und mannigmal in [die] Kupfersammlung. An beiden Orten finde ich Gegenstände für mein Vergnügen; die hiesige Kupfersammlung ist ausgesucht und zahlreich von den vortrefflichsten Künstlern; ich habe die Freiheit, sie nach meinem Gefallen zu besuchen und mir auch welches zum Kopieren zu wählen. Im ganzen habe ich für meinen Geist und für die Neigung zur Zeichnungskunst mehr Nahrung als in meinem Vaterlande, oder vielleicht mehr auf der Solitude: Du kennst die meist schlechte Gesellschaft, der dort nicht auszuweichen war, und das ewige Einerlei – aber das Haus meiner Lieben ist mir immer unvergeßlich, immer gegenwärtig, das gute Beispiel unsrer Eltern, die Aufmunterung zum Rechttun, Gebet und Arbeit sind fest in meine Seele gewurzelt! Die Guten! Ich bekomme oft Briefe von Ihnen voll Zärtlichkeit und Besorgnis für mein Wohl: Die gute Mutter sagt unter anderem, daß ihr einziges Glück der Gedanke einschließe, ihre Kinder glücklich und gut zu wissen – schreibe ihnen doch mehr! Sie beklagt sich deshalb, und es macht ihnen Kränkung. Das Gegenteil kann sie unaussprechlich beruhigen, und sie verdienen es. Wenn wir ihnen auch sonst auf keine tätlichre Weise ihre Sorgen belohnen können.

Was unsere Einrichtungen sonst betreffen, wünschte ich, daß Dein Vorsatz ins Werk gesetzt würde, damit Du Dich selbst überzeugen könntest – aber ich muß Dir's ins Gesicht sagen, daß ich Dir's nicht glaube. Du hast mir schon so oft etwas versprochen, auf das ich mich vergebens freute –

und überdies bist Du zu sehr an die große Welt gewöhnt, als daß das Verlangen, unsere ländliche Einrichtung zu sehen, etwas mehr als vorübergehender Wunsch sein könnte.

Deine *Thalia* wünschte ich von ganzem Herzen. Ich habe Dich noch tausendmal so lieb, wenn ich so etwas von Dir lese. Und könnte ich Dir meine Empfindung über das erste Heft und *Don Carlos* beschreiben, Du würdest mir zur Erkenntlichkeit dienen und zugleich die übrigen Teile schikken; schreib uns ja bald wieder. Neulich war jemand da, der mich bat, Dich zu fragen, ob Dir wohl eine Brieftasche angenehm sein würde, wenn Du nicht allenfalls schon damit versehen wärst: Im Gegenteil wollte die Person mit etwas anderem aufwarten. Lebe wohl, vergiß nicht, diesen Punkt zu beantworten.«[61]

Anders als es der Brief suggerieren möchte, hatte Christophine in Meiningen zunächst einen Monat lang in Reinwalds Junggesellenwohnung mitgelebt, wo es nicht einmal eine Kochgelegenheit gab. Der Umzug in die gemeinsame Wohnung, die ihr Mann am Markt in einem Eckhaus im dritten Stock gemietet hatte, wurde von Christophines Wunsch, Licht und Luft haben zu wollen, motiviert. Aber vor allem war die Wohnung billig. Daher behielt Reinwald dieses Logis bis zu seinem Tode bei, wenngleich die Zimmer sehr klein waren und das Paar aus diesem Grund nie Gäste aufnehmen konnte.[62] Was die einfache Kost anging, so hatte er seiner künftigen Frau bereits in einem Brief vom April 1786 vorgerechnet, worauf sie sich einstellen müßte: Sie mußte mit einem Gulden pro Woche auszukommen, wobei die Magd eingerechnet war. Korn bekam er jedoch als Naturalie als Teil seines Lohns. Von dem Geld sollten Butter, Eier, feines Mehl, Gemüse, Hülsenfrüchte und »bisweilen etwas Fleisch« bestritten werden, Getränke aber, wie auch Zucker und Kaffee, machten bei ihm einen Extra-Posten in der Kalkulation aus.[63] Ob dies Christophine wohl beruhigt hatte? Gerne stellte sie sich zwar als extrem bedürfnislos dar und war dies auch, doch Reinwalds Sparzwänge – seien sie nun alle durch die wahre Not bedingt oder auch seinem geizig-egoistischen Naturell entsprechend gewesen, bleibt dahingestellt – müssen wohl im Laufe der Ehe immer extremer ausgefallen sein. Positiv war für die Schillerschwester ganz klar die inspirierende Möglichkeit, die herzogliche Kupferstichsammlung in Meiningen nach Bedürfnis besuchen zu können. Zunächst hatte Reinwald dem Sammlungsbeauftragten sogar auf dessen Wunsch hin zugesagt, Christophine könne die Sammlung ordnen, doch lehnte sie mangels Selbstvertrauen ab.

Der schnippische Brief der Schwester wirkte: Schillers lange angekündigter Besuch fand im November des folgenden Jahres statt. Sicherlich hatte es ihn getroffen, daß die Schwester anzweifelte, er könne halten, was er versprach. Der Bruder antwortete auf den Brief diesmal fast postwendend aus Dresden (am 13. Oktober) und adressierte ihn diplomatisch an das Ehepaar:

»Meine Schwester irrt sich, wenn sie glaubt, daß ich an der großen Welt hänge. Ich lebe hier wie ein Einsiedler und habe fast alle Bekanntschaften vermieden. Meine Freunde sind mir genug. Überhaupt liebe ich die Stille. Ich vermute sehr stark, daß Ihr mich nach Ostern auf einige Tage zu sehen bekommen werdet.

Nach Hause habe ich vor ungefähr sechs oder acht Wochen geschrieben und erwarte täglich Antwort. Ich bin unterdessen froh, daß alles wohl ist, wie ich aus dem Briefe meiner Schwester schließen kann. Eure Art zu leben hat meinen ganzen Beifall, und daß Ihr Euch die Menschen Eures Standes nicht zum Muster nehmt, billige ich sehr. [...] Mit Ungeduld erwarte ich Eure Empfindungen über das, was Ihr in den drei letzten Heften der *Thalia* lesen werdet. Adieu, liebe gute Kinder. Seid glücklich und denkt manchmal an Euren euch zärtlich liebenden Bruder Fritz«[64]

Im November antwortete Reinwald auf den kurzen Brief des Schwagers mit einer langen Epistel. Wichtig ist der erste Abschnitt, wo er sich gegen eine separierte Korrespondenz des Bruders mit der Schwester ausspricht. Er hatte wohl das Bedürfnis, selbst die briefliche Beziehung der beiden, das einzige, das noch übriggeblieben war von jener großen Geschwisterliebe, zu kontrollieren:

»Lieber! Dein Brief vom 13. vorigen Monats machte mir viel Freude. Er verriet mir besonders viel Wahrheit und Innigkeit. Fein und lieblich ist das unter Brüdern. Dafür werde ich Dir auch einmal mein häusliches Leben schildern und hoffentlich jeden Schatten von Gedanken zerstreuen, als ob eine Möglichkeit stattfände, die Dich zwänge, an jedes von uns beiden besonders zu schreiben. [...] Meine Frau hat jeden Tag zwei Lernstunden, früh und abends eine. Von diesen partizipieren fünf Scholaren, unter denen auch ein junger Graf, der Enkel Eures ehemaligen Württembergischen Premierministers, ist [...]. Abends nach Tische wird eine gute Reisebeschreibung oder ein Schauspiel von Shakespeare gelesen. Zweimal in der Woche besucht uns eine Schweizer Französin, eine liebenswürdige Person, der meine Frau ganz zugetan ist, und da wird Französisch studiert. Gemeiniglich bleibt dieses Frauenzimmer, die eine große Sprachenliebhaberin ist, länger als eine Stunde, und dann les' ich den englischen Milton mit ihr. Auch widme ich wöchentlich noch einige Stunden der französischen Lektüre meiner Frau. Ihre übrige Zeit ist zwischen Haushaltung und Zeichnen geteilt. Manchmal geht meine Frau zu einer unserer Damen, die uns wohlwollen, auf eine Stunde, und manchmal erwidern sie auch diesen Besuch. Es sind gerade unsere besten Menschen, nach jedermanns Zeugnis. [...] Vorgestern feierten wir Deinen Geburtstag mit unsrer obgedachten Freundin. Wir traktierten uns dabei mit Burgunder und Brottorte: Du wirst in gleichen Fällen das nämliche tun ... Und soweit diesmal. Für meine Frau muß ich auch noch Platz lassen. Wenn sie etwa einen Einfall haben sollte, als woran es selten einem Weibe gebricht. Ihr Witz kann traun![65] gut schwimmen. Der Franzose nennt das: présence d'esprit. Lebe wohl, lieber Bruder, und liebe Deinen treuen Reinwald«[66]

Zu den Damen, die Christophine sah, zählten die Frau des Hofpredigers Pfranger, Susanna Albertina (gest. nach 1796), Johanna Amalie Ernestine von Marschall, gen. Greif, geb. von Bibra (1743-1817), Karoline Luise von Bibra, geb. von Dungern (gest. nach 1810) sowie bis 1799, als sie nach Rußland ging, Friederike Wilhelmine von Steuben.[67] Es war also wahrhaftig kein besonders umfänglicher Kreis, in den sie durch die Heirat gekommen war, und Besuche wurden ihr nachweislich nach und nach verleidet, da Reinwald selbst für kleine Gastgeschenke oder Aufmerksamkeiten kein Geld zur Verfügung stellen wollte. Es scheint also im Anfang der Ehe die Befürchtung des Bibliothekars, die Verwandten könnten ihre ursprünglichen Bedenken gegen ihn als Misanthropen bestätigt sehen, ausschlaggebend dafür gewesen zu sein, daß er Christophine derartigen gesellschaftlichen Verkehr gestattete. Letztlich setzte sich aber seine Ansicht durch, derartige Besuche seien überflüssig. Christophine, die in einer gastfreundlichen, wenngleich auch bescheidenen Atmosphäre groß geworden war, mußte diese enge Welt in Meiningen schon bald zum Problem werden. Doch anfänglich täuschte sie sich und damit die Familienmitglieder und sonstigen Korrespondenten über das Ausmaß ihrer Anpassungsleistungen. Dem Brief Reinwalds fügte sie am 21. November (versehentlich schrieb sie: Oktober) folgende Nachschrift an den Bruder an:

»Mein Lieber. Ich will Dir nur mit wenigen Worten sagen, daß ich eine unbeschreibliche Freude habe, wenn ich was von Dir lese. Schicke uns also, sobald der vierte Teil der *Thalia* herauskommt, alle die Teile, und wenn Du Poesien indessen gemacht hast, so wünschte ich sie ebenfalls: Es ärgerte mich schon oft, daß ich Deine Anthologie nicht von zu Hause mitgenommen habe, die so schöne Gedichte enthält. Hier hat sie niemand. Folge ja Deinem Vorsatz, recht fleißig zu sein, so kann ich Dich aus Erfahrung versichern, daß Dein Leben unendlich mehr vergnügt vorbeigehen wird. Ich bin recht gesund und heiter. Und was mich glücklich macht: Beschäftigung! Ohne diese wünschte ich mir nicht zu leben! Hast Du indessen noch keine Antwort von unseren lieben Eltern? Vom 16. Oktober haben wir Briefe von Ihnen. Sie sind wohl, einige kleine Anfälle unser lieben Mutter ausgenommen. Du kannst auch Ihnen durch Überzeugung von Deinem Fleiße sehr viele Freuden machen und manche Sorge, die sie Deinetwegen hatten, ersetzen. Leb wohl, Bester, und liebe mich so zärtlich wie ich Dich. Deine Christophine«[68]

Ein zentrales Thema in Christophines Briefen wird hier erstmals angeschlagen: Wie nötig ihr Arbeit ist und sie den üblen Launen Reinwalds dadurch zu entfliehen versucht. In den späteren Ehejahren war wohl von gemeinsamer Shakespeare-Lektüre und ähnlichem nicht mehr die Rede. Noch wichtiger und ebenfalls wiederkehrend ist das Rekurrieren auf Schillers Werke: Für Christophine war das Werk des Bruders heilig, vergleichbar der ihr zentralen Lektüre der Heiligen Schrift. Wir wissen, daß sie Gedichte Schillers abgeschrieben hatte, offenbar auch, weil sie sich Buchausgaben nicht leisten konnte, und daß sie viele Gedichte auswendig lernte, später auch große Passagen aus den Dramen. Dieser Umgang mit Schillers Werk unterscheidet sich natürlich stark von dem Reinwalds, der in seinen Briefen gerne Lektüreanregungen für Schiller beifügte, sich über die eigenen literarischen Arbeiten mit ihm austauschen wollte und gelegentlich sogar kritische Anmerkungen zu einzelnen Werken Schillers machte. Die Schwester hingegen äußerte nie ein kritisches Wort: Alles, was der Bruder schrieb, war für sie schön, allenfalls äußerte sie in späteren Jahren, welche Werke ihr besonders gut gefielen.

Eine längere Pause – wenn man von den erhaltenen Briefen ausgeht – trat in der Beziehung ein, bevor Schiller am 1. August 1787 jetzt aus Weimar (wo er vom 21. Juli 1787 bis zum 18. Mai 1788 lebte) dem Ehepaar die kurz zuvor erschienene Buchausgabe des *Don Carlos* zusandte und seinen Besuch in Meiningen ankündigte. Diesmal kam er wirklich: Vom 21. November bis zum 7. Dezember war er nicht nur in Meiningen, sondern auch in Bauerbach und Rudolstadt, wo er Charlotte von Lengefeld und deren bereits verheiratete etwas ältere Schwester Caroline von Beulwitz sah und die *Geisterseher* verfaßte. Christophine Reinwald hatte ihm in Meiningen auf seinen Wunsch hin eine Unterkunft, bestehend aus möbliertem Zimmer, Schlafkammer und Bedientenstube, gemietet. Seinem besten Freund Körner nach Dresden schrieb Schiller nach seiner Rückkehr zwar, daß er in Meiningen war, aber über die Schwester oder das Ehepaar fiel kein Wort. Kurz und recht konventionell fällt Schillers Brief vom 20. Dezember aus, in welchem er sich für neue von Reinwald übersandte Bücher sowie die Gastfreundschaft bedankt: »Noch einmal Dank Dir und meiner Schwester für Eure liebevolle Aufnahme meiner und die vergnügten Stunden, die ich bei Euch genossen habe. Ich denke noch immer mit Freude an diese Tage, die mir unter so lieben Menschen so angenehm verflossen sind. Möchtet Ihr doch recht glücklich sein und das Schicksal uns auf länger vereinigen.«[69] Dieser Wunsch war vermutlich rein rhetorisch gemeint, denn in gleichzeitigen Briefen an Körner gesteht er diesem, daß er sich in dessen Gesellschaft und der seiner Frau am wohlsten fühle, daß selbst seine Familie ihm nicht näher sei als der Freund. Eine Entfremdung von der Schwester war eingetreten. Reinwald antwortete auf den Brief erst am 2. März 1788, Christophine fügte drei bezeichnende Zeilen als Nachschrift an:

»Ich kann Dir, lieber Bruder, wegen Mangel des Platzes nichts sagen, als daß ich Dich herzlich grüße und Dich bitte recht bald zu schreiben. Von Haus habe ich keine ganz gute Nachricht – die liebe Mutter hat wieder ihren gefährlichen Zufall.«[70]

Immer wieder kam es damals vor, daß Christophine keine oder nur dergleichen kurze Botschaften an den Bruder richtete. Bekannt ist, daß Reinwald über Jahre hinweg das Papier rationierte und es in seinen Augen nicht anging, wegen irgendwelcher Belanglosigkeiten ein neues Blatt anzufangen.

Entsprechend stellt sich ihr Nachlaß auch als eine Sammlung der unterschiedlichsten zumeist höchst einfachen Papierarten und Formate dar (oftmals kleine Zettel), die alle komplett vollgeschrieben wurden, zum Teil auch in unübersichtlicher Weise. Und am Ende ihres Lebens, als sie weitaus günstigere finanzielle Bedingungen hatte, war das Sparen dermaßen in Fleisch und Blut übergegangen, daß sie immer noch den kleinsten Fetzen Papier vollschrieb. Es stellt sich hiervon ausgehend natürlich auch die Frage, inwieweit Reinwald ihr auch das Papier, das sie zum Zeichnen benötigte, zumaß. Sicher ist jedenfalls, daß sie ihren mit Zeichenstunden erworbenen Verdienst ganz und gar an das Familienoberhaupt abliefern mußte, was aber zur damaligen Zeit in derartigen Fällen das übliche war.

Von den Briefen, die 1788 und 1789 zwischen Schiller und den Reinwalds gewechselt wurden, gehen daher die allermeisten ausschließlich zwischen den Männern hin und her. Es ging vor allem um Geschäftliches, was im Oktober 1788 zum Abdruck von Reinwalds Text *Die Verschwörung der Pazzi wider die Medici im Jahre 1478* in Schillers erstem Band der *Geschichte der merkwürdigen Rebellionen und Verschwörungen aus den mittleren und neueren Zeiten* führen sollte. Christophine wird nur selten erwähnt: Im Brief vom 24. April 1788 schrieb Schiller, daß er über seine Freundin Frau von Kalb sehr Positives über Christophines Fähigkeiten als Zeichenlehrerin gehört habe. Über das Ausmaß ihrer Aktivität als Zeichenlehrerin gibt uns jedenfalls ein Brief an Ludovike Simanowiz aus dem Jahr 1788 Auskunft, in dem Christophine sieben Pfund schwarze Kreide bester Qualität bei der Freundin, die damals in Paris weilte, bestellt, weil diese in Meiningen nicht gut zu bekommen war.[71]

Schiller konnte inzwischen von einem gesellschaftlichen Aufstieg berichten, so im Brief vom 27. März 1789: Er war im Dezember 1788 durch die Bemühungen Goethes zum außerordentlichen Professor an der Universität Jena berufen worden. Ab Mai 1789 las er dort Philosophie und konnte nun endlich die schon länger währende Beziehung zu Charlotte von Lengefeld intensivieren: Die heimliche Verlobung mit ihr erfolgte am 3. August 1789 in Bad Lauchstädt. Im April 1789 schlug er Reinwald auf dessen Bitte hin weitere literarische Übersetzungen vor, die er selbst angenommen hatte, die ihn jedoch vom Umfang her überforderten.[72]

Im Sommer 1789 reiste Christophine gemeinsam mit ihrem Mann in die Heimat auf die Solitude. Bei dieser Gelegenheit hatte sie die Eltern und Schwestern gezeichnet und Kopien dieser Zeichnungen angefertigt, die sie offenbar an Schiller geschickt hatte. Nach ihrer Rückkehr erreichte sie im August ein Brief, den Schiller am 18. oder 19. des Monats aus Jena schrieb und in dem er sich wünscht, ebenfalls einmal wieder die Heimat zu besuchen. Diesen Gedanken verbindet er jedoch mit einer wichtigen Eröffnung: »In wenigen Jahren werde ich imstande sein, dieses zu tun, und vielleicht geschieht es alsdann in Gesellschaft einer neuen Schwester für Dich, und einer guten Tochter, die unsern Eltern Freude machen wird. Jetzt in dem Augenblick, da ich dieses schreibe, habe ich die schöne Aussicht vor mir, daß sie m e i n werden wird, daß ihr Herz schon mein ist; mein Glück und die Umstände müssen das übrige tun. Nennen kann ich sie Dir noch nicht, aber sobald ich dieses darf, wirst D u es erfahren.«[73] In diesem Brief wurde auch erstmalig davon gesprochen, daß Christophine offenbar die jüngste Schwester Christiane (Nanette) zu sich ins Haus nehmen wollte, um gemeinsam mit ihrem Mann für deren bessere Ausbildung zu sorgen.

Die Schwester bedankte sich im nächsten erhaltenen Brief vom 28. und 29. Dezember zunächst für Schillers Bücher, die er geschickt hatte, *Die Geisterseher* und die Jenaer Antrittsvorlesung über die Universalgeschichte, und freute sich darüber, daß der Bruder ihre Zeichnungen gelungen und ähnlich fand. Sie hatte wahrscheinlich schon zuvor über die ihrem Mann bekannte Familie von Wolzogen von der heimlichen Verlobung des Bruders erfahren. Die gesamte Familie Schiller hatte zunächst Einwände gegen diese Verbindung, gerade Christophine aber war, wie zuvor der Bruder bei ihrer Verheiratung, besonders verletzlich. Sie äußerte im Brief vom 25. Januar 1790 an den Bruder Vermutungen über seine Verlobte: »Ich habe hier sehr viel zum Vorteil Deiner Geliebten gehört, und wenn ich mich nicht irre, so kenn' ich sie auch von Person, denn vor einigen Jahren war eine Frau von Lengefeld aus Rudolstadt mit ihren zwei Fräulein Töchtern in Gesellschaft eines Herrn von Beulwitz und Herrn von Pfaffenraths von hier bei uns auf der Solitude. Die eine von den Fräuleins war klein und blond, und die andere schlank und brünett, wenn mir recht ist; gewiß ist diese Deine Geliebte, wenn ich anders Deinen Geschmack noch kenne?«[74]

Es schwingt Unausgesprochenes hier mit: Schiller würde durch die Heirat gesellschaftlich aufsteigen und den erfolglosen Reinwald in den Schatten stellen.

In Christophines Brief wird die berühmte Schweizreise der Lengefeld-Schwestern erwähnt, die sie im April 1783 angetreten hatten, um vor allem der künftigen Hofdame

Charlotte Weltläufigkeit zu vermitteln. Die seit 1775 verwitwete Mutter Louise von Lengefeld hatte all ihre Ersparnisse zusammengenommen, um diese Reise zu ermöglichen. Auf der Reise machten die jungen Damen auch auf der Solitude Halt. Damals hatte sich Christophine für ein himmelblaues Jäckchen, das Charlotte trug, begeistert, und Charlotte hatte ihr gestattet, den Schnitt in einem Nebenzimmer zu kopieren. Freundschaftliche Gefühle schienen sie also durchaus füreinander zu hegen, aber Charlotte als zukünftige Schwägerin anzusehen fiel Christophine schwer. Sie ahnte mit Sicherheit voraus, daß diese Heirat ihr den Bruder in noch fernere Gefilde entrücken würde, als es bereits geschehen war. Aufgelöst wird der Mißton in ihrem Endjahres-Brief von 1789 jedoch durch die von der Solitude einen Tag später eintreffenden schlechten Gesundheitsnachrichten von Mutter Schiller, deren Unterleibskrämpfe wohl so beängstigend waren, daß der Vater an ein baldiges Ende dachte und über Reinwald den Sohn auffordern ließ, der Mutter bald zu schreiben.[75] So kamen sich die Verwandten im geteilten Leid wieder nahe, ohne jedoch auch nur im entferntesten geteilte Freude über Schillers Verlobung zu empfinden.

Anfang Januar, im vierten Heft der *Thalia*, veröffentlichte Schiller eingangs erstmals (und einmalig) ein Gedicht des Schwagers, betitelt *Der Vorsatz*. Friedrich Dieckmann bezeichnet es als »eine Selbstermunterung in sechs makellosen, zugleich völlig rhetorischen Strophen«.[76] Auch Schiller war es in der Hauptsache mit dieser Geste darum zu tun, die Mißhelligkeiten zwischen Weimar und Meiningen nicht hochkochen zu lassen. Daher beeilte er sich auch vermutlich, um Christophine einen letzten Brief als Unverheirateter zu schreiben, in dem er versuchte, die Wogen möglichst zu glätten und ihr seine Verlobte positiv zu präsentieren. Zum Glück war inzwischen bezüglich des Gesundheitszustands der Mutter briefliche Entwarnung von der Solitude aus eingegangen, doch Christophines Brief war vermutlich noch nicht in Jena angekommen: »Ich habe unsern lieben Eltern eine Nachricht gegeben, die, wie ich hoffe, dazu beitragen wird, das Gemüt meiner lieben Mutter zu erheitern. Es ist die Nachricht von meiner nahen Verbindung mit Lottchen Lengefeld aus Rudolstadt, die ich Dir also hiermit nenne und als Deine künftige Schwester vorstelle. Ich halte nicht viel auf Beschreibung meiner Freunde oder meiner Geliebten in Briefen. Wie kann ich Dir das, was ich liebe, mit Worten malen, und was kann ich mehr zu ihrer Schilderung sagen, als daß ich ihr die künftige Glückseligkeit meines Lebens anvertraut habe? Ich hoffe, Du sollst sie von Person kennenlernen, und dieses bald. Sie ist die Tochter der Oberhofmeisterin Lengefeld in Rudolstadt, aber Du kennst vielleicht die ganze Familie aus der Beschreibung. In zwölf bis vierzehn Tagen werden wir getraut werden. Mein Herzog hat mir zu meiner Heirat ein Präsent mit einem jährlichen Gehalt gemacht, der mich, nebst dem, was meine Schwiegermutter dazuschießen kann und was ich durch Collegien und Schriftstellerei erwerbe, in den Stand setzt, sehr anständig hier zu leben. Auch Deinem Herzog habe ich große Verbindlichkeit für den Charakter als Hofrat, den er mir gegeben hat.«[77]

Der nun folgende Vorschlag, daß er nun seinerseits die jüngste Schwester Nanette zu sich ins Haus holen wollte, war in dieser Situation, da Christophine zunächst die Heirat des Bruders zu verkraften hatte, allerdings mehr als ungeschickt: »Ich kann hier etwas zu ihrer Bildung tun. Meiner Frau macht es Freude, sie zu Gesellschaft zu haben, und auch meiner Schwägerin, der Frau von Beulwitz, wäre es angenehm, sie zuweilen in Rudolstadt bei sich zu haben [...].« Was sollte Christophine davon halten, die den gleichen Plan hatte? Und wie sollte sie insgesamt mit dem ältlichen Bibliothekar an der Seite und angesichts der engen Meininger Wohnsituation mit dem erfolggekrönten Bruder und seiner adligen Braut in normale verwandtschaftliche Verhältnisse treten?

4. VORSICHTIGES TAKTIEREN (1790-1795)

Schiller hatte inzwischen von Herzog Carl August von Sachsen-Weimar ein Jahresgehalt von zweihundert Talern erhalten, im Januar 1790 war er Meininger Hofrat geworden, am 22. Februar heiratete er Charlotte von Lengefeld.

Im ersten (erhaltenen) Brief Christophines an das verheiratete Paar entledigte sie sich eines kleinen Auftrags: In Meiningen hatte sie den jungen Grafen von Dürkheim mitsamt seinem Hofmeister kennengelernt, der bei Schiller bei einer bevorstehenden Reise nach Jena vorsprechen wollte, da er bei ihm studieren wollte. Gleichzeitig klagte sie über das Ausbleiben von Nachrichten »von Dir und Deiner lieben Frau«. Vermutlich fand sie es peinlich, immer aus fremdem Munde über ihren Bruder und dessen Lebensverhältnisse zu hören: »Sag mir doch, lieber Bruder, ob Du nicht bald die Fortsetzung Deiner *Niederländischen Geschichte* herausgeben wirst; außerdem, daß ich es selbst so sehr wünsche, werde ich auch hier so oft von denen, die den ersten Band gelesen haben, erinnert, daß ich Dich selbst fragen muß, daher vergib mir meine Zudringlichkeit! Sei so gütig und empfiehl mich dem Andenken Deiner lieben Frau, und vergiß nicht ganz Deine Christophine.

Mein Mann empfiehlt sich mit mir«[78]

Selbstverständlich war zur damaligen Zeit die mündliche Kommunikation auch wesentlich noch Informationsweitergabe, somit liegt auf der Hand, daß Schillers wachsender Ruhm auch der gesellschaftlichen Position der Schwester in Meiningen zugute kam, und es war ihr aus diesem Grunde wichtig, daß sie angemessen und zeitnah Auskunft geben konnte über Mensch und Werk. 1790 erschien im übrigen, als erneutes Zeugnis der Zusammenarbeit der Schwäger, Schillers zweiter Band der *Allgemeinen Sammlung Historischer Memoires* in Jena, für den Reinwald, wahrscheinlich als Übersetzung aus dem Italienischen, einen *Lebensbericht Ottos von Freising* beigesteuert hatte.

Aber der Brief liefert auch in anderer Hinsicht Aufschlüsse über Christophines Wertesystem: So hatte sie einen ganz ausgesprochenen Hang zum Adel, wie schon aus verschiedenen Äußerungen deutlich wurde. Sie kultivierte geradezu ihre Beziehungen zu adligen Personen, besonders Frauen – nur ausnahmsweise handelt es sich im Brief um einen jungen Mann. Anders als ihre im Paris der Revolution auf dic demokratischen Ideale eingeschworene Freundin Ludovike Simanowiz war sie jedoch weit davon entfernt, sich für politische Ziele, und schon gar nicht für die Ideale der Gleichheit und Freiheit, einzusetzen. Und das Gedankengut der Literatur ihres Bruders hatte für sie mit der realen Welt wohl nicht viel gemein. Christophine bildete sich eine ganz eigene Theorie zum Thema Adel, die in mehreren, teils unterschiedlichen Versionen handschriftlich vorliegt.[79] Unter dem Titel *Über den Begriff des Adels, oder: Gedanken über das Wort Adel* schrieb die Autorin, wahrscheinlich zu verschiedenen Zeitpunkten des Lebens (die letzte Version stammt von 1830), ihre Gedanken zu diesem Thema nieder. Da sie nur über wenige Themen wie etwa Religion und eben den Adel theoretisierte, macht diese »Ausnahme« deutlich, wie zentral die Frage des Adels im Hinblick auf den bürgerlichen Stand für sie war. 1830, als alte Frau, gingen in ihre Zeilen natürlich zahlreiche Lebenserfahrungen ein. So heißt es dort beispielsweise:

»Der Edelmann kann sich der großen Rolle, die er auf dem Schauplatz der Welt spielt, sehr würdig machen, wenn er diese gebraucht, um Glück zu geben. [. . .]

Die wahre Geistes- und Herzensbildung, oder der Seelenadel, kann aber nur *durch eigenes Bestreben* errungen werden, und kein Vorfahre, wenn er auch Fürst ist, kann uns diesen abgeben. Ihn also an die Vorteile einer höheren Geburt zu knüpfen sollte das höchste Streben sein, und in anderem Fall solchen auch im Bürger aufsuchen, anerkennen. Und wenn dann unsere hohen Stände sich auf diese Stufe sich erheben, dann würde ihnen mit Freuden die Huldigungen dargebracht, die oft nur ihrem äußeren Rang gezollt wird.«

Daneben kommen in diesem Text die bürgerlichen Tugenden der Redlichkeit und des Fleißes zu Wort, die sie auch beim Adligen sehen wollte, ja sie verlangte, daß jeder Mensch in seiner Jugend eine »Handarbeit« lernen sollte, da Arbeit Selbstvertrauen und das wohltätige Gefühl der Unabhängigkeit vermittle. Ihr Adelsbegriff war ein wesentlich von Sittlichkeit und Werten geprägter: Nur dann war der adlig Geborene »wahrhaft« adlig, wenn er auch den »Seelenadel« besaß. Und diesen, soweit kennen wir die stolze Schwester Schillers, beanspruchte sie selbstverständlich für sich: Durch Entsagung, Fleiß, Sparsamkeit, durch das Opfer, das sie mit ihrer Ehe eingegangen war, hatte sie auf den in ihren Augen wahren Adel Anspruch. Auf diesem Wege kommen wir auch der anfänglichen Ablehnung der Ehe Schillers näher: Wahrscheinlich hatte Christophine Reinwald über ihre Netzwerke Negatives über den Charakter Charlottes gehört.

Doch auch mit der Schwägerin begann Christophine binnen kurzem, vermutlich aufgrund verwandtschaftlicher

Konventionen, eine Korrespondenz, die über längere Strekken sogar die mit dem Bruder ersetzen sollte. Am 16. Mai grüßte noch Schiller die Schwester brieflich und bat sie um Nachsicht wegen des langen Schweigens, charmant wollte er die Schwester am neuen Glück teilhaben lassen:

»Deinen Brief und Gruß hat mir der Herr Graf von Dürkheim überbracht, liebe Schwester, und ich muß freilich gestehen, daß mein langes Stillschweigen gegen Dich unartig genug war. Aber einem Bräutigam und angehenden Ehemann mußt Du diese Nachlässigkeit zugute halten, und ich verspreche Dir, sie künftig zu verbessern.

Anstatt alles Erzählens und Versicherns schreibe ich Dir also kurz, daß ich glücklich bin mit meiner Lotte, daß alle meine Wünsche von häuslicher Freude in ihre schönste Erfüllung gegangen sind. Wir führen miteinander das seligste Leben, und ich kenne mich in meiner vorigen Lage nicht mehr. Jetzt erst kann ich sagen, daß ich lebe, weil ich mich erst jetzt meines Lebens freue. In fremder Gesellschaft lebe ich jetzt gar selten, denn ich habe in meinem eigenen Hause alles, was mich glücklich machen kann – Genuß für mein Herz und Geschäfte. Die ersten sechs Wochen nach unserer Trauung hat meine Schwägerin und eine kurze Zeit auch meine Schwiegermutter bei uns gelebt. Dann gingen wir auf vier Wochen nach Rudolstadt in die Ferien und sind jetzt seit vierzehn Tagen wieder zurück. [...] In Jena schränken wir uns fast auf ein einziges Haus meines Landsmanns, des Professor Paulus, ein, der auch seine Frau aus Schwaben mitgebracht hat. Wir leben in einem engen Zirkel zusammen und halten soviel wie möglich die Schwelle von den übrigen Menschen rein, die nicht viel Tröstliches im Umgang haben, weder für das Herz noch im Grunde auch für den Geist, denn das Professorenleben macht die meisten zu Pedanten und der Handwerksneid ist gar groß bei den meisten. Ein Glück für mich und meine Frau, daß wir nicht nötig haben, unsere Glückseligkeit irgend anderswo zu suchen als in unserem eigenen Hause.

Sonst gefällt mir der hiesige Aufenthalt der ruhigen Existenz, der schönen Gegend, der Nachbarschaft wegen. Zum akademischen Leben ist Jena der beste Ort. Auch ist es hier sehr wohlfeil, und dies besonders kommt mir beim Anfang eigener Haushaltung sehr zugute. Durch die Fürsorge und Güte meiner Schwiegermutter sind wir gar anständig eingerichtet, und ich fühle mich oft wie neugeboren, wenn [ich] auch dieses Äußere meiner Lage, welches doch so sehr das Leben mit verschönern hilft, mit meinem vorhergehenden Dasein vergleiche. Doch ich hoffe, es soll nicht so sehr lange anstehen, daß Du und Dein Mann mich in meinem neuen Stande heimsuchen werden. [...] Lebe wohl, liebe Schwester, und sage Deinem Mann die freundlichsten Grüße von Deinem Dich ewig liebenden Bruder S.«[80]

Das anvisierte Treffen der beiden Ehepaare fand wenig später, am 19. Juni 1790, in Erfurt bei dem Coadjutor Carl Theodor von Dalberg statt (auf einen Besuch in Jena mußte Christophine noch drei Jahre lang warten). Wie das erste Treffen verlaufen war, ist nicht überliefert, doch schrieb Christophine den ersten (Antwort-)Brief an die neue Schwägerin am 20. September des Jahres 1790:

»Teuerste Frau Schwester! Ich muß Sie tausendmal um Vergebung bitten, daß ich Ihren lieben Brief so lange nicht beantwortet habe; gleich nach dessen Empfang hatte ich häusliche Geschäfte und oft Zerstreuungen durch Besuche, da mußte es immer aufgeschoben werden, also vergeben Sie es, meine Beste, ich will in Zukunft fleißiger sein. [...] Ich war eine Zeit her auch nicht wohl und mußte eine ordentliche Kur brauchen, die mir viele Zeit vom Tag wegnahm. Überhaupt glaube ich, daß das hiesige Klima nicht so zuträglich für meinen Körper ist, als das, worinnen ich geboren und erzogen bin; meine Natur hat sich auch sehr geändert, und ich fühle jetzt Beschwerlichkeiten, von denen ich in meinem Leben nichts gehabt habe, und meine Lebensart, die äußerst einfach ist, kann unmöglich schuld daran sein.«[81] Christophine versuchte Erklärungen für ein Unwohlsein, das sicherlich auch psychosomatischer Natur war: Sie durfte ja nicht einmal zugeben, daß sie unglücklich war in dieser Ehe, von der der Bruder ihr so stark abgeraten hatte, die ihr so wenige Möglichkeiten der Entfaltung bot und die ihr Mann nach außen ganz anders darstellte, als sie eigentlich war. Und außerdem merkte Christophine jetzt, im Alter von dreiunddreißig Jahren, daß sie wohl immer kinderlos bleiben würde. Das muß für die große Kinderfreundin, die ihre jüngeren Schwestern mit aufgezogen hatte, besonders schmerzlich gewesen sein. Auch hier würde die Familie des Bruders bald an ihr vorüberziehen, aber auch dieses Thema würde unbesprochen bleiben. Es galt, das Ungelebte und selbst den Wunsch danach zu verdrängen. Christophine schlug verschiedene Themen kurz an in diesem Plauderbrief. Mit vielen Fragen versuchte sie, eine verwandtschaftliche Kommunikation mit der Schwägerin in Gang zu setzen. Und wieder bat sie um Zusendung der letzten Schrift des Bruders:

»Ich höre so viel Lobens von dem Almanach, der die Geschichte des Dreißigjährigen Krieges enthält, daß ich sehr wünschte, ihn zum Lesen zu bekommen, allein bisher blieb er nur noch in der höheren Sphäre unserer Leserwelt.« Hier meinte sie wahrscheinlich die herzogliche Familie in Meiningen. Nachdem sie einige gemeinsame Bekannte anspricht, erkundigte sie sich nach der »gnädigen Frau Mama und Frau Schwester und Herrn Schwager«, also Louise von Lengefeld, Caroline von Beulwitz und deren Mann Wilhelm von Wolzogen, um sehr verbindlich zu schließen:

»Ich wünschte mir wohl, so manchmal eine Stunde Ihrer Gesellschaft beizuwohnen, aber so hemmt der weite Weg meinen Wunsch, den ich mir bei einem näheren oft erfüllen würde.

Zeichnen Sie auch noch zuweilen, meine Liebe? In dieser Beschäftigung könnten wir zusammen manche angenehme Stunde durch Mitteilung unserer Ideen zubringen, und eins das andere aufmuntern. Geht es Ihnen denn auch zuweilen so, daß Sie Aufmunterung nötig haben, wie mir? Ich glaube es fast nicht. Sie haben weniger Ursache dazu, weil Sie zufriedener mit Ihrer Arbeit sein können, und ich bin noch so weit, weit von dem Ziel, das ich mir gesetzt habe und das ich nie werde erreichen können. Leben Sie wohl, schenken Sie mir ferner Ihre Liebe; ich umarme Sie beide von ganzem Herzen. Christophine Reinwald.«[82]

Hier konstatiert Christophine erstmalig den fundamentalen Unterschied zwischen ihr und der zehn Jahre jüngeren Schwägerin und bringt ihr Gefühl des Mangels zum Ausdruck: daß kein Mensch sie aufmunterte, daß an dem für sie so wichtigen Zeichnen kein Mensch wirklich Interesse hatte und daß es ihrem Mann offenbar nur darauf ankam, über die Zeichenstunden seiner Frau das karge Gehalt aufzubessern.

Im Zusammenleben mit Reinwald war über die früher

so heitere Frau wahrscheinlich eine Depression hereingebrochen, und vielleicht sah sie gar mit Neid auf die glückliche Frau an der Seite ihres Bruders. Aber die Konventionen wollten es, daß man sich unter Schwägerinnen höflich austauschte, und letztlich war die Frau des Bruders von jetzt an für Christophine das, was Reinwald in der Kommunikation zwischen ihr und dem Bruder seit Jahren war: ein wohl schwierig zu passierendes Hindernis. Inzwischen übernahm Charlotte den brieflichen Kontakt mit den Familienmitgliedern. Nur wenige Tage später schrieb auch Reinwald an die Schwägerin und bezieht sich auf einen Brief, der nicht überliefert ist. Zunächst gibt der Bibliothekar Lektüreempfehlungen, um dann seine Theorie und Praxis des gesellschaftlichen Umgangs in Meiningen auszubreiten:

13. Haus Georgstraße/Ecke Klostergasse in Meiningen, in dem Christophine Reinwald 1822/23 bei ihrer Freundin Louise Heim wohnte, Fotografie (DLA).

»Wie wir hier leben und was wir für Umgang haben, ob wir den Umgang der Toten oder der Lebenden vorziehen? fragen Sie. Diese Frage sollte Ihnen eigentlich meine Frau beantworten, aber sie ist an mich einmal geschehen. Freilich ist der Umgang mit den Toten immer der solideste, aber wer sollte den Umgang der Lebenden dennoch missen können? [...] Eine Assemblée ohne alle Distinktion der Stände, nach dem Muster derjenigen bei dem vortrefflichen Herrn Coadjutor v. Dalberg, obgleich noch so sehr im Kleinen, obgleich immer um ein gutes Teil genierter, möchte unsereinem wohl behagen und den verkrüppelten Geist wieder ein wenig ausdehnen; aber das ist noch ein frommer Wunsch. Kaffeehäuser, die in kleinen Städten überhaupt ein schlechtes Labsal sind, können hier nur demjenigen zugute kommen, den Billard, Kartenspiel, Bier und Tabak freut. Alle jene Aufmunterungen vermißt man im Sommer weniger, wo die Natur durch ihre Reize (und unsre Gegend hat viel ähnliches mit dem Jenaischen Tale) uns für viele Erholungen, die uns abgehen, schadlos hält. Aber nun im Winter – nun, da muß man sich freilich etwas mehr einschränken, mehr arbeiten, manches zum Unterricht oder zum Spaß lesen und darüber mit seinem Gatten plaudern. Immer besser wenigstens, als wenn man mit Zeremonienvisiten sich einläßt, Gottes teure Zeit damit zubringt, sich mit dem Gaste zu zanken, ob er genug Kaffee getrunken oder nicht, und wenn der Gesprächsstoff vollkommen weggeplaudert ist, bis auf den Knochen, selbst noch den Knochen benagen wie ein elender Hund u. s. w. Über diese weitläufige Antwort auf Ihre kleine Frage, liebste Frau Schwester! Könnt' ich nun wohl eine Entschuldigung anbringen, wenn nicht Entschuldigungen eben so gut ennuyierten als Weitläufigkeit. Kurz, ich mache meinem

Geschwätz ein Ende, bitte um Ihre fernere Korrespondenz, Freundschaft – und bin Ihr Sie von Herzen verehrender Schwager Reinwald«[83]

Reinwald zog es scheinbar – so wird hier deutlich – vor, lieber auf Geselligkeit zu verzichten, als sich in zweitklassige Gesellschaften im kleinen Meiningen zu begeben. Christophine jedenfalls kam bei all diesen Erwägungen erneut nicht vor – immer deutlicher erscheint sie als die um alle Freuden des Lebens Betrogene.

Schiller wurde im Januar 1791 während eines erneuten Besuchs bei Carl Theodor von Dalberg lebensbedrohlich krank, damals benannte man die »An- oder Zufälle« mit »Lungensucht« oder »hitziger Brustkrankheit«, also vermutlich Tuberkulose und Lungenentzündung. Hier liegt wohl der Urgrund für die lange Leidensgeschichte, die den Dichter 1805 viel zu früh sein Leben kostete. Mehrere Rückfälle seiner Krankheit zogen sich über lange Monate hin. Von nun an war die Sorge um Schillers Gesundheit ein Hauptthema der Korrespondenz der Schwägerinnen. Vom 23. Mai 1791 datiert ist ein Brief Charlotte Schillers aus Rudolstadt an Christophine Reinwald:

»Ich würde gewiß nicht so lange angestanden haben, Ihnen zu schreiben, liebste Schwester, wenn nicht ein trauriger Zufall mich daran gehindert hätte. – Denselben Abend, nach Empfang Ihres lieben Briefes, wurde mein geliebter Schiller von einer so heftigen Beklemmung auf der Brust befallen, daß wir befürchteten, es wäre ein Stickfluß. Er selbst verlor den Mut, und wie mir nun sein mußte, können Sie fühlen. Er bekam darauf einen Fieberanfall, starken Frost u. s. w. Endlich entwickelte es sich, daß Krämpfe aus dem Unterleib herrührend der Grund des Übels waren. Noch einmal über den andern Tag kam ein heftiger Anfall, der noch schmerzlicher für mich war, weil er lange gewiß glaubte, seine Kräfte würden sich erschöpfen müssen, weil er sich so übernatürlich anstrengen mußte, um Luft zu haben. Aber auch dies ging vorüber, und wir hoffen nun, daß kein so heftiger Anfall wird wieder kommen können, weil jetzt alle Mittel angewendet sind, dem Übel vorzubeugen. [...] Gestern vor vierzehn Tagen war der traurige Anfang der Krankheit. Seit dem Dienstag darauf ist kein so heftiger Anfall mehr gekommen, und nun bleibt es schon lange ganz aus; der Atem wird zuweilen noch unvermerkt kürzer; sonst spürt er gar nichts mehr. – Heute ist er zum erstenmal wieder mit uns im Garten gewesen, und es war in mir ein tiefes Gefühl des Dankes, daß ihn mir der Himmel wieder gegeben, daß ich mich wieder mit ihm der schönen Welt freuen kann. [...] Lotte.«[84]

Aber auch auf der Meininger Seite war Krankheit damals ein Hauptthema, so mußte Christophine als Wärterin ihres Mannes mehr und mehr Zeit verbringen und konnte zeitweilig nicht einmal mehr ihre Briefschulden abtragen. Am 18. Dezember 1791 schrieb sie an Charlotte Schiller:

»Teuerste Frau Schwester!

Ihr lieber Brief, schon vom 2. September, den ich erst jetzt beantworte, macht mich ganz beschämt, vor Ihnen zu erscheinen. Da Sie aber aus Erfahrung wissen, wie wenig man Zeit und Muße hat, auch sogar an seine besten Freunde zu schreiben, wenn der liebe Mann krank ist, werden Sie mir dieses lange Stillschweigen gewiß vergeben. Leider war ich seit dem Frühjahr und wieder seit Anfang des Juli in diesem Fall, und mein lieber Mann hatte so heftige Anfälle von Ischiatik, die zwar nicht immer fortdauern, aber er war doch nie ganz davon befreit; so kamen oft seine Anfälle fünf bis sechs Mal in dieser Zeit wieder, immer mit einigen Veränderungen, aber allzeit schmerzhaft. Die Hauptsache waren heftige Schmerzen auf der rechten oder linken Seite, die ihn bei völligem Mangel an Appetit und Schlaf sehr elend machten; zuweilen war auch Fieber dabei, aber nicht immer; so brachte er die schönsten Sommertage zu, und noch überdies hatte uns in dieser Zeit, da er elend im Bette liegen mußte, seine noch einzige Schwester nebst ihrer Tochter besucht, die unweit Erfurt wohnt; auch unser alter Onkel von Gotha nebst seiner Familie waren zu der Zeit hier, wo er beständig das Bette hüten mußte. Sie können sich denken, wie ihn das noch trauriger stimmen mußte, so teure Freunde nicht genießen zu können, da so wenig Wahrscheinlichkeit ist, sie wieder hier zu sehen, da der Weg weit und unser Onkel ein Mann von siebzig Jahren und kränklich ist. Ich war auch so verstimmt, daß ich meine Besuche nicht besser unterhalten und ihnen gar kein Vergnügen machen konnte. – Von meines lieben Bruders völliger Wiederherstellung haben mich einige Personen versichert, sonst hätte ich ungeachtet aller Hindernisse wenigstens ein paar Worte an Sie schreiben müssen. Aber wegen Ihrer Gesundheit, teure Frau Schwester, bin ich ungewiß; es ist freilich kein Wunder, daß die Krankheit meines lieben Bruders auch auf Ihre Gesundheit unangenehme Folgen gehabt hat, da ich weiß, wie unverändert Ihre Sorge und Pflege für ihn war. Wenden Sie ja alles an, um sie wieder völlig herzustellen, es hängt so unendlich viel von diesem köstlichen Gut ab, das ich aus eigner Erfahrung kenne. [...] Schenken Sie, teure Frau Schwester, mit meinem lieber Bruder auch in dem bevorstehenden Jahreswechsel uns Ihre fernere Liebe und Freundschaft, und genießen Sie die Ruhe und Glückseligkeit des Lebens, das ihnen von Herzen wünscht

Ihre treue Schwester C. Reinwald.«[85]

Schiller erhielt ab Ende 1791 für drei Jahre eine Pension von jährlich tausend Talern aus Dänemark. Seine finanziellen Probleme waren damit zunächst beseitigt, wenngleich der Dichter immer lange auf das zugesagte Geld warten mußte. Anders sah es damals bei Reinwalds aus: Durch die Kränklichkeit des Mittfünfzigers fielen die Nebeneinnahmen aus schriftstellerischer Arbeit fast weg. Die Schmerzen, die er litt, die hieraus sich ergebende schlechte Laune und sein Geiz mußten auf Dorothea Elisabeth Schiller, als sie (zum ersten und einzigen Male) auf der Rückreise von Jena in Meiningen gemeinsam mit der vierzehnjährigen Nanette ihren Besuch abstattete, bestürzend gewirkt haben.

Der eklatante Unterschied zwischen den beiden Ehepaaren, gerade auch, was die Belastung beider Frauen im Haushalt anging, wurden der Mutter und der kleinen Schwester auf dieser Reise wohl deutlich. Schillers Frau konnte sich, wenn ihr Mann nicht krank war, in diesen ersten Ehejahren stets ihrer Bildung widmen: Singen und Klavierspielen, Malen und Kupferstechen, die Sprachstudien im Lateinischen, Englischen, Französischen und Italienischen (ab der Jenaer Zeit) und ausgedehnte Lektüren. Sie interessierte sich auch für die Französische Revolution und hatte sich nach anfänglicher Begeisterung dafür, ebenso wie ihr Mann, wieder davon abgekehrt. Ihrer Schwägerin Christophine hatte sie ihre neu-alte Überzeugung mitgeteilt: »Ich traue den Österreichern recht viel Gutes zu und freue mich ihrer Siege. Man möchte fast lieber von der Aristokratenpartei sein, weil sich die Gegenpartie in so schlechtem Lichte zeigt. Seit dem grausamen Tod Ludwigs haben die Franken ihren Kredit bei mir verloren. Auch die Art, wie sie in den Rheingegenden zur Freiheit bekehren wollen, empört. Wenn das nicht Despotismus ist, so ist es gewiß der, den die Könige ausüben und ausübten, noch weniger. – Man wird so in die Politik jetzt gezogen, daß man es kaum fassen kann, davon zu reden. Ich bin sehr eifrig und glaubte nicht, daß sie mich einst so interessieren konnte.«[86] In dieser Ablehnung der Morde waren sich die sonst unterschiedlichen Schwägerinnen wahrscheinlich einig.

Im Gegensatz zur Schwägerin hatte es Christophine Reinwald als verheiratete Frau äußerst schwer, sich weiterzubilden. Jede Stunde, die sie dem eigenen Zeichnen oder Lesen widmen wollte, mußte erst mühsam durch Haus- und Gartenarbeit oder Zeichenlektionen erworben werden. Und auch der Zugang zu Wissensquellen war für die Schillerschwester oft kompliziert: Die Schriften, die sie brennend interessierten und die auch in Meiningen diskutiert wurden, konnte sie sich nicht leisten. Wenn ein Bibliotheksexemplar vorhanden war, so war es meist im Gebrauch der fürstlichen Familie, während Schillers Frau über die Kontakte ihres Mannes zu Verlegern alle Arten neuer Bücher meist per Wunschzettel bestellen konnte. Der Mangel im Hause Reinwald war tatsächlich beträchtlich, und noch Jahre später ging Schillers Mutter in Briefen an die Schwiegertochter und den Sohn auf die Erlebnisse ihrer Reise nach Thüringen ein. Ihr schien ungerechtfertigt, daß Reinwald nun bei den Schillers in Jena als »gescheiter und guter Mann« galt, dies sicherlich aufgrund von Briefen, die er auch zuweilen an Charlotte schrieb. Schillers Mutter empörte sich darüber 1794 im Brief an die Schwiegertochter, die inzwischen Mutter des ersten Kindes, Carl, geworden war: »Ein gescheiter Mann, dünkt mich, sollte doch seine gute Frau nicht so nach allen Teilen einschränken, wie es bisher geschehen ist, die ja die größte Geduld, die nur möglich, mit ihm haben muß, seine Launen zu ertragen, dahingegen er für sie in keinem Fall die geringste Gefälligkeit hat. Überhaupt hat seine Frau gar keinen Willen und muß sich beinahe wie eine Sklavin behandeln lassen. Denken Sie also, ob es so angenehm, mit einem so gescheiten Mann zu leben. Daß er im Umgang gescheit spricht, ist freilich solchen feinen Personen, wie Sie sind, unterhaltend; aber ein gutes Herz, Zärtlichkeit, Gefälligkeit vor seine Gattin, das dünkt mich nach meiner geringen Einsicht, gehört noch zu einem gescheiten Mann.«[87] Und in einem Brief an den Sohn vom August 1794 fügt sie am Schluß des Briefs, der eigentlich einer anderen Problematik, die an Reinwald geknüpft ist, gewidmet ist, nämlich der plötzlich in Ablehnung umgeschlagenen ursprünglichen Zuneigung Reinwalds zur jüngsten Tochter Nanette, bitter hinzu: »Der guten Fene [liebevolle schwäbische Abkürzung für Christophine, A. S.] werde ich nichts mehr von den Unarten ihres Mannes schreiben; da sie ohnehin zu leiden genug bei ihm hat, werde ich sie damit verschonen. Da ich damals meine liebe Tochter besuchte, lernte ich ihn immer mehr zu seinem Nachteil kennen; sie fürchtete sich, mir ihre Liebe und Bereitwilligkeit, so lange ich bei ihr, zu beweisen, und ich ersetzte alles, als ich fortging, gedoppelt, was ich genossen, daß sie keine Vorwürfe von ihm zu erwarten habe. Ich ging gewiß mit schwerem Herzen zurück. Die gute, liebe Fene ist gewiß zu bedauern. Wir alle grüßen Ihn, mein liebster

Sohn, die liebe Lotte und den lieben Herzenssohn tausendmal.

Eure treueste Mutter Schiller.«[88]

Hier zeigt sich, wie stark Christophine ihren Vorsatz verinnerlicht hatte, aus christlicher Nächstenliebe alles zu ertragen, was ihr Mann ihr zumutete, bis hin zur Aufgabe des eigenen Willens. Vergleicht man dieses Leben mit dem des Bruders und seiner Frau Charlotte, so wird überdeutlich, wie unterschiedlich zwei Männer, die eine annähernd vergleichbare Bildung besaßen, damals ihre Ehe führen konnten. Während Reinwald vor allem durch seinen mangelnden Respekt vor seiner Frau und der absoluten Ichbezogenheit negativ auffiel, war von Schiller bekannt, daß er wichtige familiäre Probleme offen mit seiner Frau besprach – gleichwohl wäre es ein Irrglaube, daß Schiller keinerlei patriarchalische Züge als Mann aufwies. Er versuchte diese jedoch angesichts seiner wohlerzogenen Frau zu kultivieren, und gar mancher, der Schiller noch als jungen Mann gekannt hatte, konstatierte die Veränderung, ja Milderung seines Wesens wie auch sein gepflegtes Äußeres, seit er Ehemann Charlotte von Lengefelds war.

Direkt nach dem Besuch der Mutter bei der Ältesten ahnte Schiller natürlich noch nichts von den unerfreulichen Begleitumständen, und daher schrieb er der Schwester sehr beschwingt am 15. November:

»Liebste Schwester,

herzlichen Dank für Deinen Brief, für das Gemälde, für die Hoffnung, die Du uns schöpfen läßt, Dich bald einmal bei uns zu sehen. Tausendmal sollst du Deinem Bruder willkommen sein, und Deine Gegenwart wird mir gewiß manche trübe Stunde der Krankheit erheitern helfen. Mach es möglich, sobald Du immer kannst, Reinwald wird mich durch diese Gefälligkeit unaussprechlich verbinden. Sage mir auch, wie und wodurch ich Deinem Mann ein Vergnügen machen kann? Was in meinen Kräften steht, soll geschehen.

Daß unsre gute Mutter eine so höchst beschwerliche Reise unternommen und sie so heldenmäßig überstanden hat, ist mir ein unbeschreiblicher Trost. Es ist mir jetzt ordentlich, als ob wir noch einmal so nahe wären, weil doch nun das Beispiel gegeben ist, daß man zusammenkommen kann. Hätte ich nur mehr zu ihrem Vergnügen tun können, könnte ich überhaupt nur mehr für Euch tun, Ihr Lieben! Aber die Zeit kann ja noch kommen – die Zeit, wo ich auch Dir, liebste Schwester, einen besseren Beweis meiner herzlichen Liebe geben kann als bloße Versicherungen. Lebe tausendmal wohl und glücklich. Diesen Kalender bitte Reinwald von mir anzunehmen, dem ich mich brüderlich empfehle.

Dein Dich ewig liebender Bruder FrSchiller.«[89]

Das erwähnte Gemälde war ein aquarelliertes Porträt, das Christophine in Meiningen anläßlich des Besuchs der Mutter und ihrer Schwester von Nanette angefertigt hatte. Am selben 15. November schrieb Charlotte Schiller übrigens auch einen Brief an Reinwald, in dem sie den Besuch der Mutter noch einmal als Beispiel der Anhänglichkeit würdigt und sich auf einen früheren Brief von ihm an sie bezieht. Folgende Passage wirkt in Kenntnis des Charakters Reinwalds fast absurd:

»Sie sagen mir recht viel Schmeichelhaftes, mein lieber Schwager, was ich doch nicht ganz zu verdienen glaube. Es ist kein so großes Verdienst, sich in Schillers Launen gut zu fügen. Erstlich hat er doch im Ganzen genommen nicht so viele, dann ersetzen auch wieder seine heiteren freien Momente die trüben leichter. [...] Das Leben lehrt uns, weniger mit uns und andern strenge sein, dies ist mir sehr wahr und einleuchtend; ich bin daher tolerant und lasse die Menschen, wie sie sind, und bleibe auch meinen Gefühlen und Neigungen treu. So läßt sich friedlich durchs Leben gehen; und wer die Menschen anders nehmen will, als sie sind, und zu viel von ihnen verlangt, der bereitet sich kein schönes freundliches Dasein. Hier haben Sie in kurzen Worten meine Art, die Dinge anzusehen, die ich nicht so leicht mitteile.«[90]

So machte sich der hypochondrische und despotische Reinwald tatsächlich Gedanken darüber, wie wohl Charlotte Schiller mit einem Kranken umging, den er sich vermutlich so schwierig wie sich selbst vorstellte. Einen Gedanken an die eigene Frau und deren Möglichkeiten der Kompensation verschwendete er dabei vermutlich nicht.

Im folgenden Jahr 1793 wurde dann tatsächlich ein Reiseplan der Reinwalds nach Jena geschmiedet. Reinwald selbst kam auf die Einladung seines Schwagers im Brief an Charlotte vom 28. Mai zu sprechen und hatte gleich um Verzeihung für sein finsteres Gesicht und seine kranken Launen, »wenn sie sich äußern sollten«, gebeten, der Grund: »denn ihre Wirkungen sind ebenso unwillkürlich, als meine Wünsche waren, andern Freude geben zu können«.[91] Am 31. Mai hatte das Paar von Schiller eine begeisterte Antwort erhalten:

»Ihr sollt uns herzlich willkommen sein, meine Lieben, und kein Geschäft, auch keine Krankheit, wie ich hoffe, soll mich abhalten, Eurer Gegenwart recht herzlich froh zu werden. Bringe immer das ganze Gerät Deiner Launen mit, lieber Reinwald: Ein Hypochonder wird mit dem andern Geduld haben. Doch ist bei mir, das sei zu Eurem Trost gesagt, die Hypochondrie mehr im Unterleib und in der Brust als im Gemüt, welches bei allen Unfällen, die über mich ergingen, Dank sei dem guten Gott, noch leidlich frei geblieben ist.

Sorget übrigens dafür, daß einige Tage über die Zeit, die Ihr bei uns zu bleiben bestimmt habt, nichts verschlagen: Denn wahrhaftig, wir lassen Euch so bald nicht wieder gehen.

So bringe ich also in diesem glücklichen Sommer meine zwei lieben Schwestern zusammen, und kann meinem guten Reinwald zeigen, daß bei allen, Gott weiß nicht zu entschuldigenden Sorglosigkeiten von meiner Seite, meine Liebe und herzliche Hochachtung für ihn sich immer gleichgeblieben ist. Aber das alles wird sich am besten ausmachen lassen, wenn wir uns von Angesicht zu Angesicht sehen. Lebt wohl, und gebet uns bald Nachricht, wie Euch die Einrichtung gefällt, die meine Frau vorgeschlagen hat.

Euer liebender Bruder Schiller«[92]

Die Reinwalds kamen am 26. Juni nach Jena, wo sie bis Juli blieben. Da die Schillers mittlerweile ihr Sommerquartier, das kleine Jenaer Gartenhaus, bezogen hatten, war eine Möglichkeit der Unterkunft bei ihnen nicht gegeben. Reinwalds kamen bei einer Freundin Charlottes unter. Im Vorfeld veränderte Reinwald allerdings noch mehrmals die Ankunft und gab auch sonst im Brief vom 4. Juni 1793 zu erkennen, wie schwer erkauft die Reise im Grunde für ihn war, ja wie eigentlich unmöglich: »Auf Ihre beiderseitige Erlaubnis, zu Ihnen zu kommen, die Ihr so gütiger und freundschaftlicher Brief enthält, haben wir gleich der Schwester Louise geschrieben, daß sie eilen soll, zu uns zu treffen, wenn es sein kann. Wir haben deshalb unsre Abreise bis auf den 18. dieses [Monats] verschoben, die erst auf den 12. festgesetzt war. Gern wären wir noch früher gereist; aber das kalte Wetter und nötige Gartenbeschäftigungen hielten uns davon ab. Ich kann überhaupt zu dieser Reise nur vierzehn Tage widmen, nach deren Verfluß ich wieder Arbeit genug für diesen Sommer finde; und sollte uns nicht das Lieblingsvergnügen zu verzeihen sein, alsdann die ersten Früchte unseres eignen Gartens zu genießen, der uns verhältnismäßig nicht wenig Aufwand kostet, und die sehr wahrscheinlich auch bei längerer Abwesenheit entweder Dieben oder Schmarotzern heimfallen könnten. Diese vierzehn Tage sind halb Ihnen gewidmet, und die andere Hälfte werden meinen Blutsverwandten zu Gotha und Erfurt zuteil, unter denen auch Kranke sind, die ich wahrscheinlich bei dieser Reise zum letzten Mal sehe.

Ich mache mit Vorsatz diese Besuche auf der Hinreise, damit die Notwendigkeit, zu Ihnen zu eilen, und Ihr Erwarten uns hinlängliche Entschuldigung gebe, nicht zu lange bei diesen Freunden zu verweilen und uns in unserer Rechnung zu stören, wovon schlechterdings nichts abzubrechen ist. Wenn wir indessen jene acht Tage einander nur ganz genießen und nicht durch sogenannte Veränderungen oder Zerstreuungen die Zeit verschwenden; so kann uns dieser Zeitraum viel Freude gewähren. Nicht zu gedenken, daß meine einfache Diät mir nicht erlaubt, meine gewöhnliche Lebensweise lange zu verlassen, ohne durch Düsterheit meinen Freunden lästig zu sein. Welche unbeschreiblichen Kleinigkeiten können nicht bei einem Geschöpf meiner Art diese veranlassen!

Ich bin von dem kurzen Briefchen des lieben Bruders

sehr, recht sehr gerührt und wünschte mir oft die ihm eigene Höhe des Geistes, von der man auf seine eigenen schwarzen Launen, so wie auf die Launen aller mächtigen und ohnmächtigen Geschöpfe um sich, heiter herabsehen kann, wenn man recht ernstlich will.

Leben Sie beide wohl vom Hoffen bis zum Schauen!

Der Ihrige WFH Reinwald«

Christophine fügte dem Brief nur diese kleine Nachschrift bei:

»Tausend herzliche Empfehlungen auch von mir: bis aufs Wiedersehen! Worauf ich mich herzlich freue. Ich hoffe, daß Louise noch kommen kann, wenn es nur irgend ihre Gesundheit zuläßt, und dann wollen wir Sie Ihnen bringen.

Die Ihrige Christophine R.«[93]

Die schwarzen Launen, die kleinen und sicher zahlreichen Bedürfnisse dieser so einfachen Diät, die Reinwald befolgte, das Aufzählen der Gefahren, sollte man den Garten allzu lange alleine lassen: Hier wird die gesamte pathologische Natur dieses Mannes offensichtlich. Er forderte im Grunde in diesem Brief die absolute Präsenz seines Gesprächspartners Schiller für den vereinbarten Zeitraum. Daß Christophine vielleicht auch Vorstellungen über den Ablauf des Besuchs haben könnte, wurde nicht in Betracht gezogen, auch nicht, daß es die Höflichkeit gebieten könnte, sich einfach ohne Wenn und Aber auf die Planungen der Gastgeber einzulassen. Doch immerhin bleibt zu konstatieren, daß die Reise wirklich stattfand. Reinwald schrieb am Sonnabend, den 22. Juni aus Erfurt:

»Liebster Bruder!

Gestern abend sind wir glücklich hier angekommen, und da Du uns die freundschaftliche Offerte getan hast, uns hier abzuholen, und den Tag unserer Abreise zu wissen verlangst; so stelle ich Dir anheim, ob Du uns dienstags hier abholen – oder (weil Dienstag Assemblée-Tag beim Herrn Koadjutor [gemeint ist Dalberg, A. S.] ist) Dienstagnacht hier bleiben und mittwochs früh uns mitnehmen willst. Montags erwarten wir Besuch von meiner Schwester, sonst hätte ich da schon Reiseanstalten gemacht. [. . .] Wir umarmen Deine liebe Gattin und erwarten Dich voll Verlangen.

WFH Reinwald

Wie ich höre, geht erst morgen eine Post nach Jena, die diesen Brief mitnimmt.«[94]

Schiller schrieb nach Erhalt des Briefs eine Antwort bezüglich der Abholmodalitäten in Erfurt, die er nach seinem Gesundheitszustand einzurichten versuchte, und einen Brief an Christophines Freundin Ludovike Simanowiz (geborene Reichenbach), die 1793 aus Paris zurückgekehrt war und künstlerisch nun zur vollen Reife gelangt war.[95] Diese war aufgrund ihrer Kunstfertigkeit inzwischen eine in ihrer Heimatregion Schwaben überaus bekannte Porträtmalerin. Als solche hatte sie Schiller das Bild seiner Mutter geschenkt, und die Würdigung, die dieser durch seinen Brief an Ludovike ausdrückte, entsprach dem Rang als Künstlerin, den sie inzwischen einnahm. Anders als die Bilder der Schwester, wenngleich auch diese in der Familie sehr geschätzt wurden, lobte Schiller Ludovikes Bild als Kunstwerk, das die ganze Menschlichkeit der Schiller-Mutter ausstrahlte. Darum war es ihm zu tun, ein Pendant dazu, das Bildnis des Vaters, von ihr zu erhalten: »Wie sehr, Madame, würde ich mich freuen, wenn ich einen Pendant zu diesem Bilde von der nämlichen Hand erhalten könnte. Aber das ist, wie ich fürchte, ein unbescheidener Wunsch, und ich würde ihn auch in der Tat nicht gewagt haben, wenn nicht eine Versicherung von meinem Vater, daß Euer Wohlgeboren nicht ganz dagegen abgeneigt wären, mir dazu Mut machten. Vielleicht habe ich in einem Vierteljahr das Glück, Ihnen in meinem Vaterlande die Versicherung meiner Hochachtung mündlich zu erneuern, mit der ich mich jetzt unterzeichne Euer Wohlgeboren gehorsamster Diener Fr. Schiller Hofrath«[96]

Ludovike Reichenbach war schon zuvor, 1787, mitten in den vorrevolutionären Wirren nach Paris gegangen, wo sie von dem Hofmaler Antoine Vestier ausgebildet worden war. 1788 hatte sie am württembergischen Hof in Mömpelgard Auftragswerke angefertigt, drei Jahre später heiratete sie den Schiller von der Hohen Carlsschule bekannten Leutnant Franz Simanowiz, der ihr großzügigerweise die erwähnte zweite Parisreise (1792) gestattete, von der sie 1793 nur durch eine Flucht über die Normandie und Straßburg zurückkehren konnte. Die Erfahrungen in Paris, die aus Ludovike Simanowiz zunächst eine glühende Verfechterin demokratischer Ideale gemacht hatten, hatten sie von Christophine Reinwald, die keine derartigen Reise- und Welterfahrungen aufzuweisen hatte, scheinbar getrennt, doch blieb ihre Freundschaft lebenslang erhalten. Ein Beweis großer Anhänglichkeit für die gesamte Familie Schiller waren natürlich die Porträts, die die Malerin im Verlauf der Jahre 1793 und 1794 von den Mitgliedern anfertigte, als sie vorübergehend in Ludwigsburg lebte. Das Porträt der Mutter hatte hier den Anfang gemacht. Schiller machte ihr in seinem Brief ein Kompliment, das sie gefreut haben muß: »Erst vor wenigen Tagen blieb Lavater, der auf seiner Durchreise bei mir einsprach, vor diesem Porträt stehen und huldigte der geschickten Hand, die es verfertigte.«[97] Wenig später entstand dann wunschgemäß das Porträt von Johann Caspar Schiller, das der Vater seinem Sohn zu dessen Geburtstag im November 1793 schenkte. Und auch Schiller selbst sollte noch im selben Jahr, als er mit Charlotte die Eltern in der Heimat besuchte, zu seinem Porträt kommen, woraufhin er dann auch das Bildnis seiner Frau von Ludovikes Hand erbat – für all diese Werke hatte er ihr ein gutes Honorar bezahlt.

Zunächst galt es jedoch, den Besuch der Reinwalds zu überstehen, der Schiller wohl, wie er anderen Briefpartnern anvertraute, aufgrund von Reinwalds okkupierender, penibler Art keinerlei Lust auf eine Wiederholung gemacht hatte. Im unmittelbaren Briefkontakt liest sich dies, höflichkeitsbedingt, jedoch anders. Reinwald schrieb nach der Rückkehr nach Meiningen am 18. Juli 1793 an den »liebsten Bruder« einen Dankesbrief, dem er einen Bund Federkiele beilegte, weil diejenigen, die er bei Schiller gesehen hatte, seiner Ansicht nach nicht einmal für einen Oberstallmeister taugten.[98]

Am 22. Juli bedankte sich Friedrich artig und kündigte die bald bevorstehende Abreise nach Schwaben für den 2. August an: »Noch einmal herzlichen Dank, ihr Lieben, für Euren erfreuenden Besuch und Euer gütiges Vorliebnehmen mit dem, was wir Euch haben geben und sein können. Wir kennen einander nun schon besser, hoffe ich, und so, daß wir uns ins Künftige nie mehr verkennen werden. Euer kurzer Aufenthalt hat den Wunsch recht ernstlich und lebhaft in mir aufgeweckt, daß wir uns künftig näher sein möchten, und wer weiß, ob nicht endlich das Schicksal, das uns alle wacker herumtrillte, Wege dazu finden wird.

Für die Federspulen bedanke ich mich recht schön. Sie

sollen fleißige Erinnerer bei mir sein und zu Briefen an Euch mir ihre Dienste leisten.«[99]

Aus Ludwigsburg, wohin Schiller mit Charlotte inzwischen gezogen war, erreichte die Reinwalds der nächste Brief vom 16. September. Die langwierige Geburt des ersten Sohnes Carl war glücklich am 14. September erfolgt. Schiller plante, auch den Winter über im Schwabenland zu bleiben, es sei denn, der Herzog würde sich dagegen auflehnen, was aber nicht erfolgte.[100]

Reinwald gratulierte in seinem Antwortbrief pflichtschuldig und fügte erneut an, wie schlecht es ihm aufgrund von »Nervenschwäche« im Sommer gegangen sei, wie unfähig er daher zu geregelter Arbeit gewesen sei, etwa auch hinsichtlich des versprochenen Manuskripts für Schiller über die Pulververschwörung. Christophine schloß den Brief mit einer ihr zugebilligten Nachschrift:

»Liebster Bruder und Schwester;

der Inhalt Deines lieben Briefs hat mir unbeschreibliche Freude gemacht, und ich wünsche Euch, Ihr Lieben, tausend-[mal] Glück zu eurem lieben Sohn; könnte ich ihn nur an mein Herz drücken oder mich auch durch einige Pflege um ihn verdient machen. Diese Nachricht hat mich äußerst überrascht. Ich glaubte nicht, daß die liebe Lotte ihrer Entbindung so nahe wäre; und sie wird auch kaum Zeit gehabt haben, ihre nötigsten Zurüstungen zu machen. Du wirst, liebster Bruder, viele Freundschaft bei Hovens finden, die unter jetzigen Umständen, da Du wieder Freund in unserm Vaterland geworden bist, Dir sehr gut kommen kann; ich möchte doch wissen, wo Du logierst; ich freue mich recht, daß mein Wunsch erfüllt ist und Du noch Ludwigsburg gewählt hast. Ich erinnre mich so gern an diesen Ort, wo ich den größten Teil meiner Jugend zubrachte; auch Dir muß diese Erinnrung nicht unangenehm sein! Wie viel hat sich seit dieser Zeit verändert! – Küsse Deine liebe Lotte herzlich von mir und sage ihr meinen wärmsten Dank, daß Sie unsere Familie mit einem gesunden Sohn beschenkt hat; wie werden die gute Eltern sich freuen; und unsere Nanette als Tante sich nicht einbilden. Du, liebster Bruder, wirst sehr wohl tun, wenn Du den Winter in Ludwigsburg bleibst. Es ist ohnehin jetzt nicht gut Reisen und vielleicht währt die Teuerung der Lebensmittel nicht sehr lange mehr. Vielleicht wirst Du indessen ganz gesund, welches von Herzen wünscht Deine Dich ewig liebende Schwester C.«[101]

Ein persönliches Treffen ließ sich praktisch auf der Rückreise aus dem Schwabenland einrichten. Drei Tage lang waren die Schillers im Mai 1794 in Meiningen zu Gast, bevor sie sich wieder in Jena einrichteten. So konnte Christophine ihren Neffen Carl kennenlernen, den sie sofort in ihr Herz schloß und in der Folge immer wieder mit selbstgestrickten Strümpfen etc. bedachte. Daraufhin hatte Schiller im Brief vom 30. Mai, bereits wieder aus Jena, den Reinwalds die Übersendung seines Porträts (nach einem Gemälde von Anton Graff von Müller gestochen) angekündigt, wofür sich die Reinwalds gesondert am 22. Juli 1794 bedankten. Reinwald war kritisch bezüglich der Ähnlichkeit des Graffschen Porträts, demgegenüber fand Christophine es gelungen:

»Liebste Freunde.

Auch ich vereinige meinen herzlichen Dank mit meinem Mann für das Bild meines lieben Bruders, das ich mehr als mein Mann getroffen finde. Besonders gefällt mir der Ausdruck, ob er gleich etwas Melancholisches hat, außerordentlich. Es herrscht so viel Ruhe und Interesse darin, daß ich es nicht genug ansehen kann. Die Stellung ist sehr gut gewählt und für den lieben Bruder sehr natürlich. Auch ist es vortrefflich gestochen. Es freut mich unbeschreiblich, daß wir es so ähnlich besitzen; wenn nur der lieben Lotte ihres auch an seiner Seite hänge[n könnte]? Wie steht es denn um Ihrer aller teuren Gesundheit? Und was macht der liebe kleine Carl? Könnten wir jetzt die Freude haben, ihn unter unsern vollen Kirschbäumen herumwandeln zu sehen, wir bekommen doch mehr Obst, als wir vermuteten, und ich wünsche mir so oft, mit meinen Lieben das Beste davon teilen zu können. [...] Ich küsse Sie beide und den lieben Carl herzlich und bitte um Ihre Liebe«[102]

Alle Animositäten gegenüber Charlotte waren, so scheint es, auf seiten Christophines einem großen Stolz auf den Bruder und seine Frau und einer zärtlichen Liebe zu deren kleinem Sohn gewichen. Die Familie war nach den beiden Treffen scheinbar zusammengewachsen, lediglich die räumliche Trennung trat zwischen sie.

Das Jahr 1794 verging schließlich ohne eine eigentliche Nachricht Christophines an den Bruder, der Reinwald nur dann kontaktierte, wenn er sich von ihm – möglichst »komische« – Beiträge für den *Musen-Almanach* oder Bücher erbat. Es gibt es keinen Hinweis darauf, was Christophine abhielt, stärker mit dem Bruder und seiner Frau zu korrespondieren. Möglich ist, daß die zwei Berggärten, die sie pflegte, ihre Zeit stark beanspruchten. Zu Weihnachten legte Schiller seinem Brief an Schwager und Schwester eine Ausgabe des *Don Carlos* bei, den er gerade erhalten hatte.[103] Nach dem Dankschreiben Reinwalds im Januar 1795 war der Kontakt zwischen den Familien zwar nicht erloschen, aber auf ein Minimum reduziert worden.

5. DAS KRISENJAHR 1796

Die Reinwalds und die Schillers rückten erst wieder enger zusammen, als es eine schwierige Situation erforderlich machte. Was war geschehen? Zunächst erkrankte Caspar Schiller. Als es ihm wieder etwas besser ging, befiel Schillers Schwester Nanette Anfang März 1796 ein epidemisches Fieber, oder, wie der Vater schrieb: »Schleimfieber«. Louise Schiller wurde daraufhin von derselben Krankheit befallen, erholte sich jedoch wenig später. Nanette aber starb nach einer nur vorübergehenden Besserung im Alter von achtzehneinhalb Jahren am 23. März 1796. Caspar Schiller schilderte seinem Sohn am selben Tag die Einzelheiten ihres Todes.

Doch damit nicht genug. Anfang April war Louise zwar halbwegs genesen, doch lag jetzt der Vater erneut krank, mit einem »veralteten Rheumatismus«, wie Louise an den Bruder schrieb. Im April hatte sich dann zusätzlich ihr eigener Zustand wieder verschlechtert. Die Mutter war als Krankenwärterin am Ende ihrer Kräfte. Schiller sah in dieser Situation nur eine Möglichkeit: Da er selbst seit langem durch seine chronische Krankheit geschwächt war, blieb für ihn logischerweise nur noch Christophine als Unterstützung für die Eltern. So schrieb er im Namen der Eltern am 25. des Monats an sie:

»Du wirst nun auch erfahren haben, liebste Schwester, daß die Louise ernstlich krank geworden und unsre arme liebe Mutter allen Trostes beraubt ist. Verschlimmerte es sich mit der Louise oder gar noch mit dem lieben Vater, so wäre die arme Mutter ganz und gar verlassen. Der Jammer ist unaussprechlich. Kannst Du es möglich machen, glaubst Du, daß Deine Kräfte es aushalten, so mache doch ja die Reise noch hin. Was sie kostet, bezahle ich mit Freuden. Reinwald könnte Dich ja begleiten, und wenn er es nicht wollte, solange hierher zu mir kommen, wo ich brüderlich für ihn sorgen würde.

Überlege, meine liebe Schwester, daß Eltern in solchen Extremitäten den gerechtesten Anspruch auf kindliche Hilfe haben. Gott, warum bin ich jetzt nicht gesund – und so gesund, als ich es bei der Reise vor drei Jahren war, ich hätte mich durch nichts abhalten lassen, hinzueilen. Aber daß ich über ein Jahr fast nicht aus dem Hause gekommen, macht mich so schwächlich, daß ich entweder die Reise nicht aushalten oder doch selbst krank bei den guten Eltern hinfallen würde. Ich kann leider nichts für sie tun als mit Geld helfen, und Gott weiß, daß ich das mit Freuden tue. Bedenke, daß die liebe Mutter, die sich bisher mit einer bewundernswürdigen Standhaftigkeit betragen, endlich unter so vielen Leiden zusammenstürzen muß. – Ich kenne Dein kindliches, liebevolles Herz, ich kenne die Billigkeit und Rechtschaffenheit meines Schwagers. Beide werden Euch lehren, besser als ich, was unter diesen Umständen nötig ist. Grüße ihn herzlich.

Dein treuer Bruder FSchiller«[104]

Christophines Antwort kam postwendend, am 28. und 29. April hatte sie den Brief in Meiningen abgefaßt. Da der Bruder die Reisekosten übernehmen wollte und Christophine auf die moralische Pflicht verwiesen hatte, ihre Familie zu unterstützen, konnte sie Reinwald überzeugen, der Reise zuzustimmen. Gleichwohl war sie sich der Tatsache einer möglichen Ansteckung bewußt:

»Liebster Bruder,

die Nachricht von Dir, daß auch die Louise krank ist, war mir nicht ganz unterwartet, da es kein Wunder ist, daß sie nach den heftigen Stürmen auch erliegen mußte. Gott, was wird aus unsrer alten Mutter werden! Du kannst versichert sein, daß ich schon längst ihnen zur Hilfe geeilt wäre, wenn die Ausführung dieses Verlangens von mir abhinge. Ich habe so keine Ruhe, seitdem ich weiß, daß die Meinigen so leiden und ich ihnen nicht beistehen kann. Die Reise dahin war schon vor drei bis vier Wochen festgesetzt. Aber nach diesen kamen wieder Briefe, daß es besser ginge und ich lieber zu einer andern Zeit hinkommen sollte. Der liebe Vater hat sich eben zu jener Zeit erboten, die Reisekosten zu übernehmen, und ich vermute, daß, weil die Ausgaben für die Krankheit so stark sind, daß es deswegen die lieben Eltern nicht mehr beschleunigten. Wären wir in dem gegenwärtigen Stande, es selbst zu bestreiten, so fiele das ohnehin weg, aber leider kann ich es jetzt nicht von meinem Mann verlangen, da er mit seinem geringen Gehalt bei der gegenwärtigen Teuerung kaum auslangt. Ich muß also, lieber Bruder, Dein edles Anerbieten benutzen und Dich bitten, mich mit etwas zu unterstützen (weil die Zeit zu kurz ist, Briefe von Dir abzuwarten, so habe ich indessen bei einem Freund hier acht Louisdor zur Reise geborgt, brauche ich weniger, so ist es desto besser: Aber ich konnte nicht wohl weniger nehmen, weil es mich in die größte Verlegenheit setzen könnte, da man nicht alle Fälle vorausweiß. Wie gerne ersparte ich Dir diese Ausgabe oder teilte sie wenigstens mit Dir, wenn ich's könnte.)

Noch haben wir keine weiteren Nachrichten von den lieben Eltern. Mein Vorsatz ist fest, morgen abends mit der fahrenden Post, die zwar den Umweg über Nürnberg geht, abzureisen. Sei versichert, daß ich alle meine Kräfte aufbieten werde, unsern teuern Eltern und Schwester ihr Schicksal zu erleichtern. Gott wird meine Gesundheit stärken, daß ich es fähig sein werde. Mein lieber Mann meinte, ich soll vorher noch Briefe von den lieben Eltern abwarten, ehe ich abreise – aber wie ich schon gesagt habe: Auf alle Fälle ist die Abreise auf morgen bestimmt – jeder Tag Zögerung vermehrt meine Unruhe und Ihre Leiden. Hätte ich es nur eher getan, aber Gott weiß es, daß es nicht meine Schuld ist. Für Dein brüderliches Anerbieten sag' ich Dir einstweilen tausend Dank. Ich werde es nicht mißbrauchen und so genau wirtschaften, als es mir möglich ist: Sobald ich ankomme, schreibe ich Dir sogleich von dieser Lage der lieben Unsrigen. Ich habe schon lange meine Sachen auf diese Reise eingerichtet, also hab' ich von dieser Seite kein Hindernis, meinen Vorsatz auszuführen. Auch hoffe ich nicht, daß mich mein lieber Mann, im Fall auch keine Briefe kämen, zurückhalten wird. Es kann ebensowohl sein, daß keins fähig ist, zu schreiben, und sie sich auf den Deinigen verlassen.

Daß Deine Gesundheit selbst wieder wankend ist, tut mir sehr weh. Ich habe nach Deinem letzten Brief geglaubt, daß es ganz gut ginge, aber wahrscheinlich wirkten Deine zu vielen Arbeiten so nachteilig auf sie. Wie ist es möglich, daß man fast ein Jahr lang immer zu Hause und nicht in die frische Luft geht? Das muß schon, ohne krank zu sein, den Körper äußerst schwächen. Ich habe oft auch so hypochondrische Perioden, wo ich nicht ausgehen mag. Aber mein Mann läßt mir keine Ruhe, und darin hat er sehr recht, ob ich schon anfangs böse darüber war. Seine Gesundheit ist auch sehr schwächlich, und dieser Gedanke wird mir manche noch trübere Stunde machen, aber auf alle Fälle geht es doch nicht an, daß er mitreist. Auch dankt er Dir herzlich für Dein Anerbieten, zu Euch Lieben zu kommen, sein Amt und seine übrigen Geschäfte lassen es diesmal nicht zu. Ich wäre freilich ganz ruhig um ihn, wenn es so anginge, er wird Dir's selbst sagen. Wahrscheinlich, liebster Bruder, bin ich schon auf der Reise, wenn Du diesen Brief bekommst. Gott schenke Dir und den Deinigen Gesundheit. Ach! Mit welchen Empfindungen werde ich diesen Weg zurücklegen! Ich muß mich mit Standhaftigkeit wappnen, um nicht weichlich zu werden und den Zweck nicht zu verfehlen, den ich zu erlangen mich bestreben will: Denn wer weiß, was meiner wartet!

Ich umarme Euch Lieben von ganzer Seele. Denkt zuweilen an mich, Eure treue Schwester Christophine.«[105]

Das Leben an der Seite des grämlichen Bibliothekars war der an sich heiteren Christophine zur damaligen Zeit bereits auf das Gemüt geschlagen. Insofern war ihr jede Veränderung der Lebenssituation sicherlich willkommen, obgleich sich Mutter Schiller nicht sicher war, ob Christophine der auf sie zu kommenden Belastung standhalten würde. In einem Brief an den Sohn vom 30. April bemerkte sie zudem: »Und sie soll ihren Alten mitbringen, sonst wird er sie in etlichen Tagen schon wieder verlangen.«[106]

Der Brief gibt daneben deprimierende Auskunft über die Prioritäten, die Vater und Mutter Schiller offenbar in ihrem Leben gesetzt hatten, jedenfalls aus Sicht der Mutter: So habe sich der Vater niemals für seine Kinder (und sie selbst) interessiert, schrieb sie, nur die Baumschule sei ihm wichtig, wohingegen sie als Mutter ihren Töchtern auch eine gute

Erziehung zuteil werden lassen wollte, sie habe hier aber nur geringe Möglichkeiten gehabt. So habe sie etwa auch immer dafür gesorgt, daß ihre Töchter die Familie Simanowiz in Stuttgart besuchten, »wo sie Bildung lernen konnten«[107]. Vor diesem Hintergrund liest sich die traurige Bildungsgeschichte Christophines natürlich noch einmal anders: sozusagen als regelrechte väterliche Verweigerung eines von der Mutter angestrebten Ziels. Der nächste Brief an Schiller stammt von Reinwald, während Christophine schon in Richtung Schwaben abgereist war:

»Liebster Bruder! Auf Deinen lieben Brief vom 25. und die darin enthaltenen traurigen Nachrichten war die Abreise meiner Frau nicht wohl zu verschieben. Wir warteten den Donnerstagabend (früh, den 28. kam Dein Brief) und den Freitag früh ab, ob wir allenfalls selbst Briefe von der Solitude erhielten; da aber dies nicht geschah, wurde der nächste Weg erwählt, Freitag nachts zwischen dem 29. und 30. mit dem Nürnberger Wagen zu reisen. Dies ist nun auch geschehen, diesen Morgen um halb ein Uhr ging er ab und wird Montag, den 2. Mai in Nürnberg sein. Den Dienstag geht keine sichere Post von dort ab, meine Frau wird also diesen Tag in Nürnberg ausruhen und mir schreiben. Ich habe ihr einen guten Gasthof vorgeschlagen – Besuche ermüden nur – mittwochs früh geht der Stuttgartische Wagen ab und ist freitags (den Tag nach Himmelfahrt) in Stuttgart.«[108]

Aufgrund unvorhergesehener Aufenthalte und Verzögerungen traf Christophine Reinwald erst am 10. Mai, also vier Tage später als gedacht, auf der Solitude ein.

Wie es seinem Charakter entsprach, legte Reinwald dem Schwager im einzelnen dar, in welcher wirtschaftlichen Situation er sich befand und welches Opfer er mit seiner Erlaubnis, die Frau ziehen zu lassen, auf sich genommen hatte:

»Ich hätte sie gern bis Nürnberg begleitet und gute Freunde da besucht, aber ich getraue mir nicht, eine solche Fatigue[109] auszustehen, wenn nicht eine lange Ruhe drauf erfolgen kann, bin auch jetzt nicht imstande, Auslagen zu machen (einige nötige hab' ich hinter mir, einige vor mir). Vor ein paar Jahren konnte ich noch zu einer Reise was zurück legen, jetzt nicht, obgleich meine Revenue[110] eher besser als schlechter ist; aber die Teuerung täglicher Bedürfnisse ist zu groß.

Ich konnte mich schwer entschließen, meine Frau von mir zu lassen, man kann nicht immer wieder so bald herwärts wie hinwärts, und mit Aufopferungen ist nicht immer dem Leidenden so viel geholfen, als man helfen möchte – aber wenn die Schwester Louise ernstlich krank sein sollte, ist die Lage zu traurig – Dein gütiges Anerbieten, bester Bruder, wegen meiner Aufnahme erkenn' ich mit verdientem Danke. Doch könnte ich über acht Tage weder von meinen Haupt- noch Nebengeschäften noch der Aufsicht über Garten und Haus – entfernt sein, ohne zu befürchten, daß mir etwas zugrunde ginge, gestohlen würde u. dgl., und was nützte mir am Ende die kurze Freude, wenn ich nachher zu einem Tête-à-tête mit meiner Magd wieder zurückkehren müßte! Die unentbehrlichste Gesellschaft – in Zwischenräumen der Erschöpfung von Arbeit oder der vertrockneten Laune – ist die häusliche, zumal wenn man so unterbrochen arbeiten muß wie ich. Wir haben zwar ein sogenanntes Casino hier, es hat mich aber noch wenig erquickt, selten treff' ich da mit meinen Freunden zusammen, meist nur mit Spielern und Tabaksrauchern. Ich denke indes, meine Frau soll bei dieser Jahreszeit, in der Baumblüte, auch für ihre Gesundheit mit Nutzen reisen. Wir wollen überhaupt das Beste für die Unsrigen hoffen. Empfiehl mich Deiner lieben Frau. Dein treuer Reinwald«[111]

Christophine schrieb schon am Tage ihrer Ankunft auf der Solitude an den Bruder. Einen derart langen Brief hatte sie seit ihrer Eheschließung nicht mehr verfaßt, womöglich konnte sie nun, anders als zu Hause und von Reinwald kontrolliert, über das elterliche Papier uneingeschränkt verfügen. Sie war sehr betroffen über den schlechten Gesundheitszustand Louises, während sie den Vater zwar sehr abgezehrt fand, aber der Meinung war, daß dessen rheumatische Leiden zwar beschwerlich, aber nicht sehr ernst waren. Caspar Schiller erledigte sogar seine Arbeit noch vom Bett aus: »Aber die Louise ist äußerst schwach, und soviel ich urteilen kann, ist wenig Hoffnung zu ihrer Wiedergenesung. Doch kann es sich auch zum Besten wenden, denn der Mensch kann viel ausstehen. Sie liegt in beständiger Hitze, hat einen sehr kurzen Odem und kaum so viel Kraft, den vielen Schleim, der immer hinaufkommt, auszuwerfen. Schlaf hat sie ziemlich, aber ich halte ihn für eine Folge der Schwäche. Die Krankheit muß sich nun in zehn oder zwölf Tagen entscheiden. Gott wird uns mit Mut und Kraft waffnen, auch dieses voll zu ertragen. Es wird alles zu ihrer Wiederherstellung angewandt, aber ich glaube, daß es gleich im Anfang von den Doktoren versehen worden ist, daß sie die Krankheit für eine andere hielten. Doch davon kann ich nicht mit Gewißheit urteilen, weil ich nicht Kenntnis genug habe. Herr Leibmedikus Consbruch[112] ist nun unser Arzt, und ich hoffe, daß er nach seinen Einsichten und Pflichten handeln wird. Aber die hiesigen Ärzte beim Lazarett sind nicht mit seiner Verfahrungsart zufrieden. Also ist ein beständiger Streit, welcher von beiden recht haben kann. Das ist nun freilich ein leidiger Trost, wenn man das so mit anhört für die Teilnehmenden. Gott wird auch unsere Leiden lindern, das hoffe ich zu ihm, der uns schon so viele Beweise seiner Vaterliebe gegeben hat. Welch ein Trost ist schon das, daß ich ihnen jetzt beistehen kann und mich gesund fühle. Ach, und Du, lieber Bruder, wie herzlich danke ich's Dir, daß Du es möglich machtest, daß ich zu ihnen durfte. Sei versichert, daß ich alles aufsuchen werde, um den Leidenden ihr Schicksal zu erleichtern. Ich gehe nicht wieder von Ihnen, bis sie ganz beruhigt sind – so hoffe ich auch, daß mein lieber Mann denkt, dem ich soeben auch geschrieben habe, er könnte mich nach einiger Zeit, wenn es wieder ruhiger ist, abholen. Es wäre für seinen Geist und Körper Erheiterung. Nächstens will ich Dir auch Rechnung von meinen Reiseausgaben machen. Ich denke, ich habe nicht zuviel gebraucht, denn die Hieherreise kostete mich nicht mehr als siebenundzwanzig leichte Gulden mit allem. Ich muß äußerst einfach auf der Reise leben, weil ich fast nie Appetit habe. Also hab' ich nicht sehr viel verzehren können. [...] Ach, wie froh bin ich, daß ich glücklich hier angekommen und jetzt einiger Trost für die lieben Eltern bin. Die liebe Mutter ist unerachtet des immer sich häufenden Kummers sehr munter. Es ist unbegreiflich, da sie so teilnehmend ist; auch die wenige Hoffnung mit der Besserung der lieben Louise erträgt sie mit großer Fassung, sieht es selbst ein, daß es sich wahrscheinlich zu unserm Verlust ändern wird.

Ach Gott, an unsere Nane darf ich gar nicht denken, sonst bricht mir mein Herz. Sie war ein vorzügliches Mädchen.

1. Ludovike Simanowiz,
Elisabeth Christophine Friederike Reinwald, geb. Schiller,
Öl auf Leinwand, wahrscheinlich zwischen 1817 und 1822,
33,5 auf 28,5 cm (DLA).

2. Ludovike Simanowiz, Johann Caspar Schiller,
Öl auf Leinwand, 1793, 34 auf 30 cm (DLA).

3. Ludovike Simanowiz, Elisabeth Dorothea Schiller, geb. Kodweiß,
Öl auf Leinwand, 1793, 34 auf 30 cm (DLA).

4. Franz Seraph von Stirnbrand, Carl von Schiller,
Öl auf Leinwand, 1845, 114 auf 92 cm (DLA).

5. Wilhelm Bracht, Ernst von Schiller,
Öl auf Leinwand, 1831, 108 auf 89 cm (DLA).

*6. Christophine Reinwald nach Ludovike Simanowiz,
Christiane (gen. Nanette) Schiller,
Pastellkreide, wahrscheinlich 1802 (DLA).*

*7. Christophine Reinwald (?) nach Ludovike Simanowiz (?),
Louise Schiller, verh. Franckh,
Aquarell und Deckfarben auf Pergament,
undatiert, 9,5 auf 8,1 cm (DLA).*

8. Christophine Reinwald,
Wilhelm Friedrich Hermann Reinwald,
Gouache auf Pappe, wahrscheinlich 1790,
3,6 auf 2,9 cm (DLA).

9. Ludovike Simanowiz, Selbstporträt,
Öl auf Leinwand, 1789/90 (DLA).

10. Christophine Reinwald,
Narzisse mit Schmetterling, Aquarell, undatiert (DLA).

11. Christophine Reinwald, Apfel- und Birnenstudie, Aquarelle, 1803 und 1805 (DLA).

12. Christophine Reinwald, Studie von Pfirsichen, Johannisbeeren und Blüten, Aquarell, undatiert (DLA).

13. *Christophine Reinwald, Bukett von Trauben und Pfirsichen, Aquarell, undatiert (DLA).*

14. *Christophine Reinwald, Apfelblüte (Malus domestica), Aquarell, undatiert (DLA).*

15. *Christophine Reinwald, Rosen in einer Vase, Aquarell, 1841, 44,2 auf 30,3 cm (Goethe-Nationalmuseum Weimar).*

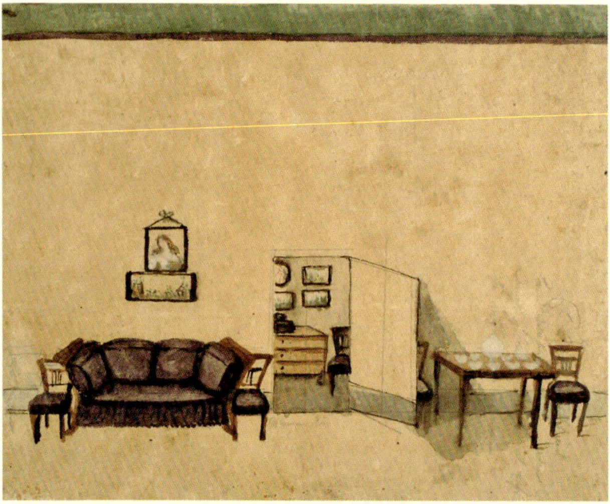

16. Adelheid von Bibra, Wohnung Christophine Reinwalds in Meiningen, Druckgraphik, undatiert (DLA).

Jedermann spricht mit einer solchen Achtung von ihr, dergleichen ich nie gehört habe. Ich habe sie fast gar nicht gekannt, und wie gut ist es bei ihrem Verlust – Ihr Bild hängt in meinem Schlafzimmer, es ist gut getroffen, aber sie muß schöner noch gewesen sein, doch ist ein großer Ausdruck darin, der hauptsächlich in ihrem Gesicht lag. Ihr Mund ist so schön, daß er zum Muster der Schönheit genommen werden könnte, und ihre Augen voll Verstand und Reinheit der Seele. Wahrhaftig, ich versenke mich in ihrem Anblick, so schön ist sie; auch ihr Wuchs voll Majestät und Würde.

Wie geht es mit Deiner Gesundheit, lieber Bruder, was machen die liebe Lotte und der kleine Carl? Ich habe so lange nichts von diesen gehört! Tausend Empfehlungen von den lieben Eltern, auch von der kranken Louise, ich sollte es Dir ja schreiben, rief sie mit schwacher Stimme! Ihr Zimmer ist neben dem Meinigen. Lebe Wohl, liebster Bruder, und hast Du Zeit, daß Du mir einige Linien schreiben kannst, so machst Du mir jetzt besonders eine große Freude. Deine Christophine«[113]

Aus diesen Zeilen sprechen Christophines große Liebe zur Familie und ihre Bewunderung für die verstorbene Schwester, die geplant hatte, Schauspielerin zu werden – ihr Talent, Gedichte und Dramenpartien zu deklamieren, war bekannt. Sie war erst sieben Jahre alt gewesen, als Christophine heiratete und die Solitude verließ. Das erwähnte Porträt ist das von ihrer Freundin Ludovike Simanowiz in den Jahren 1793 und 1794 gemalte.

Zwei Briefe Schillers vom 6. und 9. Mai erreichten Christophine, bevor dieser dann ihren Brief erhielt. Schiller schrieb auch an seinen Schwager und schickte ihm das versprochene Reisegeld für Christophine wie auch ein Honorar für einen Beitrag, den Reinwald für Schillers Zeitschrift *Die Horen* verfaßt hatte. Am 21. Mai drückte Schiller der Schwester seine Angst darüber aus, daß Christophine sich an der Krankheit anstecken könnte, auch empfand er Schuldbewußtsein darüber, daß er nicht selbst in die Heimat gereist war. Doch inzwischen hatte er neben seiner eigenen schwachen Gesundheit einen weiteren Grund, der ihn von der Reise abhielt: »Wie muß ich es Dir nochmals danken, daß Du die Reise gemacht hast; ich habe jetzt erst erfahren, daß ich sie nicht hätte machen können, da meine Lotte am Ende des Juli spätestens niederkommen wird und ich in einem solchen Zustande sie weder mitnehmen noch verlassen könnte.«[114]

Am 20. Mai konnte Christophine dem Bruder schon von einer Besserung des Zustands ihrer Schwester berichten, die kein Fieber mehr hatte und auch wieder Appetit bekam. Sie hatte eine schwere Lungenentzündung überstanden. Doch jetzt begann sich Christophine um den Vater zu sorgen: »Aber mit dem lieben Vater geht es noch nicht besser. Es gibt Tage und Nächte, wo er fast der Heftigkeit seiner Schmerzen unterliegen muß. Diese lassen sich unmöglich so vorstellen, als sie sind; ich habe noch nichts dergleichen gehört. Es ist nun schon alles mögliche versucht worden, ohne Erfolg, und der liebe Vater will gar keinen Arzt mehr brauchen, weil alle ihre Verordnungen bisher nicht im mindesten fruchteten. [...] Bisher gebrauchte er in den größten Schmerzen eine Latwerge[115] mit Opium, deren Wirkung aber seit ein paar Tagen weit geringer wird. Auch hat er sehr wenig Appetit zum Essen, kann also keine Kräfte sammeln, die heftigen Schmerzen auszustehen. Es jammert uns so, daß wir ihm nichts helfen können, daß wir oft nicht wissen, was wir anfangen. [. . .] Gott allein kann in dieser Not ihm beistehen, da alle menschliche Hilfe vergebens scheint. Außer den schmerzhaften Augenblicken ist auch der liebe Vater so heiter wieder in seinem Geist, daß er an allem teilnimmt und noch in sein Amt Bestellungen macht. Auch seine körperlichen Kräfte waren bisher so stark, daß ich mich oft darüber wunderte, da er doch jetzt dreiundsiebzig ist; er ist oft ungeduldig über seinen festen Körper im Augenblick seiner Leiden – wie oft habe ich schon Gott gedankt, daß ich nun hier bin – die Mutter könnte es nicht allein aushalten.«[116]

In dieser Situation sah sie ihren Platz an der Seite der Eltern, doch hatte sie Bedenken, ihre Position ihrem Mann gegenüber zu vertreten, und erbat sich von ihrem Bruder daher Schützenhilfe:

»Ich überlasse es Dir, liebster Bruder, es bei meinem Mann dahin zu bringen, daß ich noch einige Monate hierbleiben darf. Du wirst das schon machen. Ich verlasse die lieben Eltern nicht eher, als bis alles wieder gesund ist. Wie könnte ich ruhig sein, da ich jetzt das alles sehe, wovon ich mir keine Vorstellung machen konnte. Auch der Haushaltung wegen ist's nötig, daß ich hier bin. Die Mama kann nicht für alles sorgen, und es geht ohnehin entsetzlich viel auf, auch bei der genausten Aufsicht. Doch können wir Gott noch tausendmal danken, daß die lieben Eltern imstande sind, diese Ausgaben zu ertragen. Gott segne Dich für Dein edles Anerbieten. Du hast schon so viel getan, daß Du die Reisekosten übernommen hast, und die lieben Eltern sind so gerührt durch Deine tätige Teilnahme, daß ich Dir's nicht beschreiben kann.«[117]

Auch die Mutter sorgte sich nun um den Zustand ihres Manns, vor allem aber war ihr die Hilfe der ältesten Tochter unverzichtbar geworden. Darüber hinaus empfand sie es als Genugtuung, Christophine von Reinwald entfernt zu wissen: »Die gute liebe Fene kommt mir sehr wohl, sie ist mir nicht nur allein die beste Gehilfin, auch ihr Umgang beruhigt mich recht sehr, und ich kann sie nimmer entbehren, bis alles wieder in Ordnung ist. Liebster bester Sohn: Darauf hoffe ich auf Seinem Beistand, bei Reinwald es dahin zu bringen, und daß er auch zugleich fühlt, was er an einer Frau verliert, die er zuweilen nicht behandelt, wie sie es verdient. Wirklich, das ist höchst lieblos und hart, daß sie ihm ihren Verdienst vom Zeichnen in den Haushalt geben muß, wo er, wie sie sagt, noch kein Kleiderstück angeschafft, sie es doch zu diesen anwenden sollte. Jetzt will ich ihr etliche Kleiderstücke von unserer besten seligen Nane[tte] geben, die ihr ganz angemessen sind. O, das gute Ding verdient alles – Gott schenke ihr nur ihre Gesundheit, wo ich immer besorgt bin wegen dem Mitleid des lieben Vaters. Wir weinen oft alle zusammen. Ach, wenn nur die Schmerzen nicht noch heftiger kommen, daß ihn von der Hilfe Gottes in die größte Verzagtheit bringt. So war es schon in den heftigsten Schmerzen. Gott schenk ihm doch noch Glauben und Vertrauen auf seinen Beistand, welches mir auch noch den größten Kummer macht.«[118]

Louise Schiller fügte diesem Brief von eigener Hand ebenfalls Zeilen an den Bruder bei, um ihn von ihrer allmählichen Genesung zu überzeugen. Und eine weitere Neuigkeit konnte Christophine dem Bruder nur zwei Tage später mitteilen: Die von der bevorstehenden Verlobung der Schwester mit dem »Herrn Vikarius Frank«, sprich Johann Gottlieb Franckh (1760-1834), der sie 1799 auch wirklich heiraten sollte.

In ihrem Brief vom 10. Juni drückte Christophine ihre große Angst um den Vater aus und diskutierte mit ihrem Bruder die medizinischen Maßnahmen, die Schiller offenbar per Brief vorgeschlagen hatte: Keine dieser Kuren hätte angeschlagen. Sie machte sich eigene Gedanken: »Es ist mir schon eingefallen, ob der Schmerz nicht im Knochenmark sein könnte, weil doch alle möglichen Mittel nichts helfen wollen. Zum innerlichen Gebrauch hat er immer auflösende Mittel, die Opium-Ladwerge, die ihm bisher doch die einzige Zuflucht war, wenn die Schmerzen gar zu unerträglich wurden, wirkt jetzt auch weniger; er muß schon die dreifache Portion nehmen, wenn er Linderung haben will; und in der Folge schwächt das doch seine Nerven ... Ich habe doch noch immer Hoffnung, daß seine gute Natur auch noch diesmal siegen wird, aber der liebe Vater selbst widerspricht dieser Hoffnung. Er sagt, daß seine Kräfte zu sehr geschwächt werden könnten. Diese Worte gehen wie ein Schwert durch meine Seele, denn wir verlieren unendlich viel an ihm von allen Seiten.«[119] Dennoch versuchte sie auch für den schlimmsten Fall positive Pläne gedanklich vorzubereiten: »In dem Fall, daß es Gott über uns beschlossen hätte, daß er nicht mehr von seinem Krankenlager aufkommen sollte, so habe ich schon gedacht, wenn der lieben Louise ihre Aussicht realisiert würde, so nehme ich die liebe Mutter mit nach Meiningen. Ich mietete ihr ein Logis ganz in der Nähe bei mir (weil wir keinen Platz haben) und bestrebte mich, ihre noch übrige Lebenszeit, so viel in meinen Kräften stünde, angenehm zu machen: Welche Wonne würde das für mich sein, die gute Mutter um mich zu haben. Mein Mann kann mir hierin nichts einwenden, denn ich hoffe, daß sie so viel Vermögen noch erhält, daß sie ohne seinen Beitrag dort leben kann.«[120] Nachdem sie noch alle Fährnisse in der Genesungsgeschichte der Schwester Louise und erneut die Besorgnis um den Zustand des Vaters niedergelegt hat, fügt sie noch wenige, aber wichtige Sätze über den eigenen Zustand an: »Ich gehe jetzt mit der lieben Mama fast alle Tage eine Stunde in die frische Luft. Das bekommt uns beiden sehr wohl, und ich fühle mich überhaupt sehr gesund, solange ich hier bin. Dennoch brauche ich eine Kur, um die Nerven zu stärken, weil mich jede Alteration sogleich angreift und besonders so auf meine Augen wirkt. Doch Gott sei Dank, daß ich jetzt keine Zeichnungsstunden geben darf! Für Dein edles Anerbieten, bester Bruder, mich in Zukunft zu unterstützen, sag' ich Dir den rührendsten Dank. Meine Bedürfnisse sind so gering, und das, was ich jetzt durch Deine Güte habe, mir auf lange Zeit hinreichend! Sollte ich einmal in den Fall kommen, von Deinem Anerbieten Gebrauch zu machen, so komme ich freilich zu Dir mit meiner Bitte; denn wem sonst möchte ich lieber Dank schuldig sein als Dir!«[121]

Der Brief Schillers mit dem Anerbieten ist nicht erhalten, ebensowenig Schillers Antwort auf ihren Brief.

Schon seit längerem hatte Christophines wegen ihrer Augenprobleme den Ehemann gebeten, die Zeichenstunden einschränken oder aufgeben zu dürfen. Doch hatte er aufgrund der dann fehlenden Einnahmen nicht eingewilligt. Es mußte ihm nun jedoch klarwerden, daß sich Christophine sowohl mit ihrer Familie als auch mit ihrem Bruder ungehindert über die Sache aussprach. Insofern stellte der Aufenthalt auf der Solitude tatsächlich einen Wendepunkt in der Beziehung dar, auch weil Christophine nunmehr ein Bewußtsein dafür entwickelte, wie die Ehe ihre Persönlichkeitsrechte und sogar ihre Gesundheit beeinträchtigte. Sie schloß ihren Brief vom 11. Juni 1796 mit einem bemerkenswerten Nachsatz: »Der liebe Vater verlangt allemal Deine Briefe zum Lesen; Du wirst Dich also, was einige Punkte betrifft – danach zu richten wissen – und auf ein besonderes Blatt schreiben.«[122]

Über die erfahrenen Einschränkungen Christophines durch ihren Mann und die zu anstrengenden Zeichenstunden kam auch Elisabeth Dorothea Schiller in ihrem Brief an den Sohn Ende Juni nicht hinweg. Anlaß war ein klagender Brief Reinwalds gewesen, der seine Frau »zurückverlangte«. Insgeheim schmiedete Schillers Mutter ein kleines Komplott mit dem Ziel, Christophine noch länger bei sich zu behalten und den Schwiegersohn gleichzeitig von seinen unbilligen Forderungen an sie abzubringen. Schiller sollte dabei vermitteln: »Das war uns allen ein Donnerschlag, da wir sie allerdings jetzt noch nicht entbehren können. Sie führt dem Papa seinen Briefwechsel an die Doktoren – und auch seine Geschäfte besorgt sie, weil die Louise noch sehr schwach und noch nicht dazu gebraucht werden kann. Ach, liebster bester Sohn, in dieser Stimmung, die ihren Geist und Körper vollends unterdrücken muß, können wir sie unmöglich von uns lassen, um so mehr, da sie leider einen schmerzlichen Zwang äußert, (so bald) zu ihrem Mann wieder zurückzukehren, wo sie keinen Trost oder Aufmunterung zu gewärtigen von ihm hat. O Gott, er muß sie allem Ansehen nach äußerst nach allen Teilen eingeschränkt haben, ohne ihr dürftiges Auskommen hat er ihr niemals keinen Heller Geld gelassen und jeden Kreuzer ihm abfordern müssen [...]. Sie sagte, daß es ganz ausgemacht werden müßte bei ihrem Mann wegen dem Zeichnen, bevor sie wieder zurückgehen könnte. Ich denke, Liebster, daß noch zuerst mit Güte an ihn gegangen werden könnte, sie noch länger bei uns zu lassen, da ihm doch weiter nichts abgeht als der Umgang seiner Frau: So ist es bloßer Eigensinn und Interessen; wir wollen uns aber ganz, mein bester Sohn, auf Seinen Ausspruch verlassen, da Er das größte Recht dazu [hat], wie es nun anzugehen ist. Die gute Fene antwortet ihrem Mann gleich, daß sie wirklich ihren so sehr schwachen Vater unmöglich verlassen könnte, um nicht selbst unterwegs vor Kummer zu erkranken. Er sollte also noch Geduld haben, bis sich die Umstände ändern würden. Sie sagt mir aber, daß sie seinen Kopf schon allzu gut kenne, wie hart er auf seinem Vorsatz verbleibe, es wäre ihr sehr bange auf die Antwort von ihm. Wenn es ihr lieber Bruder nicht dahin bringen würde bei ihm, so werde alles nicht helfen. Er habe ihr in den zehn Jahren keinen Schuh angeschafft, viel weniger sonst etwas an Kleidungsstücken, da sie mit Zeichenstunden öfters ein Geschenk von Putz bekomme und ich ihr indessen auch einige Stücke geschickt und jetzt von der lieben guten seeligen Nane ihre Garderobe gegeben worden, so ist sie wieder auf etliche Jahre versehen mit Notwendigkeit. Der Papa wollte anfangs haben, daß sie ihrem Mann auch das Geschenk vom lieben Sohn schreiben sollte. Sie sagte aber, daß sie es gleich ihm geben müßte, und ich sagte, es wäre ja in der Absicht vom lieben Sohn geschehen, um es zu Notwendigem für sie [zu verwenden, A. S.], ohne daß ein Mann so unbillig sein würde. Bis sie endlich auch ihm ihre Lage schildern mußte. Alsdann wollte er haben, daß sie gar nicht mehr zu ihm gehen sollte, aber das ist nicht zu leicht, wo wir ihr diesen Rat dennoch nicht geben können, da ihr Mann freilich das Recht [hat, A. S.], seine Frau wieder zu begehren, wann er will. Und ich würde gewiß nicht so unbillig sein, es zu verlangen, wenn er die gehörige Achtung und Liebe für sie hätte, wie sie es gewiß verdient. Würde sie sich nicht alles von ihm gefallen lassen, so hätte sie nicht zehn Jahre es ausgehalten, aber leider: Ihr Aussehen zeigt ihr gekränktes und kummervolles Gemüt. Ihr Mann überlebt sie lang, er kränkt sich um nichts.«[123]

Christophine fügte bescheiden noch eine Nachschrift an, um ihrer Sache mehr Nachdruck zu verleihen. Sie war offenbar aufgelöst und voll Unverständnis über die dringliche Bitte ihres Mannes, sofort nach Hause zu kommen. Immerhin deutete sich damit ein Wechsel in ihrer bis dato so unterwürfigen Haltung dem Ehemann gegenüber an, wahrscheinlich verursacht durch den moralischen Rückhalt im Elternhaus:

»Liebster Bruder! [. . .] Es ist mir sehr leid, daß Du solche unangenehmen Dinge hören mußt, und ich würde mich nicht so eröffnet haben, wenn der letzte Brief von meinem Mann nicht schon eine Rückreise verlangte. Es ist mir unbegreiflich, wie er unter diesen Umständen, die ich ihm so rührend vor Augen stellte, auf diesen Einfall kommen kann. Er vermißt so wenig durch meine Abwesenheit, daß es schon von dieser Seite der Mühe nicht wert ist. Wir sitzen oft Tage zusammen, und es wird nichts gesprochen, das sich der Mühe lohnte. Und für seine Pflege habe ich so gut wie möglich gesorgt; überhaupt: Da er wußte, wie nötig meinen Eltern noch meine Gegenwart ist, so ist es wirklich sehr unbillig von ihm, daß [er] keine wahre Liebe und Teilnahme für unsere Eltern zu erkennen gibt, das mir am wehesten tut.

Du wirst die Liebe haben und es ihm, wenn Du's für

gut hältst, auch so vorstellen, daß er seinen Wunsch ändern muß.«[124] Bei dem von der Mutter erwähnten Geschenk an die Schwester handelte es sich um fünfzig Laubtaler, die Schiller in seinem nicht überlieferten Brief vom 27. Mai geschickt hatte.[125]

Als die französische Armee im Ersten Koalitionskrieg unter Moreau am 24. Juni bei Kehl den Rhein überschritt, war die Post für Wochen zum Erliegen gekommen, und Schiller erhielt den Brand-Brief von der Solitude erst am 15. August. Die Franzosen hatten bei ihrem Durchzug auf der Solitude geplündert, Christophine berichtete im Brief an ihren Bruder vom 20. Juli 1796 aber glücklicherweise nur von verkraftbaren Diebstählen (die wertvollen Dinge hatten die Frauen Tage zuvor an einem sicheren Ort versteckt), die Hausbewohner selbst waren ungeschoren geblieben. Die unsichere Situation war ein weiterer Grund, die Eltern mit der rekonvaleszenten Schwester nicht alleine zu lassen: »Unter diesen Umständen versteht sich's von selbst, daß ich meine Abreise noch nicht vornehmen kann. Ich habe das schon meinem Mann geschrieben. Auf alle Fälle aber werde ich über diesen Gegenstand weiter mit Dir reden.«[126] Schon zwei Tage später schrieb Christophine den nächsten Brief an den Bruder, weil die nahen Kanonaden sie beunruhigten und sich der Zustand des Vaters unaufhörlich verschlechterte. In diesem zweiten Brief bat sie den Bruder nochmals darum, für sie bei ihrem Mann zu intervenieren, um weiter bei ihren Eltern bleiben zu können. Gleichzeitig brachte sie plötzlich Verständnis für ihren alternden, wunderlichen Mann auf: »Sei so gut, liebster Bruder, und schreibe an meinen Mann, daß ich unter diesen Umständen unmöglich zurückreisen kann. Ich habe ihm im letzten Brief geschrieben, daß ich, wenn die Kriegsunruhen vorbei wären und noch einige Punkte wegen den Zeichnungsstunden berichtigt würden, meine Rückreise vornehmen wollte. Darauf habe ich noch keine Antwort – es bleibt dabei, daß ich nur unter dieser Bedingung zurückkehren werde. Du wirst ihm das schon in einer guten Art vortragen, denn kränken will ich ihn nicht. Seine Eigenheiten kann er nun nicht mehr ablegen, und wenn er mich nur nicht zu sehr einschränkt, so will ich gerne das übrige ertragen. Ich habe hier genug gesehen, was sich die Mama mußte gefallen lassen, und oft so viel, daß ich mein Los nicht mit ihr tauschte. – Sieh, liebster Bruder, verlassen kann ich ihn nicht auf immer: Er wird alt und schwächlich und bedarf meiner Pflege, und ich hätte keine Ruhe mehr in der Welt, wenn ich mir die Verletzung meiner ehelichen Pflichten vorzuwerfen hätte. Nur muß er sich darin ändern, daß er mich nicht zwingt, wider meiner ganzen Neigung die Zeichnungsstunden fortzusetzen.«[127]

So hatte sich Christophine wohl doch überwunden, ihren Standpunkt dem Ehemann selbst darzulegen und sogar damit gedroht, nicht wiederzukommen. Im Brief an den Bruder, in dem sie ihm zur glücklichen Geburt seines Sohns Ernst gratuliert, fragte sie sich, ob sie ihren Aufenthalt noch länger hinausdehnen sollte. Mittlerweile erschien es ihr möglich, daß die Krankheit des Vaters noch lange währen könne. Sie stellt dar, daß sie nun bereits vier Monate fern von Meiningen lebe und daß es in ihrem eigenen Haushalt mittlerweile auch unverzichtbare Dinge für sie zu tun gebe. Sie bittet den Bruder, für sie zu entscheiden, wiewohl sie Klagen ihres Mannes hatte lesen müssen, daß seine Gesundheit unter ihrer Abwesenheit leide. Schiller schrieb dem Schwager am 15. August und stellte die Leiden des Vaters als ernsthaft genug dar, um Christophines Bleiben im Elternhaus zu rechtfertigen. Die Worte sind mehr als deutlich: »Du begreifst wohl, daß Deine Frau das traurigste Leben unter diesen Umständen führen muß. Sie sehnt sich nach Hause und zu Dir zurück, aber einen sterbenden Vater und eine Familie in diesem Herzeleid zu verlassen, ist auch eine schwere Sache und wider ihre kindliche Pflicht.«[128] Hinzu kam das Argument der augenblicklichen Kriegsgefahr, die eine Reise erschwerte, vor allem aber gefährlich gestaltete. Gleichwohl läßt sich Schiller geschickt auf die Nöte des Schwagers ein, der die Frau entbehrt: »Ich kann mir Deine Lage wohl denken und beklage Dich recht herzlich. Aber es ist nun eine unglückliche Schickung, der man sich unterwerfen muß. Auch sei versichert, daß Du nicht soviel dabei leidest als Deine arme Frau, die das allgemeine und das häusliche Elend beständig jetzt vor Augen hat und sich dabei von Dir und ihrem Hause abgeschnitten sieht.«[129]

Ende August wird Christophine Reinwald mit dem argwöhnischen Mißtrauen ihres Mannes konfrontiert, sie zögere die Rückreise mutwillig hinaus. Sie schreibt dem Bruder: »Wegen meiner Rückreise bin ich oft sehr im Sorgen, daß bisher noch keine fahrende Post bis Nürnberg gegangen ist und mein Mann mir's nicht glauben will – ich weiß kein andres Mittel als dieses abzuwarten. Gestern bekam ich einige Hoffnung, daß der Postwagen vielleicht in acht oder zehn Tagen bis Nürnberg abgehen würde – sollte dieses wahr sein, so werde ich auf alle Fälle diese Gelegenheit benutzen; ich denke, daß ich da sicherer sein kann als mit Extra-Post allein.«[130] Christophine war gekränkt durch das Mißtrauen ihres Mannes, und nochmals bat sie den Bruder um eine Intervention bei Reinwald zu ihren Gunsten. Gleichzeitig gab sie ihm Kenntnis vom Ausgang der brieflichen Verhandlung zwischen ihr und ihrem Ehemann in der Angelegenheit der Zeichenstunden: »Den Hauptpunkt, woran mir am meisten gelegen war, hat mir mein Mann im letzten Brief beantwortet, der schon vom 18. Juli datiert war und den ich erst am 19. August erhielt. Er sagt, wenn ich einen andern Vorschlag wüßte, unsere Revenuen zu vermehren, so stünde es bei mir, die Zeichenstunden aufzugeben. Dieses wird sich also schon einrichten lassen, eine andere Revenue ist, glaub' ich, die beste, wenn ich meine Ökonomie mit derjenigen Genauigkeit und Fleiß besorge, daß ich mit der Hälfte desjenigen auslange, was andere Weiber von unserem Stand brauchen. So getraue ich mir, wenn Er gemeinschaftlich mit mir darauf abzweckt, recht gut mit unserer Einnahme auszukommen. Es ist überdies nur mehr Furcht, nicht auszulangen, als es wirklich ist.«[131]

Alle Briefe Reinwalds an Christophine und umgekehrt stockten damals über Wochen, und die Briefpartner besorgten sich jeweils um den anderen. Schließlich, am 8. und 9. September, mußte Christophine dem Bruder Nachricht vom am 7. September erfolgten Tod des Vaters geben. Im gleichen Zuge spricht sie auch von ihrem Plan, die Mutter nach Meiningen zu holen, sobald die Schwester verheiratet wäre – doch dieses Vorhaben sollte nie verwirklicht werden. Noch einmal betont sie einerseits, daß so viele Angelegenheiten rund um den Tod des Vaters zu regeln seien, daß sie unmöglich sofort nach dem Begräbnis in die Heimat reisen könne. Allerdings waren die Gegengründe inzwischen ebenso mächtig geworden: Christophine fühlte sich zerrissen zwischen Ansprüchen, die die Mutter an sie als Tochter hatte, und denen, die der Ehemann klagend vorbrachte: »Aber mein Herz ist so von verschiedenem Kummer zerrissen, daß ich alle Standhaftigkeit zusammenraffen muß, um nicht meine Gesundheit zu untergraben. Jetzt bin ich über vier Monate hier und habe noch keine Aussicht, wie ich bei den Kriegsunruhen nach Hause komme; mein Mann schickt mir Vorwürfe und klagt über Schwäche, über Mangel an Ordnung, die ihn schon allein krank macht, und kann ich's ja nicht ändern. Wüßte ich ihn nur bei Dir, liebster Bruder, so wäre ich ruhig, aber ich kann es Dir auch nicht zumuten, da Deine Zeit so wichtig ist und Deine Ökonomie ohnehin jetzt größer ist, ich Dir sie noch vergrößern soll; und doch, wenn die Umstände zu meiner Heimreise sich nicht bald ändern, so weiß ich keinen andern Weg, als Dich um diese Liebe zu bitten. Mein Mann würde Dich wenig genieren, wenn er nur ein kleines Zimmer hätte, wo er arbeiten könnte. Und das, glaube ich, könnte er so einrichten, daß er seine jetzige Arbeit auch an einen andren Ort versetzen könnte; ich weiß oft nicht, wie ich's anfange, seine Klagen zu befriedigen. Freilich nehm' ich's ihm nicht übel. Er hat lange geharrt, aber es ist ja das Werk einer höheren Vorsehung, daß ich nicht fortkann. Denke nur, wie sonderbar: Gleich nach Abschickung meines letzteren Briefs bekomme ich Nachricht, daß der Postwagen von Nürnberg erwartet würde. Ich machte also meine Sachen zurecht, obschon mit schwerem Herzen, da sich schon die Krankheit des lieben Vaters zu einer gänzlichen Endigung anließ. Dies war am 3. September, den 4. sollte der Postwagen abgehen. Es war ein großer Kampf in meiner Seele, was ich tun sollte – da sich diese Gelegenheit anbot und es mit dem lieben Vater, wie ich Dir oft schrieb, schon so verschiedene Male geändert hat. Aber eine höhere

Vorsehung entschied bald meine Unruhe, und der Postwagen kam nicht. Wie entsetzlich wäre mir's gewesen, so lang hier zugebracht zu haben und den dritten Tag nach meiner Abreise meinen Vater zu verlieren. Jetzt kann ich doch noch Verschiedenes besorgen, an manches mithelfen erinnern, das noch zum Vorteil der lieben Muter gereicht. Überhaupt ist es mir ein Trost, so lang doch da gewesen zu sein, bis es sich soweit entschieden hat. Und Gott wird mir die Vorwürfe nicht anrechnen, die mir mein Mann macht, und ich vergebe sie ihm auch willig, da ich weiß, wie viel er nach seiner Art zu leben durch meine lange Abwesenheit entbehrt, aber sie machten mir kummervolle Stunden.«[132]

Ein letztes Mal bat Christophine den Bruder um schriftliche Unterstützung ihres Wunsches, weitere Zeit auf der Solitude zu bleiben. Reinwalds Brief an Schiller, noch in Unkenntnis über den Tod des Schwiegervaters am 10. September verfaßt, gibt erneut beredtes Zeugnis von der egoistischen Natur des Bibliothekars: »Ich wünsche Deine Gesundheit leidlich (eigentlich wünschte ich sie vollkommen) und nehme stets empfindlichen Anteil an Deinem Leiden (wiewohl ich bisher kaum vor eignem Leiden an fremdes denken konnte).«[133]

Schiller schrieb an den Schwager am 19. September aus Jena und meldete ihm den Tod des Vaters und das damit verbundene Anliegen der Schwester, die Mutter gerade jetzt weiter zu unterstützen: »Du begreifst, daß sie [Christophine, A. S.] in den ersten Tagen der schmerzlichen Trennung, wo noch so viele unangenehme Ereignisse auf die gute Mutter einstürmen, nicht abreisen konnte, wenn auch die Post im Gange wäre. Aber diese stockt noch immer, und wir müssen erst die Kriegsereignisse auf der fränkischen, schwäbischen und pfälzischen Grenze abwarten. Wie sehr diese Abwesenheit Deiner Frau dich drücken muß, fühle ich mit Dir, aber wer kann gegen eine solche Kette unvermeidlicher Schicksale! Leider verflicht sich die allgemeine und öffentliche Unordnung auch in unsre Privatbegebenheiten auf die fatalste Weise. Deine Frau sehnt sich von Herzen nach Hause, und sie verdient nur desto mehr unsre Achtung, daß sie, gegen ihre Neigung und ihr Interesse, sich nur durch die Vorstellung ihrer kindlichen Pflichten leiten ließ. Jetzt aber säumt sie gewiß keine Stunde länger, sich auf die Rückreise zu machen, sobald es nur ohne Gefahr und möglicher Weise geschehen kann. Tröste sie doch, wenn Du ihr schreibst. Es bekümmert sie, Dich verlassen zu wissen und Dir nicht helfen zu können. Lebe recht wohl, lieber Bruder

Der Deinige Sch.«[134]

Reinwald war erleichtert, seine Frau wiederzuhaben, die Anfang Oktober wieder in Meiningen eintraf. Im Brief an den Bruder vom 29. Oktober des Jahres, in dem sie auch von Reinwalds Absicht sprach, ein kleines Häuschen zu erwerben (was sich jedoch wenig später zerschlug), zeigte sie sich froh über ihre zurückgekehrte Gesundheit, die in der angespannten Pflegesituation gelitten hatte. Vor allem aber war ihr Hauptanliegen erfüllt worden: »Die Veränderung meiner Lage besteht hauptsächlich darin, daß ich nun keinen Zeichnungsunterricht mehr gebe. Auch mein Mann ist jetzt viel anders, als er sonst war – er hat in der langen Entfernung gefühlt, was durch kein anderes Mittel ihn so gestimmt und bewirkt worden wäre.«[135]

Mutter Schiller konnte in ihrem Brief vom 12. November zum Ausklang dieses so einschneidenden Jahres 1796 dieselbe Veränderung in Meiningen verzeichnen. Für Christophine Reinwald hatte das Jahr nicht nur die Bewußtwerdung ihrer demütigenden Lage und aufgrund der Stärkung durch ihre Familie die notwendige Motivation gebracht, sich gegen die unbilligen Forderungen ihres Mannes erfolgreich aufzulehnen. Daneben kann angenommen werden, daß sie während ihres Aufenthalts auf der Solitude des öfteren die mittlerweile wieder in Ludwigsburg lebende Ludovike Simanowiz traf und von dieser selbständig und freiheitlich denkenden Frau ebenfalls Stärkung erhielt.

Schiller dagegen konnte in diesem Jahr auf vielfältige Tätigkeiten abseits der tragischen Familienangelegenheiten zurückblicken. Und es fällt auf, daß für ihn die Korrespondenz mit der Familie in diesem Jahr vergleichsweise den geringsten Anteil aufweist, während schon alleine aus seinem ausgedehnten Briefwechsel mit Körner, Cotta, Wilhelm von Humboldt, Goethe, Herder, Zelter oder auch Sophie Mereau hervorgeht, wie stark der Dichter mit der Zeitschrift *Die Horen* sowie mit dem *Musenalmanach für das Jahr 1796 (und 1797)* befaßt war. Christophines Bereitschaft, sich aufzuopfern, hatte für das neue Familienoberhaupt der Schillers freilich eine ungeheure Entlastung dargestellt.

6. VOM TOD DES VATERS BIS ZUM TOD DER MUTTER (1796-1802)

Die Ereignisse des Jahres 1796 hatten mehr Kommunikation zwischen den Familienmitgliedern erforderlich gemacht, als seit Schillers Flucht aus Württemberg jemals nötig gewesen war. Im Anschluß dagegen hatte die Briefkorrespondenz abgenommen. Schiller zumindest schrieb Briefe an die Reinwalds damals nur, wenn er eine Notwendigkeit sah. Er mußte seine dringendsten Schreibarbeiten bewältigen und sich nach seiner problematischen gesundheitlichen Verfassung richten. Reinwalds wiederum wollten nicht aufdringlich erscheinen. Familiäre Themen dieser folgenden Jahre waren die lange auf sich wartende, dann aber doch im Sommer 1797 gewährte Witwenpension für die Mutter sowie die ebenfalls lange, bis 1797 aufgeschobene Eheschließung Louises mit dem »Vicarius Franck«, der vor diesem Schritt erst seine eigene Pfarre (in Cleversulzbach) erhalten mußte – hier würde dereinst auch Mutter Schiller sterben und begraben werden ... und noch später Eduard Mörike als Pfarrer nachfolgen.

Aus dem Jahr 1797 ist lediglich ein Brief Schillers an die Reinwalds überliefert, in dem er davon berichtet, daß er in Jena einen Garten mit Gartenhaus kaufen wollte, um sich wieder an die frische Luft zu gewöhnen, der er infolge seines schlechten Gesundheitszustands schon so lange entwöhnt gewesen sei. Im Mai dann schrieb Christophine an Bruder und Schwägerin und bat sie, den schüchternen Sohn des verstorbenen Meininger Hofpredigers Pfranger, der in Jena das Medizinstudium beginnen werde, zu empfangen. Des weiteren plante sie offenbar schon länger, den Bruder samt Familie in Jena zu besuchen, wobei die kleinen Neffen sicherlich nicht der letzte Grund für die kinderlose Frau waren: »Ich werde durch diese Gelegenheit auch Deiner lieben Frau schreiben; da doch mein Plänchen, Euch einmal unvermutet zu überraschen, nicht ausgeführt werden kann, so will ich mich doch schriftlich etwas schadlos halten. Aber sehnlich wünschte ich oft, Deine lieben Kinder zu sehen. Welche Freude würde dies für mich sein! Herr von Wolzogen konnte mir den kleinen Carl nicht artig und liebenswürdig genug beschreiben. Wie oft, wenn ich recht froh in unsrem Berg bin, wünschte ich dies liebe Kind zu mir. Er hätte gewiß auch eine Freude über die schöne Baumblüte, die jetzt ganz vorzüglichen Reiz hat; wir haben, wenn nichts unsre Hoffnung stört, viele Aussicht einer reichlichen Obsternte, wenn dann der kleine Carl so unter den Bäumen die Äpfel und Birnen auflesen könnte?«[136]

Diesem Brief legte Christophine einen gesonderten an die Schwägerin bei, in dem sie ihr mehr über die geplante Jena-Reise anvertraute:

»Liebste Schwester!

Ich habe so lange mich nicht mit Dir unterhalten, daß ich mich recht sehr sehne, mit Dir zu reden. Stelle Dir vor, daß es leicht hätte sein können, daß ich Euch Lieben ganz unvermutet besucht hätte; und dies wäre so geschehen: Die Madame Seidlerin, die hier bei der Herzogin ist, reist dieses Frühjahr nach Jena, ihre Mutter zu besuchen. Diese machte mir den Antrag, die Reise mitzumachen; da ich aber aus verschiedenen Ursachen sie nicht mit dieser Gelegenheit machen kann, so muß es unterbleiben; ich hätte sehr gerne das weniger Angenehme überwunden, um nur einmal meinen Wunsch realisiert zu sehen, da es auf eine andere Art noch weniger geschehen kann. Doch will ich mich damit trösten, daß es vielleicht einmal eben wieder eine Gelegenheit geben kann. Du, liebste Schwester, wirst bisher sehr beschäftigt mit der neuen Einrichtung Deines Hauses und Gartens gewesen sein; wie herzlich gern hätte ich Dir geholfen, besonders im Garten, welcher jetzt meine vorzüglichste und liebste Beschäftigung ist. Du kannst nicht glauben, wie sehr ich mich auf diesen Sommer freue; ich fühle mich so gesund und heiter, daß ich ihn recht genießen will. Auch mein lieber Mann ist es nach seiner Art; wir leben hier so unbemerkt und genießen also das, was wir haben, ohne beneidet noch bemitleidet zu werden, welches ich immer für das beste halte; wir haben auch unsere Bekanntschaften bloß auf einigen freundschaftlichen Umgang eingeschränkt. Die meisten Menschen leisten uns doch nicht, wenn man sie näher kennt, was wir von ihnen zu erwarten glauben, und sehr oft ziehe ich mich von ihnen zurück, um sie mehr lieben zu können.«[137]

Ein ehrlicher Brief, der einige Wesenszüge Christophines aufdeckt, sowohl was ihre Leidenschaft für die Natur als Gottesschöpfung als auch ihren hohen Anspruch an menschlichen Umgang angeht. Weiter heißt es im Brief: »Der Wunsch, Dich, liebe Lotte, und Deine lieben Kleinen wiederzusehen, wird oft recht zur Sehnsucht, und Du mußt mir auch einmal darauf denken helfen, wie ich ihn befriedige.«[138] Was heißt nun dies? Soll Charlotte angeregt werden, eine Einladung auszusprechen, der Christophine mangels Geld leider nicht folgen kann? Oder ist es aber eine Einladung in eine bekanntermaßen zu kleine Wohnung, was für Charlotte Schiller aufgrund der Kinder wohl kaum zu realisieren wäre? Oder etwa ein Drittes? Das verbrämte Eingeständnis dessen, daß die Wunscherfüllung unmöglich war? Vielleicht dies. Sie setzt fort:

»Beifolgende Kleinigkeiten liegen schon seit meiner Reise von Schwaben bereit, weil ich immer glaubte, sie Euch, Liebe, selbst geben zu können, so unbedeutend sie sind, so machten sie mir recht herzliche Freude, sie zu verfertigen. Und diese Freude wirst Du, liebe Schwester, mir gerne gönnen und solche als einen Beweis meines Andenkens nicht verschmähen.«[139]

Auf diese Funktion sollte sich Christophine Reinwald mehr oder weniger ab jetzt einstellen müssen: Beweise des Andenkens sei es an die Neffen und Nichten, die Schwägerin oder aber – am wichtigsten – den Bruder zu verfertigen, denn nur noch zweimal sollte sie die Familie des Bruders zu dessen Lebzeiten sehen.

Aus dem Oktober 1797 ist ein Brief Charlotte Schillers an Christophine erhalten, in dem die wesentlich jüngere Charlotte in einer fast maßregelnden Weise auf Dinge eingeht, die Christophine offenbar in einem früheren Brief bezüglich erzwungener Sparsamkeit geäußert hatte: »Was Du mir von Deinen ökonomischen Einrichtungen schreibst, freut mich. Ich richte auch gerne mein Hauswesen so ein, daß alles in einem gewissen Maße bleibt; ich halte dafür, man muß nie daran erinnert werden, und man muß sich und andere nicht merken lassen, was man sich versagt, weil man das Leben sonst weniger rein genießt, wenn man sich immer von Entbehrungen vorspricht. Ich selbst könnte viel entbehren und habe wenig Bedürfnisse. Die hiesigen Frauen stehen nicht immer in dem Ruf und machen in Kleidern und Putz mehr Aufwand, als eigentlich erlaubt ist und nötig.«[140]

Im Sommer 1798 schreibt Schiller erneut, allerdings im wesentlichen an Reinwald, dem er Grüße an die Schwester aufträgt. Er berichtet von den neuen »kleinen Anlagen und Einrichtungen« in seinem Garten, wo die jetzt siebenköpfige Familie, die Eltern, die beiden Kinder und drei Dienstboten, mittlerweile recht gut unterkam, drei Stockwerke bewohnte und sich Schiller einen Turm hatte bauen lassen, in welchem er ruhig arbeitete und eine schöne Aussicht genoß. Keine Einladung war in dem Brief an die Reinwalds ergangen, ebensowenig im nächsten nur wenige Zeilen umfassenden Briefchen Schillers, das im wesentlichen die Bitte um Übermittlung eines beigefügten Schreibens an einen Bremer Bekannten von ihm darstellte, den Reinwald auch gut kannte. Gleichwohl wurden Pläne der Familienzusammenführung auch immer wieder erwogen, so hatte Schiller selbst wohl seiner Mutter Ende 1798 den Vorschlag unterbreitet, sich gemeinsam in Meiningen bei Christophine zu treffen. Er wollte für die Reisekosten der Mutter aufkommen. Dieser Vorschlag wurde aber von der Mutter verworfen. Grund waren die in Meiningen gemachten Erfahrungen mit dem geizigen Schwiegersohn, die sie nicht erneut durchmachen wollte: »Von der Reise zur Fene hat Er, bester Sohn, mir viele Hoffnung gemacht, ihn und Seine liebe Familie dort zu sehen. So groß mir aber die Freude und das Glück wäre, meine Liebsten in der Welt noch zu umarmen, so würde mich doch dieses zurückhalten, wenn ich an die Kosten gedenke, die ihm deshalb gemacht würden, nur auf wenige Tage, da Er sich da aufhalten könnte, auch noch mit der großen Unbequemlichkeit, weil Er und die Seinigen nicht einmal bei der Fene logieren könnten, [...] auch traue ich in meinem jetzigen Alter es nimmer zu wagen.

[...] Auch mit Reinwald könnte ich mich nicht lange vertragen, ich habe noch vom ersten Besuch zu kauen. Und Er gab mir keine Suppe umsonst, ich bezahlte alles. Sie, die Fene, mußte ihn zwei bis drei Mal am Essen mahnen, bis er Geld zu Bier gab, so daß ich von dem meinigen es bezahlte, und er ließ es gern geschehen. Auch hat Er einige Bouteillen fremden Wein im Keller, die Fene hat mir aber nichts offerieren dürfen.«[141] Wie ganz anders und großzügig hatte sich demgegenüber der Sohn anläßlich des Besuchs der Mutter verhalten – und wie anders hätte auch Christophine sich unter anderen Umständen als Gastgeberin gezeigt.

Im Februar 1799 schrieb zunächst Christophine begeistert an Charlotte Schiller und dankte ihr für die Übersendung des im Oktober erschienenen *Musenalmanach* von 1798, des berühmten »Balladen-Almanachs«, der auf das Balladenjahr 1797 zurückging, als Goethe und Schiller intensivst mit dieser Form experimentierten.

Aber auch Reinwald dankte dem Bruder, und zwar am 15. Februar: »Ich danke Dir auch meines Teils, liebster Bruder! für das Vergnügen, das so manche Stücke im Almanach von 98 uns gewährt haben. *Die Bürgschaft* und *Der Kampf mit dem Drachen* steht nach meinem individuellen Geschmack oben an, dann kommt das ideenreiche *Bürgerlied*, das eine Kulturgeschichte in nuce heißen kann, woraus ich aber gerne den Aar heraushätte, ob er gleich mein Bekannter aus der Mittelzeit ist.«[142]

Christophine setzte diesem Brief dann eine Nachschrift an, in der sie auf ihre Lieblingswerke des Bruders eingeht:

»So viel leeren Raum, als hier noch übrig ist, kann ich unmöglich in die Hände meines geliebten Bruders abgehen lassen, ohne Ihm auch ein paar Worte von mir zu sagen. – Fürs erste danke ich Dir herzlich für den schönen Almanach! Da mein Mann Dir die vorzüglichsten für uns schon genannt hat, so übergehe ich, Dir die Freude zu beschreiben, die sie mir gemacht haben und noch oft machen werden, denn ich lese immer Deine Gedichte so lange, bis ich sie ganz auswendig kann; wo ich mir dann, bei jedem stillen, einsamen Augenblick sie wiederhole. Wie manche Stelle erinnert mich dann an jenen glücklichen Zeitraum unserer Jugend, wo die freundliche Bilder in ihrem Gefolge mir noch jetzt so glückliche Augenblicke gewähren. Doch auch jetzt genieße ich so manche frohe Stunde, und es würde Undank gegen die Vorsehung sein, diese nicht auffassen zu wollen. Zu meinen glücklichen Stunden hier trägt die edle Fürstin von Neuwied unendlich bei, die mir so viel Attention und Liebe (bei jemand anders als Dir würde ich's Gnade nennen) bezeugt. Sie hat mich schon oft zu sich bitten lassen und hat mich auch selbst schon mit ihrer Prinzessin besucht und drei volle Stunden bei mir verweilt; ich wünschte nichts mehr, als daß Du sie persönlich kenntest; ich halte sie in mancher Rücksicht vollendet und weiß kein schöneres Ideal zu dem Deinigen von weiblicher Vollkommenheit als sie; ihre Achtung für Deine Gedichte ist außerordentlich; gewiß ist sie mir nur deswegen so gut, weil ich Deine Schwester bin! Neulich las sie, wie sie es oft tut, in einem großen weiblichen Zirkel Dein Gedicht *Die Würde der Frauen* vor, welches eigentlich ganz eine Schilderung ihrer eigenen Vorzüge ist, und da sagte sie: ›Er muß ein rechtes liebes Weibchen haben.‹ – Das Gedicht *Ritter Toggenburg* gefiel ihr auch so wohl, was auch für mich einen so unbeschreiblichen Zauber hat. Dann *Die Ideale*, welches sie uns schon mehr als einmal vorgelesen hat. Jede Schönheit erhält durch Ihr Vorlesen doppelten Reiz, denn so hörte ich noch niemand mit Geist und Gefühl sich in die Seele des Dichters zu denken und vorzulesen wie diese Frau; aber bei allen ihren Talenten und Vorzügen ist Güte der hervorstechendste Hauptzug ihres Charakters. Wie sonst könnte sie alle Herzen so an sich ziehen? Jedes findet sich glücklich, besser und verständiger in ihrer Nähe, und das vermag nur Reinheit der Seele, alle übrigen Vorzüge wirken nur oberflächlich auf uns. Ich spreche Sie jetzt alle Dienstage gewiß, wo sie in unser Conzert kommt: Da winkt sie mir, mich zu ihr zu setzen, und im Angesicht des ganzen Hofs behält sie immer das gleiche Betragen, als wenn ich in ihrem Hause allein bei ihr bin. Du kannst mir nachfühlen, liebster Bruder, wie sehr mein Bestreben dahin geht, dieser edlen Frau mich würdiger zu machen, und wie manche glückliche Stunde und frohere Aussicht mir diese Bekanntschaft gewährt, denn wahrscheinlich muß sie noch lange hier bleiben, da unsere Aussichten zu einem dauerndem Frieden noch so ungewiß sind.«[143] Bei der Fürstin handelte es sich um Maria Louise Wilhelmina Fürstin zu Wied-Neuwied, geb. Gräfin von Sayn-Wittgenstein-Berleburg (1747-1823), die wegen der Kriegsereignisse ab 1796 vorgezogen hatte, sich gemeinsam mit ihren drei Töchtern bei dem ihr befreundeten Meininger Herzogspaar aufzuhalten. Allerdings verließ sie Meiningen, anders als Christophine Reinwald vermutete, schon Ende Mai oder Anfang Juni 1799. Christophine war über die Achtung, die jene ihr als Schwester Schillers und musisch begabter Frau entgegenbrachte, sehr glücklich. Solche Momente müssen sie über ihr bescheidenes Leben hinweggetröstet haben.

Was die Auswahl der von Christophine (und ihrem Mann) geschätzten Gedichte angeht, *Die Bürgschaft, Der Kampf mit dem Drachen* sowie *Das Bürgerlied (Das Eleusische Fest)*, so werden in ihnen drei wichtige Grundwerte oder Ideale nicht nur genannt, sondern in extremis beschrieben, denen sich gerade auch Christophine – und hier einmal einig mit ihrem Mann – verschrieben hatte: zum ersten die Freundschaft, die in der *Bürgschaft* ausgemalt wird. Ein umfassenderes Freundschaftsideal ist wohl nicht denkbar, denn hier darf Freundschaft den Einsatz des eigenen Lebens verlangen. Der Freund muß sich allerdings ebenso verpflichten und ebenfalls alles daransetzen, diesen Einsatz zu verdienen. Solche Freundschaft hatte Schiller wohl schon manches Mal erfahren, und Christophine wußte dies und bewunderte ihren Bruder für seine Fähigkeit, so intensiv Freundschaften leben zu können. Ihr selbst wurden bereits kleine Beweise erwiderter Freundschaft, Geschenke etwa oder Einladungen, immer wieder von ihrem Mann versagt, der mangelnde Pflege von Freundschaften immer mit dem Fehlen von Mitteln begründete. Das zweite Ideal, geschildert in *Der Kampf mit dem Drachen*, ist die Demut, eine christliche Tugend, die Christophine selbst besaß und sich lebenslang immer neu einübte. Im *Eleusischen Fest* schließlich wird, wie Reinwald richtig bemerkt, eine Kulturgeschichte des Menschen in symbolischer Form und in Stationen dargeboten, vor allem aber der freie starke Mensch in einer archaischen Naturgesellschaft geschildert, der sich mit den anderen Menschen durch die Sittengebote freiwillig verbunden hat. Auch dieses Gedicht mußte die naturverbundene Christophine begeistern und ihren Begriff vom natürlichen Adel des wahren Menschen animieren. Letztlich stellten alle Gedichte ihres Bruders wohl für sie neben einem Kunstgenuß auch eine Stärkung ihres Selbstbewußtseins dar, weil sie die Rolle der Frau innerhalb der

Schöpfung als Ideal priesen. Daß von Christophine Reinwald gerade solche Gedichte wie *Die Würde der Frauen* als wichtig empfunden wurden, die die Frau auf eine dienende Rolle festschreiben, zeigt, wie wenig sie den Idealen der neuen Zeit huldigte – anders etwa als ihre Freundin Ludovike Simanowiz. In ihrer Sicht der Dinge, die immer von Idealen getragen war, war die dienende Funktion der Frau (und ihre eigene) durch den Akt der Dichtung bereits geheiligt.

Es muß aber letztlich im dunkeln bleiben, was genau Reinwald als auch Christophine mit »gefallen« meinten: Die inhaltliche (moralische) Aussage der genannten Gedichte, die tieferen, dialektisch kompliziert zu fassenden Schichten dieser Moralität, ihre Form (der Balladenton), das Verhältnis von Inhalt und Form? Eine Vermutung sei immerhin gewagt: Christophine kannte ihren Bruder und wußte um dessen Verachtung tyrannischen Verhaltens, und genau das Thema des »wahren Adels« war sicherlich auch unter den Geschwistern mehrfach besprochen worden: Ein wahrer Fürst mußte in beider Augen menschlich sein und edle menschliche Verhaltensweisen wie die unbedingte Freundschaft anerkennen können.

Im Juni 1799 kam es zwar nicht zu einer kompletten Wiedervereinigung der Familie, wie Schiller sie ersehnte, doch immerhin zu einem Besuch der Reinwalds in Jena, wo sie Gelegenheit hatten, den Garten und die gewachsene Familie in Augenschein zu nehmen. Wie immer bei Reinwald, war die Reise erst nach langem Zögern und zahlreichen verworfenen Planungen zustande gekommen. Christophine Reinwald hatte am 27. April darüber an ihren Bruder geschrieben:

»Ich fühle oft einen unwiderstehlichen Drang, so recht wieder einmal von Herzen mit Dir zu reden, das sich nicht immer dem Zufall des Papiers anvertrauen läßt. Schon glimmte ein kleiner Strahl von Hoffnung für mich, Dich diesen Sommer sprechen zu können, aber leider ist er schon wieder vereitelt. Mein Mann sollte nämlich in seinen Familienangelegenheiten eine Reise nach Thüringen machen, und dann wäre ich nur unter dieser Bedingung mitgekommen, etliche Tage bei Dir zuzubringen, während er seine Geschwister besucht hätte; aber diese Aussicht ist nun deswegen wieder verschwunden, weil er darauf bestand, daß die Familie auch die Reisekosten tragen sollte, welches sehr natürlich und billig ist, und da ist denn wegen Weigerung derselben die Sache durch Briefe abgetan worden. Auf jede andre Art läßt mich mein Mann so nicht. Weil ich so lange in Schwaben geblieben bin, so fürchtete er immer, es könnte auch so gehen. [...] Und sollte ich es durch List und Umwege dahin bringen, so genösse ich die Freude, Dich zu sehen, nicht mit gutem Gewissen: Es wird mir also nichts übrigbleiben als die Hoffnung, daß oft ein unvorhergesehener Zufall eine Sache möglich machen kann. Im ganzen habe ich nicht Ursache, mich über mein Schicksal zu beklagen, da ich mich endlich nach manchem harten Kampf gewöhnt habe, mich ganz in seine Launen zu schicken und meine Zufriedenheit bloß in der Erfüllung meiner Pflichten zu suchen. Und so bin ich wirklich auch in mancher Rücksicht so gar glücklich; ich habe mir manches zu versagen gelernt, wo ich sonst nicht daran gewöhnt war, und dieses Bewußtsein gibt mir Mut und Selbstgefühl, auch in trüben Stunden nicht mutlos zu werden. Auch kommen doch oft Augenblicke bei ihm, wo er zu erkennen scheint, ob er es schon nie sagen wird. Dazu hat er viel zu viel Starrsinn in seinem Charakter, und ich erspare ihm sehr gerne diese Beschämung – wo er es nämlich doch einsieht, was ich ihm bin, und ein Blick voll Achtung, mit Wehmut gemischt, ist mir von ihm schon hinlänglich, mir manches Unangenehme zu versüßen. Ich halte mich immer an seine guten Seiten, so wie ich mir es überhaupt bei jedem Menschen angewöhnt habe. Denn jeder, auch der schlechteste, hat Vorzüge, die, wenn wir sie aufsuchen, wieder mit ihm aussöhnen können.

Sein Hauptcharakter ist rechtschaffen im höchsten Grade und seine Pflichten zu erfüllen sein eifrigstes Bestreben. Hat er nicht von allen diesen Pflichten die gehörige Erkenntnis, wie ich freilich sehr oft vermute, so sind seine Schicksale, sein kränklicher Körper, seine niederdrückenden Verhältnisse gewiß auch mit schuld; er ist zu alt, um sich hierin zu ändern, und mir gebührt es eher, diesen Schwächen nachzugeben, als sie ihm fühlender zu machen. Wenigstens liegt ein geheimes Freudengefühl in diesem Bewußtsein für mich, wenn uns ein höheres Schicksal trennen sollte. Und ich kann Dich von ganzem Herzen versichern, liebster Bruder, daß ich nicht ohne Schauder an diesen Augenblick denken kann, der doch wahrscheinlich für mich erfolgen wird. Eben dieser Charakter war nötig, dem meinigen die gehörige Festigkeit zu geben, und also schon als Mittel zu diesem Zwecke bin ich ihm Dank schuldig. Das mehrere hiervon einmal mündlich. Nun lebe wohl, bester Bruder! Gott segne Dich mit Gesundheit in dem Maße, wie er sie mir gegeben hat; denn bei manchen Stürmen hab' ich doch diese erhalten; und ein gesunder Körper hat mehr Kräfte auch, inneres Leiden zu ertragen.«[144]

Am 6. Juni gab Christophine in einem Brief an Charlotte Schiller ihrer Trauer über die Abreise der schon zuvor erwähnten Fürstin von Wied-Neuwied Ausdruck. Nicht zuletzt hatte diese so begabte Frau sie durch die Bewunderung ihrer autodidaktischen Leistungen in der bildenden Kunst und Poesie aufgemuntert. Sie schrieb: »Leider hat sie nun unsere Gegend verlassen, und wir sahen ihr mit traurigen, wehmütigen Blicken nach; es war mir, als ob ein großer Teil meiner Glückseligkeit mit ihr fortginge; denn so sahen wir doch niemand mehr hier, so gut, so rein und so voll Liebe gegen alle Menschen, die es nur irgend durch eine gute Seite verdienten. Ich habe sie noch für mich abgemalt, damit ich auch meinen Sinnen diesen Genuß immer geben kann; denn in meinem Herzen wird ohnehin ihr Bild immer gegenwärtig sein. Stelle Dir die außerordentliche Güte vor: Sie kam selbst zu mir und hielt sich immer etliche Stunden ganz allein bei mir auf; während ich an ihr malte, sagte sie mir Gedichte aus dem Gedächtnis vor, viele von ihren eigenen. Du wirst Dir vorstellen, liebste Schwester, welche festlichen Stunden das für mich waren; auch tat sie mir die Ehre an, eine Tasse Kaffee bei mir zu trinken. Den zweiten Tag vor ihrer Abreise ließ sie uns beide zu einem großen Frühstück bitten, und als sie Abschied nahm, liefen ihr die Tränen die Backen herunter, sie umarmte mich und ging schnell in ein anderes Zimmer. Das wirkte unbeschreiblich auf mich; ich sah in diesem Augenblick, daß sie wirklich Liebe für mich fühlte, daß es nicht bloß Gnade und Herablassung war; und wie dieses Gefühl mein Herz erhob, wie ich es so sehnlich wünschte, ihr nicht ganz unwert zu sein, kannst Du mir nachfühlen. Gute, Liebe – es ist doch nichts köstlicher, als die Überzeugung, von guten Menschen geliebt zu werden! Und sie war viel zu groß durch sich selbst, als daß ihr Stand ihrem Herzen den gewöhnlichen Zwang auferlegen konnte, der die Großen immer in heiliger Entfernung von dem meinigen hält.«[145]

Aber der Brief war noch nicht zu Ende. Christophines Natur, die so sehr die Adoration als ein sie selbst steigerndes und die elende Beschränkung des Alltags vergessen machendes Lebensgefühl kannte, wußte von einem weiteren Glanzlicht in ihrem sonst so bescheidenen Leben zu berichten. Sie hatte die preußische Königin Louise (1776-1810) gesehen, die Gattin Friedrich Wilhelms III. (1770-1840), die im Frühsommer 1799 auf einer Reise an die Stätten ihrer Kindheit und Jugend durch Meiningen gekommen war. Schon zu Lebzeiten eine Legende, war Königin Louise in ihrer Jugend geradezu eine Märchenerscheinung gewesen und in der Übereinstimmung von äußerer und innerer Schönheit ein weiteres Idealbild für Christophine:

»Indessen haben wir auch hier das Glück gehabt, die Königin von Preußen zu sehen. Sie ist schon zweimal durchgereist, und ich habe sie im Englischen Garten sehr nahe gesehen. Welch' ein schönes Weib ist diese Königin! So voll Würde, so lieblich und herablassend gegen jeden, der ihr begegnet. Man muß sie lieben, wenn man sie nur sieht; wie sehnlich wünscht' ich den Augenblick festzuhalten, der sie vorbeiführte, um sie malen zu können. Aber die unbeschreibliche Anmut, die auf ihrem ganzen Wesen verbreitet ist, kann kein Künstler darstellen; sie entsteht durch ihre schöne heitere Seele, die jede Bewegung belebt. Ich freue mich, sie noch einmal zu sehen; denn sie kommt mit ihrem Gemahl, dem sie nach Kassel entgegenreist, wieder hier durch. Der König soll auch so ein schöner Mann sein.«[146]

Gegen Ende des Briefs kommt sie noch einmal auf die ursprüngliche Reiseplanung zurück. Reinwald mußte in Familienangelegenheiten neuerlich nach Erfurt reisen, sie selbst wollte dies zu einem Besuch bei Schwager und Schwägerin ausnutzen. Und am Schluß gesteht sie ihren Wunsch, einmal eine Aufführung des *Wallenstein* besuchen zu können (Von der Uraufführung von *Wallensteins Tod* in Weimar am 20. April hatte ihr Charlotte zuvor geschrieben). »Bei der Aufführung von *Wallenstein* hätte ich freilich gern zugegen sein mögen; denn solche Genüsse sind bei mir selten. Ich glaube wohl, liebste Schwester, wie erhebend Dir das sein mußte, eine so große Menge Zuschauer in Bewegung gesetzt zu sehen, und der Gedanke: Dies hat Schiller getan! Wie oft denke ich an unsre Jugendszenen hierbei zurück! Welche Gewalt er schon damals über die Herzen so vieler hatte; wenn er so in eine große Gesellschaft kam, auf die Redoute oder sonstwohin, machten sie ihm unwillkürlich Platz, wo er kam! Oft hörte ich leise hinter mir sagen. ›Seht, da kommt Schiller!‹ Wie mich das emporhob, und wie gern und kindisch ich jetzt noch bei diesem Rückblick stehenbleibe, verstehst Du wohl am besten! Wie glücklich ist er, daß Du das alles fühlst – und wie gern gönne ich's ihm!«[147]

Zur *Wallenstein*-Aufführung bleibt nachzutragen, daß Königin Louise es abgelehnt hatte, das Stück in Berlin zu sehen. Sie wollte es in Weimar kennenlernen, wohlgemerkt, um dabei die Weimarer Geistesheroen, die sie verehrte, zu treffen: Herder, von dem sie immer einen Band seiner Werke, selbst auf Reisen, mit sich trug, Wieland, Goethe und Schiller. Am Abend des 2. Juli 1799 hatte Goethe dann Schiller auf Wunsch der Königin herbeirufen lassen, die dem Dichter »sehr geist- und gefühlvoll« erschienen war.

Der Brief Christophines faßt auf zwei Seiten ihre ganze Bewunderung zusammen, für all ihre Heroen, die Güte und Geist in sich vereinigten, die adlig sein konnten, aber nicht mußten: die Fürstin Neuwied, Königin Louise und den Bruder sowie seine Bühnenwerke, die von zahllosen Menschen gesehen und gefeiert wurden. Und es hatte sich tatsächlich während ihres Besuchs in Jena die Möglichkeit für die Reinwalds geboten, anläßlich der Ankunft des Königs von Preußen und der Königin Louise den *Wallenstein* in Weimar in der gemeinsamen Inszenierung Schillers mit Goethe zu sehen. In einem nicht genau datierten Brief von 1799 legte Christophine ihrer Freundin Ludovike Simanowiz dar, warum man dennoch darauf verzichtet hatte: »Aber die Logen waren alle so besetzt, daß wir kein Unterkommen finden konnten, auch kosteten die zwei ersten Plätze neun Laubtaler die Person, welches uns etwas zu viel für unsere Neugierde gewesen wäre.«[148]

Welch nüchterner Umgang mit der Kränkung, die Möglichkeit gehabt zu haben, einen der größten Wünsche in ihrem Leben erfüllt zu sehen, und wegen der ewigen Geldknappheit dann doch nicht dabeisein zu können! Auch an Ludovike Simanowiz schrieb sie ausführlich über ihr so geliebtes Idealpaar, den König und die Königin von Preußen: »Welch eine Schönheit ist diese Königin! Man kann nichts Lieblicheres sehen als diese Züge, und so etwas Großes und doch so Herablassendes ist in ihrem ganzen Wesen vereinigt, daß ihr jedes Herz schlagen müßte, wenn sie auch nicht Königin wäre.«[149]

Wie Christophine den Besuch in Jena trotz des Fernbleibens von der Aufführung empfunden hatte, schildert sie voll Dankbarkeit nach ihrer Rückkehr nach Meiningen am

18. Juli 1799 im Brief an Charlotte Schiller, aus dem sich auch ergibt, daß die Schwägerinnen sich inzwischen duzten:

»Teuerste Schwägerin! [...] Wie sehnlich denken wir noch an die Stunden zurück, die wir in Eurem liebevollen Umgang zubrachten, und wie oft stellen wir uns die frohen, lieben Kinder im Garten spielend vor! In Gotha haben wir so sehr in Zerstreuung gelebt, daß ich mich sehr nach häuslicher Ruhe sehnte. Der gute alte Onkel hat sich so sehr an die große Gesellschaft gewöhnt, daß er glaubt, allen andern Menschen wäre dies ebenso ein Vergnügen; ich finde mich gar nicht glücklich unter so vielen fremden Menschen, denen ich ganz natürlich nichts sein kann. Das Gefühl macht schon verlegen und hölzern, und so zieht dieses wieder eine Menge unangenehmer Empfindungen nach sich. Die meisten Menschen sehen in den größeren Gesellschaften nur auf die Form, und wer nichts Äußeres hat, kann ihnen unmöglich gefallen. Viel wohler war es mir bei Dir, liebe Schwester; ich konnte so ganz in Deiner Gesellschaft ich selbst sein, und das macht uns heiter und zufrieden, wenn wir Teilnahme finden an dem, was unserem Herzen am nächsten ist. Mein lieber Bruder hat mich auch durch seine Heiterkeit so glücklich gemacht, daß ich mir immer jene Stunden zu neuem Genuß wiederholen werde. Nun noch tausend herzlichen Dank für alle Eure Güte und Liebe! Beste Schwägerin, Du bist mir nun noch viel teurer geworden, da ich Dich näher kennenlernte. Denke auch Du zuweilen mit Liebe an Deine treue Schwester

Reinwald«[150]

Im Sommer schreibt Christophine erneut an Charlotte Schiller, die mittlerweile zum dritten Mal schwanger ist. Das genaue Datum des Briefs ist nicht festzustellen (Briefe zwischen ihr und dem Bruder existieren aus dieser Zeit nicht):

»Liebste Schwägerin! Ich danke Dir herzlich für Deine lieben Briefe, die mir immer so ein angenehmes Geschenk sind. Daß die lieben Kinder zuweilen an mich denken, freut mich sehr; ich vergesse sie nie, sie sind immer vor meinem Blick, diese gutmütigen, frohen Geschöpfe. Der kleine Ernst mit seinem dicken Prälatengesicht, das sich selten aus seiner Ruhe bringen läßt, heitert mich oft auf; er hat gar etwas Originelles, der Kleine, und bei allem seinem anscheinenden Phlegma läßt er sich doch von den andern Kindern in ihren Spielen, wie ich oft gesehen habe, nicht zu viel geschehen. – Daß der liebe Bruder den König und die Königin gesprochen, war mir sehr angenehm. Auch freut es mich, daß Dir die Königin so wohl gefiel, doch wie wäre es möglich, daß diese Frau nicht gefallen könnte, da sie ebenso gut als schön sein soll. Möchten sich doch diese zwei Hauptvorzüge bei unserm Geschlecht immer paaren!«[151]

Immer noch also beschäftigte sich Christophine mit dem Idealbild einer guten und schönen Frau, als die sie die preußische Königin ansah. Im Hause Schiller waren dagegen zahlreiche Veränderungen vorauszusehen, so der Umzug nach Weimar, der bereits sechs Wochen nach der schweren Entbindung Charlottes schon am 3. Dezember erfolgte. Am 11. Oktober hatte sie ihr erstes Mädchen Caroline zur Welt gebracht. Erst nach dem Umzug hatte sich Charlottes Gesundheitszustand gebessert, die ein schweres, ja lebensbedrohliches Nervenfieber durchstanden hatte. Noch zog man nicht in ein eigenes Haus, gleichwohl in eine schöne innerstädtische Etagenwohnung. Schillers Jahreseinkünfte waren vom Herzog auf vierhundert Reichstaler pro Jahr verdoppelt worden. Allzu klar war daher, daß in dieser Situation niemand nach Meiningen schreiben konnte, wo man noch im Brief vom 9. November auf die Nachricht von einer glücklichen Entbindung wartete.

Erst am 6. Dezember (datiert auf den 8.) schickt Schiller beruhigende Nachrichten nach Meiningen, die am 21. Dezember in einem Weihnachtsbrief Reinwalds mit Nachschrift von Christophine erfreut zur Kenntnis genommen werden. Sie wünscht in dieser Nachschrift, die kleine Tochter möge ihrer Mutter ähnlich sehen.[152] Schon am 8. Januar schreibt sie erneut, diesmal nur an die »liebste Schwägerin«. Sie fühlt sich beruhigt über Charlottes Gesundheitszustand durch einen Brief, den sie bei der gemeinsamen Bekannten Charlotte von Kalb in Charlottes Handschrift sah, und möchte allzu gerne die kleine Nichte kennenlernen: »Wie sehr wünschte ich mir, Deine liebe Kleine zu sehen; ich höre von allen, die sie sahen, daß es so ein schönes Kind wäre. Es muß Dir doch dieser Vorzug, der bei unserem Geschlecht so wichtig ist, sehr angenehm sein! Die übrigen Vorzüge wirst Du ihr schon selbst geben.

Ich besuche die Frau von Kalb zuweilen und würde sie öfters besuchen, wenn ich hoffen dürfte, daß meine Gesellschaft nur einiges Interesse für sie haben könnte, aber oft fürcht' ich, daß sie zu wenig Berührungspunkte mit mir zu unterhalten haben möchte, das macht mich furchtsam, und ich möchte mich nicht gern aufdrängen. Eine Frau von so gebildetem Verstande verlangt mit Recht eben wieder solche Gesellschaft, und Du weißt, liebste Schwester, wie weit ich da zurück bin und wie beschämt ich mich fühlen müßte, wenn ich sie nicht verstehen könnte.«[153]

Ihr Selbstzweifel wirft ein Schlaglicht auf ihre damalige

Gefühlswelt: Sie empfand sich immer weiter abgeschnitten von all dem Ruhm, den ihr Bruder erfuhr, und erlebte diese Isolation als ihrer unzureichenden Bildung geschuldet. In diesem Sinne geht der Brief auch weiter, ohne Klage, aber mit dem sehnlichsten Wunsch, durch die Möglichkeit der Lektüre der Werke des Bruders und seines neuen Freunds und Kollegen Goethe teilzunehmen an deren Gedankenwelt: »Der liebe Bruder wird jetzt öfters in Goethens Gesellschaft sein; wir haben erst kürzlich von seinen neuen Schriften den *Reinecke* gelesen, der uns die Abende eine sehr angenehme Unterhaltung gab. Recht sehr hätte ich gewünscht, das Gedicht von dem lieben Bruder, die *Glocke*, das im diesjährigen Almanach herauskam, zu lesen; aber ich hab' es nicht einmal hier zu borgen bekommen können.«[154]

Die *Glocke* sollte Christophine später noch mehrmals intensiv beschäftigen, auch dieses Gedicht war ganz nach ihrem Geschmack. Der fromme Wunsch Charlottes in ihrem Brief vom 26. Januar 1802, Christophine solle am kommenden Sonnabend anläßlich des Geburtstags der Herzogin Louise, Carl Augusts Gattin, in Weimar der Aufführung der Bearbeitung Schillers von Carlo Gozzis *Turandot* beiwohnen, konnte natürlich nicht realisiert werden. Wie viele Theaterstücke Christophine Reinwald außer den beschriebenen Aufführungen in ihrer Jugend und auf ihrer ersten Reise mit Reinwald gesehen hat, ist nicht überliefert.

Reinwald schrieb an den Schwager am 29. Januar und bedankte sich darin für die Zusendung der *Maria Stuart* und weiterer Schriften, allein die auch von ihm so ersehnte *Jungfrau von Orleans* war nicht beigefügt worden. Beide Reinwalds sehnten gerade dieses Stück besonders herbei.

Im Februar erfuhr Christophine über die Schwester Louise

von dem sich ständig verschlechternden Gesundheitszustand ihrer Mutter und war sofort bereit, wie schon im Falle des Vaters, zur Pflege in die Heimat zu reisen. Doch Reinwald lehnte dieses Vorhaben strikt ab, wie sie ihrem Bruder schrieb: »Ich habe es schon meinem Mann vorgeschlagen, wie ich den ersten Brief von der lieben Louise bekam, der auch ihre eigene Kränklichkeit schilderte, daß er es mir doch auf einige Zeit erlauben möchte, nur so lange, bis die Louise wieder völlig gesund wäre; aber da ist kein Gedanke! Schon der Vorschlag macht ihn halb krank, und ich getraue mir diesen Punkt gar nicht mehr zu berühren.

Er braucht freilich auch meine Pflege, denn er ist manchen Tag äußerst schwächlich; und ich würde sehr dabei leiden, ihn zu verlassen. Aber die Mutter liegt mir doch näher und brauchte meine Hülfe jetzt nötiger. Ach Gott, lenke die Umstände zu unsrer aller Beruhigung!«[155]

Am 9. April leitete Christophine dann den nächsten, ebenfalls nicht beruhigenden Brief Louises, bei der die Mutter inzwischen untergekommen war, an den Bruder weiter. Erneut war sie aufgeschreckt: Als älteste Schwester hatte sie Schuldgefühle, weil sie die Pflege nicht selbst durchführte: »Wenn nur die entsetzlichen Schmerzen könnten gelindert werden, die mir in jedem Zug ihrer Hand fühlbar sind, und doch ist ihr Brief noch mit einer solchen Geistesstärke und Fassung geschrieben, daß ich ihn vorher abschreibe, ehe ich Dir ihn zuschicke. Ach, lieber Bruder! Ich fürchte, es ist der letzte; denn ihre körperlichen Kräfte sind sehr erschöpft. Sie zwang sich, um uns nur in etwas zu beruhigen, die gute, zärtliche Mutter! Und ich soll so gar nichts für sie tun können, das ihre Leiden erleichtern kann? Der Gedanke verfolgt mich überall und scheucht jede Freude von mir.«[156] Sie führt die Krankheitsgeschichte der Mutter noch weiter aus und beruft die Vorsehung, die alles schon beschlossen habe. Schließlich leidet sie darunter, nie imstande gewesen zu sein, die Mutter besser, auch mit Geld, so wie der Bruder, unterstützen zu können.

Im Mai nahm Schiller zu Recht an, daß die Mutter bereits gestorben war. Er schrieb an die Schwester einen geradezu erschütternden Brief, wünschte sich ein erneutes Zusammenrücken angesichts des Verlusts des zweiten Elternteils: »Ja gewiß ist sie längst nicht mehr, die teure Mutter, sie hat ausgekämpft, und wir müssen es ihr sogar wünschen. O liebe Schwester, so sind uns nun beide liebende Eltern entschlafen, und dieses älteste Band, das uns ans Leben fesselte, ist zerrissen. Es macht mich sehr traurig, und ich fühle mich in der Tat verödet, ob ich gleich mich von geliebten und liebenden Wesen umgeben sehe, und Euch, Ihr guten Schwestern, noch habe, zu denen ich in Kummer und Freude fliehen kann. O laß uns, da wir drei nun allein noch von dem väterlichen Hause übrig sind, uns desto näher aneinanderschließen. Vergiß nie, daß Du einen liebenden Bruder hast, ich erinnre mich lebhaft an die Tage unsrer Jugend, wo wir uns noch alles waren. Das Leben hat unsre Schicksale getrennt, aber die Anhänglichkeit, das Vertrauen muß unveränderlich bleiben. [...] Ewig Dein treuer Bruder Schiller.«[157]

Am 29. April war Elisabeth Dorothea in der Tat ihrer schweren Erkrankung erlegen, im Hause der Schwester Louise Franckh in Cleversulzbach. Sie wurde auf dem dortigen Friedhof begraben. Charlotte Schiller zögerte die Übermittlung der Todesnachricht noch einen Tag nach Erhalt des definitiven Briefs hinaus, um den geliebten Mann nicht vom Arbeiten abzuhalten, wie sie Christophine schreibt: »Diesen Morgen sah ich ihn so friedlich bei der Arbeit sitzen, daß ich unmöglich das Herz nehmen konnte, die Bestätigung auszusprechen. Morgen soll er erst den Brief sehen, liebe Schwägerin.«[158]

7. VOM TODE DER MUTTER BIS ZUM TOD SCHILLERS (1802-1805)

Christophine empfand den warmen Brief ihres Bruders als wahrhaften Seelenbalsam:

»Liebster Bruder! Dein liebevoller Brief hat mich in meiner traurigen Stimmung sehr aufgerichtet! Ich habe nicht alles verloren, da ich Deine Liebe noch habe. Oft werde ich ihn durchlesen, wenn die Rückerinnerung an unsern Verlust mich niederbeugt, und meine einförmige Lage sie öfters wiederholen wird. Du bliebst immer unter allen Veränderungen meines Lebens mir gleich teuer, wenn ich Dir schon keine tätigen Proben davon geben konnte. Aber oft trübte der Gedanke meine Tage, daß ich Dir das nicht sein konnte. Du mußtest mich oft verkennen, weil ich nicht nach meinem Herzen handeln konnte und oft meine Neigung unterdrücken mußte. Vielleicht vergönnt mir mein Schicksal einst noch das Glück, näher um Euch Lieben zu sein und das Rätselhafte zu lösen ... Wir bekamen heute Briefe von der Louise und vom Schwager, worin sie mir noch Verschiedenes von den letzten Tagen der lieben Mutter mitteilt. [...] Sie hatte ein weiches, menschenfreundliches Herz, das gern jede Not linderte, wo sie konnte. Auch der liebe Vater hatte gewiß recht viele gute Seiten, und in einer andern Lage wäre er ein vortrefflicher Mann geworden. In dieser sich zu erhalten, besaß er zu wenig Klugheit, und seine heftigen Leidenschaften ließen ihn manches von einer andern Seite ansehen, und er mußte oft ungerecht scheinen, was er doch nie wollte; denn er war äußerst gewissenhaft in Erfüllung seiner Pflichten. [...] Ach, ich denke oft an ihn, auch an sein Gutes – und vorzüglich zu meiner eignen Selbstprüfung, da ich viele von seinen Fehlern habe, die mir im Anfang meine jetzige Lage weit schwerer machten. Jetzt habe ich manches überwinden lernen, weil ich sie mir aus einem andern Gesichtspunkt nehme. Ich muß meinen Mann mehr als einen Vater behandeln, der schwächlich und meiner Hilfe und Pflege bedürftig ist. So wird mir manches leidlicher, was mir sonst nicht erträglich wäre. Und gewiß, liebster Bruder, Du kannst Dich auf mich verlassen, daß ich so ausharren werde, so lang es meinem Schicksal gefällt, das ja freie Wahl von mir war. Warum sollte ich die lieben Meinigen mit Klagen betrüben, die als Vorwürfe zu mir selbst zurückfallen würden, wenn Ihr Guten mir auch nie keine aus Schonung machen wolltet.

Ich freue mich, liebster Bruder, daß Du nun in Dein eignes Haus[159] eingezogen bist und daß es eine sehr angenehme Lage haben und still und ruhig in der Gegend sein soll; es wird für die lieben Kinder vorzüglich auch sehr gut sein, wenn sie sich fleißig Bewegung machen können und doch unter der Aufsicht bleiben. Du hast doch gewiß ein rechtes glückliches, zufriedenes Leben unter diesen Lieben; und ich freue mich herzlich über Euch. Wenn wir uns nur näher wohnten, daß ich doch zuweilen Dich sehen dürfte. Frau von Wolzogen hat einen Plan, ihr Haus in Bauerbach zu erweitern, damit Du und die lieben Deinigen den Sommer einige Monate dort zubringen könnt. Wenn das ausgeführt wird, so wäre es eine schöne Hoffnung, die mich jetzt schon froh machte, und möglich wäre es gewiß. Wenn nur mein Mann mehr Sinn für freundschaftliche und gesellige Freuden hätte! Ich wollte ihm gern seine übrigen Eigenheiten übersehen, aber da muß ich mich fast von jeder Gelegenheit zurückziehen, weil er nicht dergleichen erwidert – und das macht gewiß oft bei manchen Menschen, die mein Verhältnis nicht kennen, auf mich einen unfreundlichen Eindruck bei ihnen. Du weißt, wie unsre lieben Eltern so gastfrei und gefällig waren, und wir wurden so erzogen, gegen jedermann dienstfertig und gefällig zu sein, und hier muß ich oft in den unschuldigsten Kleinigkeiten meine Neigung unterdrücken oder ohne sein Wissen handeln, welches ich doch für Unrecht halte, wenn's auch an sich recht ist. Wie oft wünscht' ich da Deinen Rat. Ich traue mir zu wenig Einsicht zu, und ich glaube, daß ich aus Furcht, meine Pflicht gegen ihn zu verletzen, ihn verwöhnt habe. Ich opfre mich unzählige Male auf, ohne daß er's nur ahnt, daß es mich etwas kostet. Doch wir Weiber sind einmal zur Abhängigkeit bestimmt, und mehr oder weniger müssen wir uns daran gewöhnen lernen.

Sehr oft schon hat mich der Gedanke gestärkt, daß so viele bessre Menschen als ich weit mehr Unangenehmes ertragen müssen, was sie noch weniger andern entdecken dürfen, und äußerlich glücklich scheinen. Ich will immer auf diese sehen, so wird mir mein Schicksal noch vorzüglicher scheinen.

Verzeih, liebster Bruder, diesen langen Brief: Ich habe lange nicht mit Dir so vertraulich reden können, weil ich wirklich einfältig genug war, auch das für Unrecht zu halten, ohne sein Wissen an Dich zu schreiben. Vergib dieser Schwachheit, sie ist mir selbst oft unbegreiflich, und liebe nicht weniger Deine Christophine.«[160]

Für Christophine war dieser Brief ein persönlicher Durchbruch, und fast scheint es, als wäre dieser Akt der Emanzipation nur möglich gewesen durch den Tod der Mutter und die dadurch veränderte Position: Sie war nun nicht mehr Tochter, sondern ausschließlich die Schwester Schillers und die Frau Reinwalds, und hier behauptete sie sich eindeutig. Indem sie an den Bruder ohne Wissen des Ehemanns schrieb, beging sie in ihren Augen einerseits Verrat an ihrem Mann, näherte sich aber zweifellos auch dem Bruder wieder an. Dieser Schritt war ihr erleichtert worden durch den vorausgegangenen gefühlsbetonten Brief des Bruders, mit dem sie ab sofort einen geheimen bzw. vertraulichen Briefwechsel führte, von dem Reinwald nichts erfuhr und der aus diesem Grunde auch in großen Teilen vernichtet wurde. Schiller hatte auf Christophines ersten Brief vom 21. und 22. Mai geschickt reagiert, indem er einen auch für Reinwald bestimmten Brief nach Meiningen geschickt hatte, einen weiteren jedoch an Caroline von Wolzogen nach Bauerbach (dieser ist nicht mehr vorhanden). In diesem muß er den Vorschlag einer geheimen Korrespondenz gemacht haben, doch erhielt Christophine den Brief offenbar nicht mehr rechtzeitig vor Caroline von Wolzogens Abreise von Bauerbach. In den Plan des geheimen Briefwechsels weihte Schiller daraufhin seinen Verleger Cotta ein, der Christophine den Vorschlag persönlich unterbreitete.[161] Er hatte Christophine auf einer Reise von Weimar über Meiningen besucht. Schiller wollte, daß sie eine Adresse bestimmen sollte, an die er zukünftig die geheimen Briefe schicken konnte. Diesem Wunsch entsprach die Schwester in ihrem Brief vom 9. Juni.

Weiterhin wurde in dem Brief die Hinterlassenschaft der

Mutter erwähnt, die jetzt den Geschwistern zufiel. Christophine erhielt aus dem Nachlaß der Mutter neben einigen Erinnerungsstücken, einem Paar vergoldeter Ohrringe aus Silber, einem einzelnen goldenen Ohrring, einem silbernen Fingerhut, ungefähr fünfhundert Granaten, Bettzeug und einem goldenen Ring auch Geld. Schiller hatte sich von seinem zuvor gemachten Verzicht sowohl auf das väterliche wie auch auf das mütterliche Erbe angesichts seiner drei versorgungspflichtigen Kinder nachträglich lösen wollen und konnte mit Vermittlung Cottas erreichen, daß dem mütterlichen Erbteil bei seinen Schwestern der Betrag, den man für ihre Aussteuer verwandt hatte, abgezogen und daraufhin ihm zugerechnet werden konnte. Mit all diesen Vorgängen waren Louise und Christophine einverstanden gewesen. Für Louise, die mit dem Pfarrer Franckh in Cleversulzbach zwar nicht in üppigen, doch gesicherten Verhältnissen lebte, brachte das Erbe keine große Veränderung ihrer Lage, wohl aber für Christophine, die nun erstmalig eine vorteilige Position gegenüber ihrem Mann hatte: »Und die Vorsehung hat mir jetzt durch die Verlassenschaft[162] der guten seligen Mutter auch weit mehr zugewendet, als ich je erwarten konnte.«[163] Sie berichtete dem Bruder auch, wie sie sich in Sachen des geheimen Briefwechsels organisiert hatte. Vermutlich gab dieser Vorschlag ihr das Gefühl, sich nun erstmalig seit ihrer Heirat wieder ohne Vorbehalte und Verstellung einem Menschen – und zwar dem, dem sie sich von jeher am nächsten fühlte – anvertrauen zu können:

»Cotta hat uns einen Augenblick besucht und mir gesagt, daß ich Dir eine Adresse schicken sollte: Da will ich Dir nun zwei Wege vorschlagen, welchen Du nun wählen magst. Entweder an die Hofpredigerin Pfranger, welches aber doch nicht ganz verschwiegen bleiben könnte oder doch für meinen Mann eben nicht sehr vorteilhaft wäre, daß wir uns genötigt finden, diesen Weg zu wählen. Oder wenn Du, lieber Bruder, Dir die Mühe nehmen wolltest und nur gerade den Brief an mich zu adressieren und um den, in dem Du mir allein etwas sagen wolltest, einen Umschlag zu machen, an jemand, der in der Nähe von hier wohnt [...]. Es ist sonderbar, ich weiß nicht, ob mich meine Einbildung nur so täuscht, aber mir ist, als wenn er weit artiger und gefälliger seit den letzten Briefen aus Schwaben wäre. Er hat mir gestern zum ersten Mal ein Buch von diesem Papier gegeben; wo ich sonst mit Mühe so viel erlangte, daß ich ein paar Briefe schreiben konnte – unbegreiflich ist mir oft das Widersprechende! Ich weiß gewiß, daß ich ihm sehr viel bin; und doch ist es ihm nicht möglich, auch durch eine kleine Aufopferung mir eine Freude zu machen. Und er scheint es sogar nicht einmal zu fühlen, wenn ich mir oft viel versage, um ihm eine zu machen. Es ist nicht möglich, daß das überhaupt im Charakter des Mannes liegt. Ich kenne verschiedene, die bei weit weniger Geistesbildung und Rechtschaffenheit sich was versagen können, ohne daß sie ihre Frau es nur fühlen lassen. Aber das lange Alleinsein hat ihn so egoistisch gemacht, und von dieser Seite betrachtet, kann ich ihm vieles entschuldigen; nur dann kann ich's nicht unterdrücken, wenn es so weit geht, daß es andere bemerken – wo er sehr verlieren muß. Gewiß, lieber Bruder, ich werde mich immer mehr daran gewöhnen, auch das ertragen zu lernen. Und im Ganzen genommen bin ich doch nicht unglücklich. Ich sehe so viele andere um mich, die zwar äußerlich mehr geehrt werden, weil sie mehr aufwenden können, aber auf der andern Seite darf ich glauben, daß die Liebe, die mir hier einige gute Menschen beweisen, mir selbst, und nicht unserm größeren Aufwand, gilt – und das tut meinem Herzen wieder das ersetzen, was es auf der andren Seite entbehren muß. Dies, vereinigt mit dem Bewußtsein, ihm seine Existenz erleichtert zu haben, gibt mir oft einen Mut, den ich mir kaum zutrauen könnte. Nun lebe wohl, liebster Bruder. Ich erhalte jetzt eben ein Paketchen von Deiner lieben Frau. Ich muß auch noch an Sie schreiben, Sie hat mir eine unerwartete große Freude durch ein großes Halstuch gemacht, das Sie von der lieben seeligen Mutter bekommen hat und entbehren kann; und mir ist es um so lieber. [...] Ihr Guten seid mir doch jetzt das Liebste, das ich in der Welt habe: Ich sage mir das oft in traurigen Stunden.

Auch Deine lieben Kinder schließe ich herzlich in meine Arme. Gott erhalte Euch noch lange und befestige vorzüglich Deine Gesundheit! Aber Du mußt Dich auch nicht zu sehr mit Arbeiten anstrengen. Verzeih' diese Erinnerung (ich muß es oft auch meinem Mann vorsagen) Deiner Dich herzlich liebenden Schwester. Christophine.«[164]

Bei dem »Buch«, das sie als eine niemals zuvor getätigte Gabe Reinwalds erwähnt, handelte es sich um etwa fünfundzwanzig Bogen Schreib- oder Druckpapier, wir würden es einen Block nennen.[165] Und angesichts der Möglichkeit, jetzt in dem geheimen Briefwechsel »unzensiert« sprechen zu können, erscheint auch ihre all die Jahre selbstauferlegte briefliche Zurückhaltung in einem völlig anderen Licht: Aus Angst, sich den Groll Reinwalds wegen zu starker Gefühle zuzuziehen, die nicht ihm, sondern Familienmitgliedern, insbesondere dem Bruder, galten, hatte sie sich lieber gar nicht und wenn, dann nur in ganz allgemeinen höflichen Nachfragen oder Auskünften geäußert. Auch das Eingeständnis zahlreicher trauriger Stunden, die sie so oft verbrachte, war neu und wohl sehr entlastend für Schillers Schwester.

In der Chronologie der erhaltenen Briefe folgte ein Gratulationsschreiben Reinwalds an Schiller – dieser war von Kaiser Franz II. in den Reichadelsstand erhoben worden, was Reinwald einer Zeitung entnommen hatte. Schiller reagierte darauf und legte bescheiden dar, im wesentlichen sei diese Rangerhöhung eine Kompensation für das, was seine Frau durch die Heirat mit ihm eingebüßt hatte. Charlotte, jetzt: *von* Schiller war zufrieden, daß sie wieder bei Hof zugelassen war, denn anders als Schiller genoß sie die höfische Kultur. Im Oktober endlich hatten die Reinwalds das lange ersehnte Exemplar der *Jungfrau von Orleans* erhalten. Christophine freute sich in ihrem Dankbrief an Charlotte vom 30. Oktober 1802 über die bevorstehende Verschönerung der Winterabende durch das Stück. Gleichzeitig gratulierte auch sie zur Rangerhöhung. Hier jedoch schwingt das Gefühl durch, daß es durch eine äußere Ehrenbezeigung eigentlich gar nicht möglich gewesen war, den ohnehin schon vorhandenen »Seelenadel« Schillers weiter zu erhöhen: »Noch habe ich Dir und dem lieben Bruder meine teilnehmende Freude und meinen Glückwunsch zu dem, was die Zeitungen melden, nicht bezeugt. Ob er, der liebe Bruder, schon durch keine äußere Würde sich mehr Achtung und Liebe erwerben kann als durch sich selbst, so ist doch dieser Vorzug als eine Folge von jener sehr schätzenswert, und ich freue mich von ganzem Herzen darüber. Auch kann es einen wohltätigen Einfluß auf die lieben Kinder in der Folge haben; schon um dieser wegen würde es mich sehr freuen.«[166]

Zum Jahresende dann schrieb sie erneut einen Brief an

den Bruder, in dem sie Zweifel an ihrer Aufnahme in die geselligen Kreise, und vielleicht auch die Hausgemeinschaft des Bruders, hegt, die er ihr vermutlich angeboten hatte, sollte sie einmal Witwe sein:

»Übrigens, liebster Bruder, sicherst Du mir eine schöne Aussicht für die Zukunft. Aber auch diese Besorgnis darf ich Dir nicht verhehlen, ob ich auch wohl imstande bin, Deinen Erwartungen Genüge zu leisten? Du glaubst nicht, wie mutlos und unzufrieden ich mit mir bin, wenn ich mich von gewissen Seiten betrachte. Ich glaube gar nicht, daß ich für die größere Welt mich je werde schicken lernen; denn alle Augenblick entdecke ich eine alberne Blödigkeit und Einfalt an mir, die natürlich anderen noch mehr auffallen muß und in meinen Jahren den Menschen so widersprechend und eigen vorkommen muß; ich glaube, daß dies eine Folge meiner Lage ist. Wenn man zu viel sich zurückziehen muß, wie ich es aus bekannten Ursachen tun mußte, so macht das bei lebhaften Temperamenten diese Wirkung. Ob sich das aber in einer andern Lage wieder verlieren wird, getraue ich mir nicht zu versprechen. Es gehört mehr Seelengröße dazu, sich ins Glück als ins Unglück zu schicken. – Das ist das Einzige, was mir meine Aussicht für die Zukunft trübt. Ich möchte Euch Lieben so gern noch etwas sein, und der Gedanke umfaßt mich mit einer unbeschreiblichen Wonne; aber wenn ich's Euch nur auch werde sein können!

Die Frau von Wolzogen hat die Frau von Marschall dazu bestimmt, die neben mir wohnt, und zu der ich oft komme, daß wir da in Zukunft uns ganz frei und offen schreiben können. Wenn sich nur der Brief wiederfände, den Du erwähnst! Du hast mir gewiß viel Wichtiges darin geschrieben, das niemand sonst wissen soll. Diesen muß ich ganz verstohlen schreiben; Du verzeihst mir, daß er so unordentlich ist.

Ich habe Dir in meinem letzten Brief geschrieben, daß er seitdem weit artiger ist, und das kann ich auch jetzt noch wiederholen. Seine Kränklichkeit und seine drückende Lage, in der er seit seiner Eltern Tod lebte, haben sein von Natur schüchternes und verschlossenes Wesen diese Richtung gegeben. Sein langes Alleinsein hat ihn nur für sich sorgen lernen und in dieser Rücksicht hätte er freilich besser getan, wenn er nie geheiratet hätte. Gewiß, es gehört nur das ängstliche Pflichtgefühl dazu, sich an diesen Mangel an Attention um andre, die mit uns Freude und Leid tragen, zu gewöhnen, das ich mir vorgesetzt habe, aber oft wird es mir schwer genug, ihm treu zu handeln. Wahrhaftig, liebster Bruder, wäre die Überzeugung nicht so lebhaft in meiner Seele, daß alle unsere Schicksale von einer höhern Macht abhängen, daß gerade eine solche Selbstverleugnung notwendig ist, unser Herz zu prüfen, so hätte ich vieles nie ertragen lernen. Aber so nahm ich's immer auch von dieser Seite und stellte meine Fehler, die auch er tragen muß, entgegen, daß ich wieder zufrieden wurde.

Du weißt ja noch wohl, liebster Bruder, wie unsere Aussichten damals waren, wie ich noch bei den lieben Eltern war. Solange sie uns die Vorsehung erhielt, hatten wir keinen Mangel. Aber in diesem Fall sicherte uns unser geringes Vermögen nicht, wie es damals war, als ich das elterliche Haus verließ.

Manche Unannehmlichkeit, die Du nicht wußtest, erregte oft den Wunsch nach einer andern Aussicht. Ohne Vermögen und andere Vorzüge hatte ich kein Recht, auf eine bessere Versorgung zu hoffen. – Unsere Männer dort waren fast alle, die ich kennenlernte, nur für Reichtum oder für sinnliche Vorzüge, denen ich nie hätte Genüge leisten können: Ich wünschte Liebe, nicht Sinnlichkeit, und ich bin über diesen Punkt vielleicht von vielen, die mich zu kennen glaubten, sehr falsch beurteilt worden. Dies war auch nie ein Gegenstand meiner jetzigen Lage, der mich nur einen Augenblick weniger glücklich machte, ja der vielleicht noch die schönste Seite meiner jetzigen Existenz ist. – Meine Begriffe von Liebe waren wohl zu idealisch, als daß sie je realisiert werden konnten; ich sehe das jetzt ein, und ich muß zufrieden sein, wenn ich geteilt das finde, was ich in einem Herzen zu finden und wiedergeben zu können hoffte. Die reine Liebe der teuren Meinigen soll mir ein Ersatz für dieses sein.«[167]

Für das Vertrauen, das Christophine ihrem Bruder seit dem Tode der Mutter entgegenbrachte, wurde sie immer wieder belohnt, nicht nur durch Gegenbriefe, sondern auch durch Geschenke. So bedankte sie sich am 15. Januar 1803 in einem heimlichen Schreiben: »Lieber Bruder! Da es gerade heute ein Bibliothekstag ist, wo ich einige Stunden allein bin, kann ich Dir sogleich den Empfang Deines lieben Briefs und des darin enthaltenen großen Geschenks melden.

Unbeschreiblich hat mich dieses überrascht, und ich sage Dir und der lieben Frau Schwägerin meinen herzlichsten Dank dafür; ich werde mir ein schwarzes Kleid, das ich längst wünschte und brauche, dafür kaufen und zu Eurem Andenken tragen, und dann sage ich, daß Ihr mir's zum Heiligen Christ geschenkt hättet. Dieses kann er [Reinwald, A. S.] sich gefallen lassen, da er sein Geschenk, das er mir gab, so einzurichten wußte, daß es ihn nichts kostete. Auch für dies sag' ich Dir noch meinen herzlichsten Dank. Die Kupfer sind vortrefflich, und ich will einmal der lieben Frau Schwägerin darüber weitläufiger schreiben.

Du hast freilich recht, liebster Bruder, daß ich in der ersten Zeit meinem Manne zu viel nachgegeben habe, und ich kann es nicht hinlänglich entschuldigen. Nur dies einzige erlaube mir, daß, da ich einmal einfältig genug war den ersten Schritt zu tun, ich es für eine notwendige Folge desselben hielt, alles zu vermeiden, was auffallende Auftritte veranlassen konnte; sonst hätten wir uns im ersten Jahre wieder getrennt. Da aber diese Trennung mir durch den Gedanken, wieder in die unangenehmen Verhältnisse auf die Solitude zurückzukehren, unerträglich war und mir von zwei Übeln das bessere immer noch meine gegenwärtige Lage schien, so litt ich in der Stille die Folgen derselben. Das Schlimmste ist nun vorüber, und ich kann Dir nach öfters wiederholter Prüfung meiner ganzen Lage und meines Herzens versichern, daß ich fest entschlossen bin, das Übrige zu ertragen und auszuharren, bis es das Schicksal ändert. Auch wenn Du, dessen Beifall mir so unendlich viel gilt, und die ganze Welt mich nicht für tadelhaft hielten, wenn ich sie selbst änderte, so könnte ich's nie, nach meiner Art zu empfinden, bei mir selbst verantworten, ihn zu verlassen, da ihm in seinem Alter und Kränklichkeit meine Pflege unentbehrlich ist. Wer würde sich seiner annehmen, wenn ich ihn verließe? Aber den Ton habe ich gleich nach der seligen Mutter Tod zu ändern angefangen, und glaube nie, daß ich mir das alles hätte gefallen lassen, wenn ich eine gewisse Aussicht auf einiges Vermögen gehabt hätte. So hab' ich manches ertragen, das nach und nach aufhören soll. Ich habe ihm längst schon gesagt, daß ich, im Fall er mich so unbillig behandeln würde, einen Zufluchtsort bei Dir finden würde. Worauf er mir antwortete, es würde mir keine Ehre machen, wenn ich ihn verließe. Darauf sagt' ich ihm, daß mich in einem solchen Fall die äußere Ehre nicht zurückhalten würde; nur aus Mitleid für ihn, weil er meiner Pflege bedürfte und verlassen wäre, würde ich's nicht tun, aber aus keinem andern Grunde. Dies machte einen entsetzlichen Eindruck auf ihn, und die Tränen standen ihm in den Augen. Und ich habe bei dieser Gelegenheit gesehen, daß ihn meine Trennung so angreifen würde, daß er sterben könnte. Und seinen früheren Tod auf mein Gewissen zu laden, bin ich nicht stark genug. Wenn ich auch auf meiner Seite Recht zu diesem Schritt hätte, so könnte jede andre gute Tat diesen Vorwurf nie wiedergutmachen. Nein, liebster Bruder, ich wiederhole es Dir nochmals: Ich will ausharren und mir das Bewußtsein erhalten, ihm, wenn er's auch nicht durch sein Verhalten um mich verdient, seine Tage erleichtert zu haben, damit ich einst ein besseres Schicksal, das mich bei Euch erwartet, mit großer Zufriedenheit der Seele genießen kann.

Schon das ist mir jetzt so eine große Erleichterung, daß mir der Weg geöffnet ist, Dir alles sagen zu dürfen; so daß ich das Unangenehme meiner Lage nur halb fühle, und ich kann, sobald es nur meine Person betrifft, sie noch ertragen. Nur das wär' mir das Drückendste, wenn andere diese kläglichste Seite seines Charakters entdeckten und ich sie nicht zu bedecken fähig wäre. Ich suchte daher jede Gelegenheit zu vermeiden, wo sie bemerkt wurde; das heißt, ich suchte von jeder Art Zuspruch mich entfernt zu halten, die einigen Aufwand erforderte. Denn anstatt mich durch eine solche Gesellschaft zu erheitern, macht es mir nur Sorgen, wie ich alles sparsam genug einrichte und daß man doch das nicht merken soll; und doch liegt auch die Unterhaltung bloß auf mir, da er gewöhnlich, wenn es nicht Personen sind, die in seine Sachen entrieren[168], sich gar nicht darum bekümmert. Jetzt bin ich zwar von seiten der Ausgabe etwas weniger gebunden, weil ich lieber von dem Meinigen zuschießen will, wenn es durchaus die Ehre erfordert; aber einen freundlichen Empfang, eine liebreiche Aufnahme für die Besuche kann ich nie erlangen. Immer müssen sie ihm anmerken, daß sie ihm lästig sind, daß sie ihn stören, auch weil unser enges Logis uns in ein Wohnzimmer einschränkt. Und er will einmal durchaus kein größeres beziehen, wo wir bequemer leben könnten, weil er viel zu ängstlich ist, daß es ihm auch in dieser Rücksicht mehr Aufwand machen könnte. Dies alles darf ich nun nicht oft überlegen; ich muß es zu unterdrücken suchen, weil es nicht zu ändern ist; aber verhehlen kann ich Dir's nicht, wie wehe es mir tun muß, wenn ich meine Neigung für freundschaftlichen Umgang so unterdrücke; wenn ich mir nur immer soll Liebe erweisen lassen, und ich darf nicht auch wiedergeben. Er muß das Gefühl gar nicht haben; denn er kann immer annehmen und denkt nicht wieder daran, etwas zu geben. Aber nun muß ich eilen, daß dieser Brief noch geendigt ist, ehe er nach Haus kommt. Die entsetzliche Kälte, die wir seit einigen Tagen haben, griff ihn sehr an; aber doch versäumt er seine Bibliothek nicht, so schwer es ihm wird. Das ist doch auch wieder eine gute Seite. Gewiß, liebster Bruder, ich will mir immer die aufsuchen, und so werde ich meine Lage immer leidlicher finden. Die Aussicht, bei Euch einst sie zu endigen, soll mir jetzt schon manches versüßen. Noch tausend Dank für Eure Liebe. Von dieser Seite bin ich doch glücklich, daß Ihr mich liebt und teilnehmt, wenn ich Dir mein Herz öffne. Auch habe ich viele Freunde hier, die mir oft das Leben wieder versüßen und die es auch einsehen, ohne daß ich's zu sagen brauche. Lebe tausendmal wohl.

Gestern erhielten wir auch wieder einen Brief von Dir, der die Hoffnung enthält, uns dieses Jahr zu sehen. Wegen dieser Briefe sei außer Sorge. Ich habe sie so verwahrt, daß sie nie entdeckt werden können. Wenn nur Frau von Marschall es niemand sagt, daß er's wieder erfährt. Sie ist eine gute Frau und hat viel Freundschaft für mich; aber Verschwiegenheit liegt nicht ganz in ihr. Ich habe sie gebeten, es niemand zu sagen, sonst ist das der beste Weg. Deine liebe Frau und die lieben Kleinen umarme ich tausendmal! Verzeih mir doch dieses schlechte Schreiben. Er hat sich vorgenommen, auch heute an Dich zu schreiben, denn wie ich höre, hat er Dir noch nicht einmal auf den Almanach, den Du mir geschickt hast, geschrieben.«[169]

Schiller hatte der Schwester ein Geldgeschenk zum Weihnachtsfest gemacht. Bei dem erwähnten Almanach handelte es sich um das *Taschenbuch für das Jahr 1803. Der Liebe und Freundschaft gewidmet.* Reinwald hatte es von Schiller erhalten und schenkte es seiner Frau zum Weihnachtsfest. Das Taschenbuch enthielt auch einige Kupferstiche zur *Jungfrau von Orleans*, zu *Maria Stuart* und zum *Wallenstein.* Bedeutsam scheint in diesem Brief vor allem die Anspielung Christophines auf einen Vorschlag, den Schiller offenbar gemacht hatte. Daß sie nämlich das Angebot erhalten hatte, nach dem Tod ihres Mannes zur Familie des Bruders zu ziehen. Und natürlich war nach Maßgabe eines normalen Verlaufs der Ereignisse Reinwalds Lebenszeit die bemessenste, während zum damaligen Zeitpunkt Schiller zwar nach wie vor nicht gesund war, aber eine unmittelbare Lebensgefahr für ihn nicht bestand. Christophine hatte also damals eine durchaus realistische Aussicht, ihren Lebensabend im Kreise der von ihr geliebten Menschen zu beschließen.

Im März 1803 schrieb Reinwald dem Schwager in Sachen der Erbschaft seiner Frau, denn er wollte den Erbteil Christophines in Württemberg neu anlegen. Auch überlegte sich der damals sechsundsechzig Jahre alte Bibliothekar, um eine Gehaltserhöhung sowie um die Rangerhöhung zum Hofrat beim zuständigen Minister nachzusuchen: Schiller sollte seinen Schwager Wilhelm von Wolzogen um Vermittlung beim Meininger Minister bitten. Am Schluß des Briefs kündigt Reinwald an, daß er im Frühjahr nach Thüringen reisen wolle, wozu es jedoch nicht kommen sollte. Christophine nahm in ihrem nächsten geheimen Brief an Schiller vom 30. April 1803 Bezug darauf: »Aus Deiner Antwort auf meines Mannes Briefe sehe ich, daß er Dir von einer Reise nach Thüringen geschrieben hat, wovon er mir noch nichts Bestimmtes gesagt hatte. Aber sehr sonderbar mußte Dir es vorkommen, daß er diese Reise jetzt erwähnte, da Du uns Hoffnung durch einen Besuch von Euch Lieben machtest. Ich gesteh' es, daß mir's sehr auffiel, doch überwand ich meine Lebhaftigkeit und sagte ihm nichts deswegen, weil ich vorher weiß, daß er nach seinem Sinn nichts Unschickliches darin findet und ich nur wie gewöhnlich mit meiner Empfindlichkeit noch Unrecht habe. Auf jeden Fall wäre es mir lieb, wenn diese Reise dieses Jahr noch verschoben würde, denn ich weiß schon aus der vorigen, die wir in jene Gegend machten, daß ich das wenigste Vergnügen dabei genieße und wir bei Dir uns immer nur die kürzeste Zeit aufhalten. Da einmal der Reihe nach die Verwandtenbesuche gemacht werden sollen und Weimar am weitesten entfernt liegt, also die kürzeste Zeit noch übrigbleibt. Ich weiß, wie wehe es mir die vorigen Male tat, und dies möchte ich nicht gern wiederholen. [...] Viel tausendmal lieber wäre es mir, wenn ich Dich, liebster Bruder, mit Deiner lieben Frau hier sehen und genießen könnte. Ich hatte auch schon auf diesen Fall ein Logis in unserer Nähe halb ausgemacht, da das unsrige so klein ist. Da Dir aber der Herzog die Amalienruh[170] zum Aufenthalt überlassen wird, welches eine vortrefflich schöne Gegend ist, so muß ich freilich zurückstehen, aber doch hoffe ich, können wir's so einrichten, daß wir uns oft sehen, aber auch habe ich den Vorwand, noch Euch bei Eurer Einrichtung dort zu helfen [...]. Herzlich Deine treue Fene.«[171] Was Schiller antwortete und wie der Wortlaut seines davor an die Schwester gesandten Briefs war, ist nicht bekannt. Im Sommer jedenfalls erhielten die Reinwalds zwei neue Bücher aus seiner Feder, den zweiten Teil der *Gedichte* und die *Braut von Messina*. Schiller selbst überraschte die Schwester zur Jahreswende auf 1804 erneut durch ein Geldgeschenk von fünf Dukaten, das Christophine am 11. Januar durch die Mittlerin, die Nachbarin Frau von Marschall, erhielt. Christophine bedankte sich noch am 11. Januar heimlich für das Geschenk: »Schon die wenigen Zeilen von Dir, die es [das Päckchen mit dem Geld, A. S.] enthielt, waren mir so schätzbar als ein Beweis Deiner Liebe, so wie jeder Deiner Briefe, die ich oft in trüben Stunden zu meiner Erheiterung mir oft wiederhole. Gewiß, liebster Bruder, werde ich mich immer mehr bestreben, dieser Liebe würdiger zu werden und in meinem stillen Wirkungskreise so viel zu tun, als meine Kräfte erlauben. Jetzt bin ich viel zufriedener und ruhiger, weil ich mich auf einen festern unabhängigeren Fuß setzen kann, das ich ehemals, da ich den Zuschuß vom elterlichen Vermögen nicht hatte, nicht konnte. Gott sei Dank, daß diese Zeiten vorüber sind. Jetzt kann ich mir durch eine bessere Einrichtung in meinem Hauswesen auch mehr Tätigkeit und also auch mehr Zufriedenheit mit mir selbst geben; und auch für andere oft etwas tun, was mich glücklicher macht. Ich werde gewiß Deine Güte nicht mißbrauchen und gewissenhaft damit haushalten, aber das will ich tun und mir etwas kaufen, was ich nötig habe, und dann sagen, es kommt von Dir, wie ich es voriges Jahr mit dem schwarzen Kleid gemacht habe, das ihn etwas beschämt hat. Aber, lieber Bruder, ich muß ihn nun einmal so nehmen, wie er ist. Seine trübselige Lage von Jugend auf hat die edleren zarteren Gefühle unterdrückt; das sage ich mir immer zu seiner Entschuldigung und suche mir gleich wieder eine von seinen guten Eigenschaften auf, damit ich's ihn nicht entgelten lasse. Er hat wirklich auch rechte gute Seiten, und seine Rechtschaffenheit und Kenntnisse haben ihm hier unter allen, die ihn nur von dieser Seite kennen, viele Achtung erworben. Dies muß ich als seine Frau durch mein äußeres Betragen gegen ihn zu erhalten suchen. Ich darf sagen, daß unser Verhältnis uns jetzt wahre Achtung hier erworben hat. Die Leute sagen mir sogar, daß er jetzt weit geselliger und tätiger als vorher wäre, und das ist mir ein stiller Gewinn, den ich durch manche Entsagung mir selbst zu danken habe und mich also glücklich macht; wenn wir wenig Selbstverleugnung ausüben können, was bleibt uns zu unserer Selbstachtung übrig?«[172]

So konnte Christophine nun nach dem Tiefpunkt der Beziehung im Jahr 1802 einerseits durch die Erbschaft selbstbewußter ihre Meinung äußern, andererseits hatte sie moralischen Rückhalt durch die geheime Korrespondenz mit dem Bruder bekommen. Beides hatte offenbar dazu geführt, daß Reinwald der Wert seiner Frau klarer geworden war. Grundsätzliches seines Charakters konnte er zwar nicht mehr ändern, doch war die Lage alles in allem für Christophine erträglicher geworden. Daß Schiller angesichts seiner besorgniserregenden Gesundheits- und Familiensituation mit den drei Kindern – am 25. Juli 1804 sollte das vierte Kind, Emilie, noch geboren werden – und unter dem ständigen Schaffensdruck, unter dem er stand, zusätzlich diesen Briefwechsel führte, zeugt einmal mehr von seinem humanen Wesen.

Schillers Reise Richtung Meiningen kam 1804 nicht zustande, stattdessen unternahm der kranke Dichter eine andere Reise: Nach zahlreichen erfolgreichen Ur- und anderen Aufführungen seiner Stücke 1803 und 1804 fuhr er am 26. April gemeinsam mit der Familie nach Berlin, wo er nicht nur von seinem Publikum anläßlich der Aufführungen der *Braut von Messina*, der *Jungfrau von Orleans* und des *Wallenstein* begeistert begrüßt, sondern auch bei dem ihm schon bekannten preußischen Königspaar persönlich empfangen wurde. Dieses wollte ihn mit einem üppigen Gehalt und anderen Vergünstigungen nach Berlin locken. Doch Schiller hatte sich für Weimar entschieden, und Herzog Carl August erhöhte das Jahresgehalt des Dichters auf achthundert Taler.

Reinwald schrieb ihm am 12. Mai einen Brief, in dem er seine Reise gemeinsam mit Christophine für Anfang Juni ankündigte. Inzwischen hatte sie in der Zeitung von Schillers Ankunft in Berlin gelesen und war tief enttäuscht darüber, daß sie den Bruder auf der Verwandtentour durch Thüringen wohl nicht sehen würde. Doch kehrten die Schillers rechtzeitig am 21. Mai von Berlin zurück, und die Reinwalds besuchten Weimar vom 4. bis zum 7. Juni und lernten das Schillersche Haus an der Esplanade kennen sowie auch zum ersten Mal die Nichte Caroline. Christophine dankte ihrer Schwägerin noch auf der Rückreise, von der Station in Erfurt, am 16. Juni, und zeigte sich in ihrem Brief im wesentlichen über das Wiedersehen gerührt. Bei dieser Gelegenheit hatte sie auch eine (erhaltene) Zeichnung im Profil von der kleinen Caroline angefertigt, über die sie jedoch nicht zufrieden war: »Unvergeßlich wird mir das Andenken an die lieben Meinigen sein, die ich nach so langer Zeit wieder gesehen und gesprochen habe, und die guten Kinder, die alle meine Erwartung übertroffen. Täglich sehe ich das liebe kleine Carolinchen mit ihren Knickschen vor mir, und ich bin nicht wenig unzufrieden, daß ich sie nicht so aufs Papier bringen kann. Sehr von Herzen wünsche ich, teure Frau Schwägerin, daß Dein Befinden vorzüglich leidlich sein möchte und der Husten sich ganz möchte gehoben haben. [...] Wie sehnlich wünschte ich, daß der liebe Bruder noch seinen Vorsatz ausführen und wir ihn bei uns sehen könnten, auch die Frau von Wolzogen, der wir uns zu gnädigem Andenken empfehlen.«[173] Reinwald berichtete im selben Brief übrigens relativ ausführlich über sein Vorhaben einer Übersetzung des *Heliand*, einer Kompilation des Leben Jesu nach den vier Evangelien. Zugrunde lag ihm eine Handschrift aus Bamberg, die er in langen Studien entschlüsseln konnte, doch fehlten der Handschrift entscheidende Stellen, so daß er das Vorhaben aufgab und sein Manuskript nach München weiterverkaufte, wo es viele Jahre später, 1830, zur Grundlage der Editio princeps des *Heliand* gemacht wurde.[174]

Christophine freute sich wenig später über den eigenhändigen Brief Charlotte Schillers nach der Niederkunft mit Emilie und gab davon ihrem Bruder Kenntnis, wegen ihrer sommerlichen Pflichten im Obstgarten konnte sie jedoch nicht ausführlich schreiben. Am 11. November 1804 hingegen gelang es ihr erneut, einen wirklich bekennerhaften und sehr offenen Brief, diesmal an die Schwägerin, zu richten. Neben ihren Sorgen um den Gesundheitszustand des Bruders waren es wieder einmal die Kinder, die sie ein baldiges Wiedersehen wünschen ließen: »Die kleine liebe Emilie drücke ich oft schon an mein Herz und wünsche ihr die liebenswürdige Eigenschaft des lieben Carolinchens, die mich immer noch umschwebt. Wie oft wünsche ich mich mitten unter sie alle! Recht schön muß das kleine Familienfest gewesen sein an Carls Geburtstag, und wie lieblich, daß sie so hübsch mit den kleinen Geschwistern umgehen! Oft haben die Älteren eine Art Eifersucht gegen die Kleineren; aber dazu ist ihre Natur schon zu gutmütig. Überhaupt hat mir das vorzüglich an den Kindern gefallen, und ich erinnerte mich so lebhaft wieder bei Carl und Ernst an die Jugendjahre des lieben Bruders, wie wir in Lorch waren; ob er sich wohl auch noch jener Zeiten, da es uns so verzüglich ging, zurückerinnert? Die Nachrichten vom lieben Bruder in den Zeitungen sind doch gewiß widerrufen [man hatte fälschlich seinen Tod gemeldet, A. S.], welche uns, da wir schon die bessern Nachrichten durch Deine Güte hatten, nicht so sehr erschreckten. Es hat mich doch gefreut, auch hier unter so vielen Menschen diese Teilnahme an seiner Krankheit zu finden. Sogar unsre Herzogin fragte mich einige Male, ob er besser wäre. Gott gebe es, daß er völlig wiederhergestellt ist! In solchen Fällen drückt mich immer die weite Entfernung von den lieben Meinigen doppelt. Ich kann so wenig für ihn tun. Sage mir ja, teuerste Frau Schwägerin, ob ich Dir nicht wieder etwas für die lieben Kinder arbeiten kann. Deine häuslichen Geschäfte werden sich jetzt vermehren und Dir wenig Zeit zu bestimmten Arbeiten übrigbleiben. Sage mir's ja; ich tue so gern etwas; wenn es auch nur wenig sein kann, so ist mir's eine Art von Beruhigung, da ich mir immer sage, daß ich fast ein ganz überflüssiges Mitglied für die menschliche Gesellschaft bin. Es wird jetzt sehr lebhaft in Weimar wegen der baldigen Ankunft der Erbprinzeß sein, die so sehr großes Aufsehen durch ihre Vorzüge macht. Gewiß wirst Du Dich auch sehr auf sie freuen, da Du Gelegenheit hast, ihre Gesellschaft öfters zu genießen. Vorzüglich auch auf die Ankunft Deines Herrn Schwagers wirst Du und Frau von Wolzogen sich sehr freuen, da es doch schon so lang ist, daß derselbe abwesend war;[175] wenn er nur recht gesund wieder zurückkommt! Dieser Zirkel wird nun immer interessanter, da er so sehr viel auf seinen Reisen muß beobachtet haben. Wenn nur der Herr von Humboldt auch wieder nach Weimar kommt, der so viele neue Entdeckungen gemacht und neue Pflanzenarten mitgebracht hat! Könnte ich mir wohl den Wunsch erlauben, in diesen Gesellschaften auch mit zuzuhören? Überhaupt vermisse ich hier, was ich von meiner frühen Jugend an immer gewünscht und gesucht habe: eine belehrende Unterhaltung von vernünftigen Männern. Die Unterhaltung mit diesen gibt unserem Geist in einer Stunde mehr als tagelang mit unserm Geschlecht von gewöhnlichem Schlage; aber wer kann sich dessen entziehen? In meiner Lage und hier geht es nicht an; der Ort ist zu klein, und diese Art von Männern so selten oder so sehr mit ihren Amtsgeschäften überhäuft, daß sie sich mitzuteilen verlernen. So geht es oft auch meinem Mann, dessen Kenntnisse gewiß nicht von den geringsten sind; aber er hat sich zu viel Arbeiten aufgelegt und solche, die ihn ganz aus der lebenden Welt herausziehen. Er hält jeden Augenblick, den er dieser widmet, für seine Forschungen verloren und liebt nur, wieder in seine eigne Welt zurückzukehren. Wir sitzen also oft in einem Zimmer, und unser Geist lebt in ganz verschiedenen Welten; denn unmöglich kann ich ihm dorthin folgen, wo das Herz gar keine und bloß der Verstand und das Gedächtnis Nahrung finden. Ich denke, so lange wir unter den Lebendigen sind, müssen wir Anteil an ihnen und ihrem Schicksal nehmen; und es tut uns wohl, wenn uns diese Teilnahme erwidert wird. Es gehört mit zu unserm innern Glück, und wir haben kein Recht, etwas zu erwarten, was wir selbst nicht geben wollen. – Diese Äußerung hält mein lieber Mann für Schwärmerei, die nur die Weiber nähren können. Nun rufe ich Dich, liebste Frau Schwägerin, zur Schiedsrichterin auf, ob ich nicht darin recht habe und ob es nicht doch wohl auch noch Männer gibt, die uns mit dieser Schwärmerei nicht tadeln werden?«[176]

Das Jahr 1805 brach an, Schillers letztes Lebensjahr. Christophine bedankte sich am 16. Januar bei Charlotte von Schiller für das Weihnachtsgeschenk – vermutlich erneut Schillersche Schriften sowie schwarze Kreide –, eine als Würdigung ihrer Zeichentalente gemeinte Gabe. Sie freute sich über die positiven Nachrichten »allseitiger Gesundheit« in der Familie, um dann allgemeinere Gedanken zu äußern: »Man sollte eigentlich manchmal krank werden, um nur einen Tag wieder das erneute Glück der Gesundheit zu fühlen; denn das ist etwas ganz eigenes. Wenn ich ein Mann wäre, ich hätte an dem Tag vielleicht eine große Tat getan, so stark fühlte ich mich; schade ist's nur, daß das nicht so fort währt oder daß man nicht ein Mittel weiß, diese Seelenstimmung zu erhalten. Die Beschreibung der äußerst liebenswürdigen Großfürstin[177] hat uns beide außerordentlich interessiert und ganz natürlich den Wunsch erweckt, sie auch einmal persönlich sehen zu können. [...] Wenn wir nur nicht alle so auseinander zerstreut wären und uns gegenseitig mehr Hilfe leisten könnten! Ich möchte hier wohl manchmal einige Familien in meine Stelle wünschen, die nebst Kindern und Enkeln, zuweilen noch Urenkeln, an einem Orte wohnen und sich nur bei Hauptvorfällen in der Familie besuchen! Das war mir zuerst, wie ich aus dem warmen, herzlichen Schwaben kam, ganz und gar unbegreiflich; die Menschen haben in hiesigen Gegenden doch gewiß etwas viel Kälteres und Gleichgültigeres. Ich glaube, die Lebensart und das Klima mag wohl Schuld sein. Die Weinländer sind doch viel jovialischer und die Bierländer schwerfällig. Ob ich schon kein Bier trinke, bin ich doch noch weit phlegmatischer als ehemals. Auch bin ich am liebsten zu Hause; wenn mein Mann nur irgend gestimmt ist und mir bei meinen Arbeiten etwas vorliest, so find' ich mich weit glücklicher als in Gesellschaft, wo man oft so viele fremde Farben aufnimmt, die unsre Ruhe stören.«[178]

Noch am 13. März schrieb Christophine im Grunde wohlgemut an den Bruder und führte die seit längerem ausstehenden Nachrichten der Schiller-Familie auf die Überlastung Charlottes und die Arbeit des Bruders zurück. Schiller schrieb noch einmal einen Antwortbrief an die beiden Reinwalds, am 25. oder 26. März 1805, der schon den nahen Tod vorausahnen läßt:

»Es ist wohl lange, lieber Bruder und Schwester, daß ich kein Wörtchen von mir habe hören lassen, aber fast ein beständiges Kranksein und eine schwermütige Stimmung, die die Folge davon war, haben mich von jeder Mitteilung abgehalten. In den wenigen heiteren und gesunden Tagen, die ich hatte, fand ich so viele liegengebliebene Geschäfte angehäuft, daß ich nicht zum Briefeschreiben kommen konnte. Verzeiht mir also, Ihr Lieben, wie Ihr mir oft verziehen habt, und diesmal verdien' ich mehr als sonst Eure Nachsicht, wie ich in der Tat viele Leiden in diesem Winter ausgestanden. Jetzt gottlob steht es wieder besser mit mir und auch mit den Kindern, die, die auch alle nach der Reihe an den Windblattern[179] krank gewesen.

Unter diesen Umständen, lieber Bruder, habe ich nicht viel neue Werke zutage fördern können.«[180]

In der Tat war Schillers letzter Brief der oben erwähnte vom 5. Januar des Jahres zuvor gewesen, noch vor dem Besuch der Reinwalds in Weimar. Und das letzte Werk, das Schiller zu Lebzeiten gedruckt sehen sollte, war die im November 1804 entstandene *Huldigung der Künste*. Doch immerhin erhielt er noch einmal einen ausführlichen, wohl erneut geheimen Brief der Schwester vom 30. März 1805: »Ach, wie gern möchte ich unter solchen Umständen Euch Lieben pflegen können, und machte nur nicht die weite Entfernung und das Kostspielige einer Reise so viele Bedenklichkeiten, ich wollte es doch bei meinem Mann durchsetzen, der doch wenigstens diesen Winter leidlich wohl war. Aber da er sich immer die Schwäbische Reise, die sechs Monate dauerte, vorstellt, so überfällt ihn eine Angst bei der Erinnerung, daß er mich dauert, denn die Tränen stehen ihm in den Augen, wenn ich nur so etwas erwähne. Seine Stimmung ist jetzt so mild durch die Schwachheit des Alters, daß er auch weich und schonend behandelt werden muß. Doch ist er immer noch sehr tätig, und Du wirst Dich freuen, liebster Bruder, daß er der Verfasser der in der Bamberger Zeitung angekündigten Übersetzung der *Alten Evangelien Harmonie* ist, die der Professor Gley herausbringt.«[181] Am Ende kommt sie auf Schillers Gesundheit zurück: »Gott schenke Dir nur Deine völlige Gesundheit wieder, die Du aber ja nicht durch zu viel Geistes-Arbeit anstrengen mußt, denn ich glaube ganz gewiß, daß Dein öfteres Kranksein nur Folge davon ist, und mir ist bang, wenn ich wieder etwas Neues von Dir lese: welche Anstrengung es Dich gekostet haben mag, denn unmöglich läßt sich so etwas schreiben, ohne sich ganz in die Lagen der Personen hineinzudenken, die man handeln läßt, und das zehrt die Kräfte auf. Ist mir's doch so, wenn ich Deine Schriften nur lese: Je mehr ich das Schöne fühle, desto mehr greift es mich an, und Deine *Jungfrau* hat mich manche schlaflose Nacht gekostet, denn ich konnte diese Bilder nicht aus meiner Seele bringen. Sie gingen fast in Handlung über, so daß ich oft des Morgens ganz abgemattet, als wenn ich die Johanna selbst vorgestellt hätte, aufstand. Dennoch trieb es mich unwiderstehlich, das Buch wieder zu nehmen, bis ich jedes Wort und jeden Sinn faßte [...] und ich könnte Dir Bogen voll von allem diesem sagen, was mir so außerordentlich wohl gefiel, wenn ich nicht fürchten müßte, Deine Geduld zu ermüden.«[182] Erneut also eine Erwähnung der *Jungfrau von Orleans* – und dieses Stück mußte einfach Christophines Beifall finden aufgrund des lauteren Charakters der in der Natur großgewordenen Schäferin Johanna d'Arc, die die Gottesliebe über alles stellt und schwerste Arbeit freudig verrichtet. Die emotionale Verbindung und der seelische Gleichklang der Geschwister war auch lange nach ihrer Trennung noch so stark, daß Friedrich Schiller sich immer wieder weibliche Charaktere für seine Stücke ausdachte, die er vollkommen glaubwürdig beleben konnte, weil sie die Schwester zum Vorbild hatten. Nur aufgrund dieser inneren Wahrhaftigkeit, die sie ungeschützt betroffen machte, konnte sich Christophine auch vorbehaltlos mit den Dramentexten identifizieren.

Im selben Brief beruhigte sie den Bruder nun zum letzten Mal über die Verhältnisse in ihrer Ehe: »Überhaupt ist er jetzt seit einigen Jahren genießbarer. Das wirst Du auch gefunden haben, liebster Bruder, und ist gesünder als sonst, weil er jetzt mehr Pflege annimmt. Sonst hatte er solche Eigenheiten, daß er gar keinen Vorschlag zu seinem eigenen Besten annahm. Er sieht jetzt ein, daß es besser so ist. Du glaubst nicht, wie wohl mir das Vertrauen tut, daß er jetzt auf alles, was und wie ich's einrichten will, setzt. Ich sehe es schon als eine Belohnung an, die ich mir durch manche trübe Stunden, die ich einst deswegen hatte, endlich erworben habe. Es war freilich natürlich, daß, da er so lang für sich selbst lebte, er immer nach dieser Weise forthandeln wollte. Gott sei tausendmal Dank, daß ich nun mit Wahrheit sagen kann, daß ich recht zufrieden mit ihm lebe, und wenn uns die Vorsehung noch eine Erleichterung durch die Aussichten schenkt, die ich Dir sagte,[183] so können wir auch etwas mehr zu unserer Erheiterung anwenden. Er tut und unternimmt jetzt nie etwas, ohne es mir auch mitzuteilen und meine Meinung auch mit anzuhören, und so leben wir wie die Kinder, und wenn ich nur eine Stunde ausgehen muß, um einen Besuch zu machen, so ist immer das erste Wort: Komm ja bald wieder! Du weißt, daß ich nicht lange ohne Dich sein kann. Und wenn ich dann sage, daß ich ihn doch nicht immer unterhalten konnte, ohne auch unter anderen Menschen neue Ideen zu sammeln, so spricht er, ich brauchte das nicht, meine eigenen wären ihm schon genug. Oft rührt mich diese Sprache, die keine Spielerei ist, zu Tränen. Und ich danke Gott tausendmal, daß er mich gerade diesen Weg führte.«[184]

Am Schluß des Briefs nimmt Christophine Reinwald erneut auf Werke des Bruders Bezug. Es handelt sich um die Gedichte, die sie in der in München herausgegebenen Zeitschrift *Aurora* wiederfand und die ihr wohl besonders am Herzen lagen: »Herr von Aretin[185] wählt so schöne Gegenstände und vorzüglich sind auch immer sehr schöne Gedichte darin, die mich der Harmonie wegen immer am ersten interessieren. So lese ich immer wieder, ob ich sie schon unzählige Male gelesen und meist auswendig weiß, Deine Gedichte, vorzüglich *Die Ideale, Die Glocke, Ritter Toggenburg* pp. Ich habe keine Ruhe, ich muß sie mir hersagen, und dadurch vergegenwärtige ich mir Dich, lieber Bruder. Besonders in dem *Die Ideale*, wo ich so viele Stellen finde, bei denen ich mit Rührung verweile – da ich doch auch so manche Erfahrung dieser Art machte und es nicht bloß Dichtung ist.«[186]

Das Gedicht stellt das Leben erst als aufstrebende und glückhafte Bindungen an Liebe, Jugend und Hoffnung dar, unterstreicht jedoch, wie wenig sich von all diesen Hoffnungen in der Lebensmitte erfüllt hat, wie bescheiden der Lebensgang eigentlich war, wie sehr die Ideale desillusioniert waren. In den letzten beiden Strophen werden schließlich zwei Lebensbegleiter als immer tröstend und ermunternd hervorgehoben: Freundschaft und Betätigung. Erneut konnte sich Christophine in diesem Gedicht finden und gerade auch diese beiden Begleiter als die ihren wiedererkennen. Hier zeigt sich, daß sie aufgrund ihrer auch seelischen Verwandtschaft zu Schiller bestimmte Formulierungen besser verstehen konnte als der gewöhnliche Leser.

Ungefähr sechs Wochen nach Abfassung ihres letzten Briefs an den Bruder war dieser tot, gestorben am 9. Mai 1805. Bekannt sind all die Umstände, die sich um das nächtliche Begräbnis im Kassengewölbe drehten und die daraus resultierenden unwürdigen Bedingungen für den Leichnam Friedrich Schillers, vor allem in der Phase des Beginns seiner fast heiligen Verehrung in den 1820er Jahren.

8. VON SCHILLERS TOD BIS ZUM TOD WILHELM REINWALDS (1802-1815)

Schillers Tod war für seine Ehefrau der größte Einschnitt in ihrem Leben: Der geliebte und verehrte Mann, an dessen Seite sie selbst geistig gewachsen war, der sie gebraucht hatte, den sie immer gegen die Liebe ihrer Schwester verteidigen mußte, war von ihr gegangen. Es blieb ihr die Sorge um die Erziehung und Versorgung der Kinder, und es blieb ihr daneben eine noch schwierigere selbstauferlegte Pflicht: die Deutungshoheit über Schillers Leben und Sterben zu behalten. In diesem Sinne sind auch die Briefe zu verstehen, die nur wenige Wochen nach Schillers Tod an dessen Schwestern abgehen. Darin schildert Charlotte die Todesstunden ihres Mannes, fordert aber gleichzeitig die Schwägerinnen zu größtem Stillschweigen darüber auf – in Christophines Fall bezieht sie auch die »früheren Lebensumstände« ein. Christophine gegenüber war Charlotte von Schiller wesentlich ausführlicher in Sachen Stillschweigen. Der Grund hierfür könnte Christophines bekannte Neigung zum Neuigkeitsaustausch im Bekanntenkreis gewesen sein, denn sehr gerne reagierte sie auf Fragen, die sich auf ihren Bruder bezogen. Und auch hierfür liegt der Grund eigentlich auf der Hand, wenn man die Lebensumstände berücksichtigt: Ihr Bruder war letztlich eine Legitimation für sie, um trotz ihrer bescheidenen Situation in wohlhabenden und gebildeten Häusern verkehren zu können. Von der Schwester Schillers erhoffte man sich dort umgekehrt, Besonderes und Unbekanntes über den berühmten Bruder zu erfahren. Charlotte von Schiller schrieb:

»Eine Bitte habe ich an Dich und Deinen lieben Mann, die mir dringend wird. Es gibt gar zu indiskrete Menschen, und erst unter der Larve des Mitleidens ist die Unbescheidenheit am größten. Ich spreche mit niemandem über die letzten Momente unsres Geliebten als mit Menschen, die ich kenne, die meine alten Freunde sind. Versprecht es mir auch, meine Freunde. Ich möchte Schillers Andenken rein in uns erhalten. Über ihn schreiben werden Tausende vielleicht, aber was er war, was er uns, was er mir war, fühlt niemand. Es ist mir selbst auch gleichgültig, denn ich lese gewiß nichts von diesen schreibseligen Menschen.[187] Aber die letzten Momente meines Geliebten haben mich mit einer solchen Ehrfurcht erfüllt, daß ich auch möchte, es spräche *niemand* über ihn – seine Werke sprechen für ihn, und kein lebender Mensch kann etwas sagen, das sich der Mühe lohnte. – Es ist der größte Beweis Eurer Liebe zu Schiller, wenn ihr diese Bitte erfüllt. Auch von seinen früheren Lebensumständen erzähle nichts, liebe Schwester. Aber setze sie auf, bitte ich Dich, die kleinsten Züge, die Du Dir entsinnst, denn seiner Familie, seinen Kindern wird es ein heiliges Andenken sein. Dieses muß ich Dir noch erzählen, wie schön das Gebet unsres Lieben erhört wurde. Er rief in der Nacht aus: Du von oben herab bewahre mich vor langem Leiden! Dies Gebet ist schön erfüllt worden und gibt mir neuen Mut und Vertrauen, daß auch für mich die Vorsehung wacht und mich auch leiten wird bis zum Grabe. So leicht und schnell wie sein Geist rein und erhaben war, hat ihn nach den langen Leiden des Lebens Gott von uns gerufen. Eine lange tödliche Krankheit hätte seinen Geist tief gebeugt und der Anblick unseres Schmerzes.«[188]

Charlotte berichtete in dem Brief eingangs auch, wie sie

noch Schillers erkaltende Hand wärmte. Er war der erste Mensch, den sie sterben sah, »dieser einzige, der mir die ganze Welt war«.[189] Christophine reagierte rasch auf den Brief der Schwägerin, und in der Tat, diese hatte einen richtigen Instinkt gehabt: Nach Schillers Tod war Christophine von Besuchen überschwemmt worden, auch, weil sie Auskunft zu Schillers Tod geben sollte. Das war für sie überfordernd gewesen, denn sie war über die Maßen von Schmerz überwältigt, fast, als sei sie eine zweite Witwe: »Verzeihe mir, teuerste Frau Schwester, daß ich jetzt erst Deinen lieben Brief beantworte; aber ich war es nicht eher fähig. Tausendmal danke ich Dir für alles, was Du mir noch über unsern Verlust mitgeteilt hast; es war mir doch so viel Trost noch in der Fassung, womit Du mir das gesagt hast, daß auch ich alles anwenden will, mich auch mehr zu beruhigen, wozu mich eine stille Ruhe und Zurückgezogenheit noch am ersten bringen wird. So gut und teilnehmend meine hiesigen Freunde mir bei diesem Vorfall ihre Liebe bezeigen, so mußte es mir oft lästig werden, wenn sie mich mit so vielem Besuch überhäuften, welches mich außerordentlich geschwächt hat. Ich bin auch erst seit gestern wieder auf; ich habe einige Zeit liegen müssen, weil ich so äußerst kraftlos war und mich vor allem fürchtete, besonders wenn ich jemand kommen hörte. Auch, wie wenige Menschen treffen hierin das rechte Maß! Bei aller ihrer guten Meinung leidet man mehr, als wenn sie uns ganz unserer eignen Kraft überließen. Ach, meine Teure, ich drücke Dich an mein Herz, als das einzige Liebe, was mir der Geliebte auf dieser Welt noch zurückließ; denn alle übrigen Bande, womit mich die Natur zärtlich ans Leben knüpfte, sind nun aufgelöst.«[190]

Klar stand Christophine jetzt vor Augen, daß die Chancen darauf, einen Lebensabend im Kreise der Familie ihres Bruders zu verbringen, sollte Reinwald dereinst das Zeitliche segnen, allein noch an ihren Kontakt mit Charlotte geknüpft waren: Je inniger diese Beziehung sein würde, um so besser konnte sich das Vorhaben entwickeln – allein, es entwickelte sich überhaupt nicht mehr. Alle Beteuerungen von seiten Charlottes, so herzlich sie auch immer klangen, sollten darüber hinwegtäuschen, daß sie auf einen persönlichen Kontakt mit Christophine Reinwald in Zukunft mit einer Ausnahme verzichten würde.

Christophine fuhr fort: »Ich habe Augenblicke, wo ich nicht mehr hier leben mag; es zieht mich hinüber ins bessere Leben, und nur die strenge Pflicht gebietet mir, noch hier zu leben. Ich suche mir Beschäftigung, wenn ich Kräfte habe, auf; das ist noch das einzige, was mir auf einige Zeit meinen Schmerz lindert; aber bis jetzt habe ich wenig tun können, da ich ohnehin schon längst wieder die Schwäche fühle, wie voriges Jahr, da wir Euch Lieben noch besuchten. Ach Gott! Wer hätte das geahnt, da ich ihn so äußerst kraftvoll fand, wie ich ihn lange nicht sah. Wir verließen ihn mit der besten Hoffnung, daß, da er einmal diese Jahre bei seiner Kränklichkeit erreicht habe, er nun recht alt werden könnte; aber die Vorsehung hatte es anders beschlossen. Wie oft fällt mir jetzt sein Gedicht ein, *Melancholie an Laura*:

›Brich die Blume in der schönsten Schöne,
Lösch, o Jüngling, mit der Trauer-Miene,
Meine Fackel weinend aus.‹

Ach! Ich finde jetzt so viel in seinen Werken, das auf ihn selbst am passendsten ist; so wie in dem Gedicht auf *Rousseau* die letzte Strophe:

›Nicht für diese Welt warst Du –
Geh' Du hin zu Deinen Brüdern Engeln,
Denen Du entlaufen bist.‹[191]

Sein Andenken sei mir heilig und ermuntere mich zum Guten, zur Erfüllung meiner Pflichten, damit ich einst seiner würdig wieder mit ihr vereinigt werde. Ach, meine Teure! Laß mich Dir noch meinen Dank für alle die treue Liebe, die Du ihm in jeder Lage seines Lebens bewiesen hast, wiederholen. Du hast ihm manche Blume auf seinen Lebensweg gestreut; Du verstundst ihn, wie wenige ihn verstunden – das zarte, liebende Herz und den Geist voll hoher Erhabenheit, welcher sich schon von seinem zarten Alter an zeigte. Ich will Dir alles, was ich mich noch aus seinen früheren Jahren erinnere, aufschreiben, und Deinen Wunsch werde ich heilig befolgen, nichts von alledem jemand anderem mitzuteilen. Ich fühle das gewiß auch als eine Beleidigung gegen ihn. Ich habe es meinem Mann auch ernstlich vorgestellt, und er wird es auch nicht tun; obschon die unrichtigen Urteile in den Zeitungen ihn schon oft aufbrachten und er sie widerlegen wollte, so bat ich ihn, sich nicht dareinzumengen.

Es ist mir recht viel Trost, daß die lieben Kinder alle wohl sind. An diesen hast Du doch noch Freude, an diesen unschuldigen, unbefangenen Wesen, die noch nichts von ihrem Verlust ahnen. Gott erhalte nur diese Dir! Es wird Dir Trost werden, wenn Du in ihnen von seinen Eigenschaften entdecken wirst, und gewiß wirst Du es; wenn auch nicht die Höhe seines Geistes, doch das Liebende, Zarte, das mir so wohl tut; mich deucht, das haben sie schon, diese Lieben.«[192]

Schon bald, nur wenige Monate nach Schillers Tod, sollte Charlotte von Schiller sich trotz anhaltender Trauer an der wissenschaftlichen Erforschung des Talents ihres verstorbenen Mannes beteiligen. So war sie bei den Vorträgen des Wiener Arztes Franz Joseph Gall zu seiner ab 1796 in Privatvorlesungen in Wien propagierten Schädeltheorie im August 1805 anwesend. Diese Theorie war so aufsehenerregend gewesen, daß Kaiser Franz II. sie bereits 1801 selbst aufgrund des in ihr verkörperten Materialismus, der für ihn wiederum religions- und moralfeindlich war, hatte verbieten lassen, woraufhin Gall Österreich 1805 für immer verließ.[193] Auch in Weimar und Jena hatte Gall enormen Zulauf, die Herzogin Anna Amalia selbst war, von Wieland begleitet, nach Jena gefahren, ebenso ihr Sohn, Herzog Carl August, um Gall zu erleben. Dieser sezierte vor seinem Publikum menschliche Hirne, verglich Schädel und behauptete ganz richtig, bestimmte Teilgebiete des Geistes seien bestimmten Teilen der Großhirnrinde topographisch zuzuordnen. Er stellte darüber hinaus aber auch die – unhaltbare – These auf, die geistigen Kräfte des Menschen spiegelten sich auch an der schützenden Haut des Hirns, dem Schädel, ab. Genialität sei also an der Schädelformung abzulesen, was schon damals kontrovers diskutiert wurde. Gall war insbesondere an den Schädeln verstorbener Genies interessiert, so auch an dem Schillers. Da Schillers Tod aber erst kürzlich erfolgt war, konnte er mit einer Überlassung des Schädels nicht rechnen, auch aus Pietätsgründen. Hier behalf er sich nach Erlaubnis durch Charlotte von Schiller mit einem Abguß des

Schädels, der ausgehend von der Totenmaske unmittelbar nach Schillers Tod angefertigt worden war.[194] So erklärt sich die Teilnahme Charlottes an den Kursen, sollte doch auch ihr Mann zum Beweis für die Schädeltheorie gelten dürfen und somit ein wissenschaftlicher Beweis für seine Genialität geführt werden können.

Interessant in diesem Zusammenhang ist die Tatsache, daß viele Jahre später, 1822, Christophine Reinwald Exzerpte und Aufzeichnungen just aus der Publikation *Gall in Wien* niederlegte.[195] Warum sie das zu diesem Zeitpunkt tat, wissen wir nicht. Eigentümlich ist jedoch, daß sie, die sonst nie für naturwissenschaftliche Theorien Enthusiasmus zeigte, in diesem Punkte eine Ausnahme machte. Zu vermuten wäre eine Empfehlung durch Charlotte von Schiller, mit der der Austausch über die Schillersche Genialität und »Heiligkeit« wie beschrieben immer neu geführt wurde, ja dieser ein Hauptband zwischen den Frauen war.

Im Jahr 1805 war es endlich zur Ernennung Wilhelm Reinwalds zum Hofrat gekommen, eine lang erwartete Anerkennung seiner Dienste in siebenundvierzig Jahren. In Christophines Brief an Charlotte vom 14. Oktober wurde das Thema angeschnitten, sie findet aber auch Gelegenheit, Charlottes Schwager Wolzogen in ihre guten Wünsche einzubeziehen, der inzwischen als Oberhofmeister bei der Erbprinzessin Weimars, Maria Pawlowna, in Diensten stand und kränkelte. Dies bringt sie auf eines ihrer Lieblingsthemen: die Verkörperung von Anmut, Seelen- und Geistesgröße in einer hochadligen jungen Frau, wie es Maria Pawlowna war: »Jedes, das sie gesehen hat, sagt einstimmig, daß sie mehr einem ätherischen als menschlichen Wesen gleiche. Es ist fast unbegreiflich, wie auf dem rauhen Boden Rußlands so eine zarte Blume ausdauern konnte.«[196] Doch als sei es unstatthaft, im Trauerjahr um Schiller wieder von den weiblichen Idealfiguren zu beginnen, fügt sie einen letzten Abschnitt an, der wiederum ihr Bekenntnis zur geliebten *Jungfrau von Orleans* darstellt. »Meine liebsten Unterhaltungen sind jetzt unsers ewig Teuern Schriften; immer liegt ein Band neben meinen Arbeiten. Jetzt erst schöpfe ich Trost und sogar oft Heiterkeit aus ihnen: Denn es ist ein ewiges Wiedersehen. Seine *Jungfrau* bleibt meinem Herzen doch immer das liebste. Ich weiß nicht, es ist ein verwandter Geist drinnen, der mehr als alles andere zu meinem Herzen spricht; ich kann ihn mir in derselben noch mehr vergegenwärtigen, und dann träum' ich von ihm, weil ich meistens in der Stille der Nacht sie lese. Lebe wohl, Du ewig Teure! – Deine treue Schwester Reinwald.«[197]

Christophine Reinwald durfte sich am 1. Februar 1806 brieflich auch für Gaben aus Weimar bedanken. Sie hatte ein weiteres Schiller-Porträt sowie andere Geschenke, sicherlich als Weihnachts- oder Neujahrsgabe, erhalten. »Das Bild vom lieben Bruder werde ich als ein Heiligtum bewahren; es sieht so leidend aus, als wenn er damals schon krank gewesen wäre; aber er war doch schöner, Liebe, als er auf allen Bildern erscheint.«[198] Daneben bemerkt sie, daß sie das vorletzte Werk Schillers, das vor dem unvollendet gebliebenen *Demetrius* entstandene *Die Huldigung der Künste* zum großen Teil schon auswendig konnte, weil es sie so sehr ergriffen habe. Und erneut wird Schiller mit dem Wort »heilig« verbunden, wenn Christophine der Schwägerin den Rat gibt, sich gelegentlich zu zerstreuen, »damit Dein Herz wieder einigen Ersatz in der Liebe Deiner Kinder und Deiner Freunde finden kann. Ach, ganz ersetzt kann er nie werden, das fühle ich wohl; denn wo wäre der, der mit ihm zu vergleichen wäre! Das bleibt uns nur heilig; es wird niemand ganz darüber begreifen.«[199] Schließlich, nach einem Lob der Freundschaft zu wenigen, ausgesuchten Menschen, vertraut sie der Schwägerin ein neues Projekt an: »Ich gehe schon so lange mit dem Vorsatz um, von den drei Porträten, die ich vom lieben Bruder habe, das, was mir das ähnlichste deucht, zusammenzusuchen und mit meiner Idee zu verbinden; aber die beständigen Unruhen, die um mich herum sind, und die Jahreszeit, die mich in unserm Wohnzimmer festhält, wo man so etwas gar nicht vornehmen kann, haben mich immer verhindert. Doch habe ich Hoffnung, daß es nun bald geschehen kann; ich will wenigstens einen Versuch machen; da sein Bild so sehr in meinem Herzen gegenwärtig ist, so sollte wenigstens meine Hand doch etwas Ähnliches nachbilden.«[200] Ob es sich bei dem zuletzt erwähnten Geschenk um das Porträt handelt, das Ludovike Simanowiz 1793 und 1794 vom jugendlichen Schiller machte, und ob das Porträt, das Christophine anfertigte, jene Zeichnung war, auf der das Leidende des Gesichtsausdrucks, aber auch die Jugendlichkeit noch verstärkt wurden, kann nicht mit Sicherheit gesagt werden. Jedenfalls ist die Zeichnung nach 1794 zu datieren, und ihr Vorbild war das Schillerporträt der Freundin Simanowiz. Im nächsten Brief Christophines an Charlotte vom 16. April 1806 wünschte sie sich erneut eine größere Nähe zur Familie der Schwägerin, gerade in der Erziehungssituation: »Es ist schade, daß mein Mann nicht zuweilen die lieben Kinder um sich hat, die so eine große Neigung zu Sprachen äußern; er könnte ihnen vielleicht nützlich sein, und jene würden ihm Freude machen. Er wunderte sich sehr, daß sie schon den Homer griechisch lesen.«[201] Carl war zwölf Jahre alt, Ernst neun, darum

14. Christophine Reinwald, Friedrich Schiller, Tuschpinsel auf Papier, 1817 oder früher (DLA).

konnte Christophine Reinwald nicht umhin, den verstorbenen Bruder anzuführen, der noch zeitiger mit dem Erlernen der alten Sprachen angefangen hatte: »Auch der liebe Selige hatte schon in seinem sechsten Jahr Griechisch lernen müssen bei dem Herrn Pfarrer in Lorch, der ein besonders gelehrter Mann war. Ach Gott, wie oft denke ich an alle die Jugendszenen! Carl hat erstaunlich viel in seinem Wesen von seinem Vater, besonders das Kindliche, Jungfräuliche, und sieht ihm auch gleich, nur daß der liebe Fritz noch zarter von Körper war. Ernst hat in den festen Zügen etwas Ähnliches mit unserm Vater.«[202] Das Kinderaussehen der Jungen veränderte sich aber später wohl in umgekehrter Weise – als Erwachsener war es Ernst, der nach Aussagen vieler gemeinsamer Bekannter dem Vater wesentlich ähnlicher sah, und von den Töchtern sah wohl Emilie ihrem Vater ähnlicher als Caroline.

Auch die schlimmen Stunden der napoleonischen Plünderungen nach der Schlacht von Jena und Auerstedt im Oktober 1806, die Schillers Witwe mit ihren Kindern im sichereren Rudolstadt bei ihrer Mutter verbrachte, waren für Christophine Anlaß, erneut Schillersche Verse zu zitieren. Fast einer Bibel gleich wurde ihr das Werk des Bruders zur Trostliteratur: »In ruhigen Stunden unterhalte ich mich mit unserem teuren Schiller. In seiner *Glocke* fiel mir die Stelle jetzt besonders auf:

›Gefährlich ist, den Leu zu wecken,
Und grimmig ist des Tigers Zahn;
Jedoch das schrecklichste der Schrecken,
Das ist der Mensch in seinem Wahn.‹«[203]

Sie war letztlich froh darüber, daß der friedliebende Schiller diesen Krieg nicht mehr miterlebt hatte.

Im Jahr darauf reisten Reinwalds noch einmal zu den Erfurter Verwandten, doch Charlotte war abwesend, vergrub sich in schwermütigen Betrachtungen und gestand: Ein Wiedersehen mit Christophine würde ihren Schmerz erneut aufwühlen, den sie per Brief wohl zu beherrschen glaubte, nicht aber im persönlichen Kontakt. Außerdem fürchtete sie sicherlich, konfrontiert zu werden mit zärtlichen Jugenderinnerungen Christophines, die »ihren« Schiller womöglich zerstören konnten – hier wird der autokratische Anspruch der Schillerwitwe deutlich, die sich von der Schwägerin abgrenzen wollte:

»Dein lieber Brief, meine gute Schwägerin, hat mir viel Freude gemacht, und die Liebe, mit der Du meiner und der Kinder denkst. Wäre ich hier gewesen, als Du in Erfurt warst, so hätte ich es möglich gemacht, Dich zu sehen; so schmerzlich mir unser Wiedersehen gewesen, so ist es eine Art von Schmerz, dem ich nicht ausweiche; denn wir können nicht genug weinen, und ich möchte lieber weinen als mich freuen müssen oder den Anschein der Freude haben, denn Freude habe ich auf der Welt nicht mehr zu suchen! – Teure, liebe Schwester! Du fühlst meinen Schmerz; aber so sehr Du Deinen Bruder liebtest, so gern Du um ihn warst, so hattest Du doch die Gewohnheit nicht, mit ihm zu leben. Diese Einsamkeit, die ich oft fühle, da sich mir sein ganzes schönes Wesen enthüllte, da er allen meinen Fähigkeiten des Geistes und Gemütes eine höhere Richtung gab – durch das Streben nach seinem Geist mich bewegte, und ich mich in einem erhöhten Dasein fühlte, wenn er sich mir mitteilte – wie trüb und leer müßte mir das Beste jetzt erscheinen, nach diesem schönen Leben! Nur in meinen Kindern, in denen ich mich über die Ähnlichkeit mit ihrem geliebten Vater erfreue, kann ich noch eine Existenz finden, und in der Freude an ihrer Entwicklung.«[204] Der depressive Ton war neu für die sonst so pragmatische Charlotte von Schiller. Dem Brief legte sie den letzten Teil von Schillers theatralischen Werken, den *Tell* und Übersetzungen verschiedener Werke sowie ein weiteres Porträt Schillers, gestochen von Autenrieth, bei. Christophine beantwortete den Brief erst am 26. Dezember 1807 und bedankte sich besonders für das Porträt, das sie als besonders ähnlich bezeichnete – es war nach der Dannecker-Büste gearbeitet. Auch sie hatte mit depressiver Verstimmung zu tun, seit Schiller tot war. Sie gestand daher der Schwägerin: »Doch, liebe Teure, ihm ist ewig wohl; sein Geist ist frei von allem, was uns noch so manches zu leiden gibt. Es ist keine Freude, oder wenig mehr in dieser Welt zu erwarten, nur noch höchstens im kleinen, stillen Familienkreise, in tätiger, unbemerkter Eingezogenheit. Oft wünschte ich mich, besonders in den langen Abendstunden, zu Dir und den lieben Kindern, um die ganze Welt vergessen zu können, die mir nichts mehr geben kann!«[205]

Das Jahr 1809 verging und endete mit dem Tod desjenigen, der seit Schillers Tod die Vaterrolle für die Kinder eingenommen hatte: Wilhelm von Wolzogen, der Mann von Charlottes Schwester Caroline, verstarb an der Kopfgicht bei einer Kur in Wiesbaden am 17. Dezember des Jahres. Charlotte stabilisierte sich hingegen, sie begann wieder zu zeichnen. Im Januar 1810 beschritt Christophine in einem Brief an die Schwägerin einen Weg, der für ihre bescheidene Natur ungewöhnlich anmutet. Sie zeigte sich kämpferisch, zumal es um das Nachwirken ihres Bruders ging: Johann Wilhelm Petersen, ein Freund Schillers von der Hohen Carlsschule her, hatte in zwei Zeitschriften 1805 und 1807 Fragmente seiner geplanten Schrift über die Jugend Schillers veröffentlicht. Christophine war empört und wollte zeigen, daß sie zumindest für die Jugendzeit des Dichters die Deutungshoheit besaß: »Neulich las ich eine Ankündigung von Cotta, daß nächstens eine Geschichte von Schillers Jugendjahren von Petersen im Druck erscheinen würde. Nun habe ich schon voriges Jahr Bruchstücke [...] gelesen, welche höchst auffallende Stellen über unsern Vater enthielten, und ich finde mich genötigt, diese Unwahrheiten wo möglich nicht der Publizität auszusetzen. Da ich aber mit Cotta in gar keiner Bekanntschaft stehe, so bitte ich Dich, liebste Frau Schwester, an ihn zu schreiben oder schreiben zu lassen, daß er, wofern es noch nicht unter der Presse ist, das Manuskript uns zuschicke, damit wir es erst sähen und das, was zum Nachteil unsrer Familie und Unwahrheit ist, änderten. [...] Unbegreiflich ist, wie Cotta so etwas aufnehmen konnte, und wie er dem guten Sohn zutrauen mochte, daß er auf Kosten des Vaters erhaben sein wollte! – Denn das war doch die Tendenz, daß der Verfasser zeigen wollte, daß Schiller alles aus sich selbst geworden wäre. Das wird auch niemand bezweifeln. Aber wozu muß denn der Vater gerade von der widrigsten Seite gezeigt werden? Der hat eigentlich gar nichts hier in dieser Geschichte zu tun.«[206] Die Schrift erschien niemals, vermutet wird tatsächlich eine Intervention Charlotte von Schillers.

1810 ging der sechzehn Jahre alte Carl von Schiller zu Ausbildungszwecken nach Tübingen und besuchte auf der Hinreise die Reinwalds. Doch daß seine Mutter ihre Schwägerin auf einer Reise im Herbst des Jahres, die sie nach Würzburg und Heidelberg führte, nicht besucht hatte, war Christophine unerklärlich. Charlotte hatte es so begründet: »Ich möchte Dir recht fühlbar machen, daß mein Herz es nicht über sich gewinnen konnte, nach Meiningen zu kommen, aus Liebe zu Dir, zu unserem ewig Geliebten! [...] Ich habe den Weg über den Thüringer Wald genommen, weil es mein Herz zerrissen hätte, Dich zu sehen und nicht lange sehen zu können; wir hätten nur weinen können; mein Herz fühlte sich nicht stark genug, und deswegen, liebe gute Schwester, wirst Du mir es verzeihen, mir's nicht für Kälte gegen Dich auslegen.«[207] Der übrige Brief spricht von den Arrangements, die Charlotte von Schiller in ihr bekannten adligen Häusern Heidelbergs für den sechzehnjährigen Sohn traf, der schließlich in Heidelberg studieren sollte. Sie beschreibt der Schwägerin auch die Fahrt nach Stuttgart, die sie mit Carl anschließend unternahm, wo sie die kolossale Schiller-Büste (von Dannecker) sah und in Ludwigsburg das Haus, in dem sie den Erstgeborenen zur Welt gebracht hatte.

Doch diesmal war Christophine allzu sehr getroffen, als daß sie mit dem Tuch unendlicher Familienliebe diese Kränkung hätte wegwischen oder zudecken können. Wahrscheinlich war eben jene Kälte gegen Christophine, als die sie ihr Verhalten nicht auslegen sollte, Grund gewesen, Meiningen zu meiden. Sie mußte sich auf das Wichtigste konzentrieren: alles nur Denkbare für den Sohn zu tun. Christophine leitete den Brief durch eine Beschreibung derzeitiger Leiden ein, Augenschwäche, Empfindlichkeit, innere Krämpfe – sie interpretierte sie als eine Folge »so mancher Leiden, die mein Herz schon in der langen Reihe von Jahren durchgemacht hat«, um dann mutig fortzufahren: »Daß Du in unserem Vaterland warst, verehrte Frau Schwägerin, hat mich freilich sehr überrascht, indem ich mir's nicht möglich dachte, daß Dich der nächste Weg dahin nicht über hier führen sollte. Außerdem mußte ich mich freilich wohl bescheiden, Dich nicht gesehen zu haben, sobald ein andrer Weg dahin mir möglich schien; dies tat mir freilich sehr weh, und ich gestehe Dir, daß ich aus diesen Gründen nicht sogleich Deinen Brief beantworten konnte, weil ich fürchtete, etwas von dieser Empfindung zu äußern. Jetzt habe ich das alles von mehreren Seiten überlegt und kann ruhiger dabei sein.«[208]

Den Kontakt zur Familie Schillers wollte sie jedoch bewahren. So schluckte Christophine Reinwald nach zwei Monaten Bedenkzeit auch diese bittere Pille und schloß den Brief mit versöhnlicheren Themen. Sie fühlte nun jedoch, daß die Schwägerin ihr etwas schuldig war, und klagte dies ein, denn sie wollte nach wie vor in Meiningen Vorposten der Schiller-Verehrung und -Kenntnis bleiben. Dazu fehlte ihr aber ein wichtiger Teil, den Charlotte von Schiller liefern sollte: »Ich möchte Dich wohl bitten, liebste Frau Schwägerin, daß Du die Güte hättest, mir einmal die Ordnung der dramatischen Werke vom lieben Bruder zu schreiben (wie er sie gemacht hat); ich weiß, daß die *Räuber* das erste war, dann *Kabale und Liebe*, dann *Fiesco*; nicht wahr, dann *Don Carlos?* Weiterhin habe ich die Folge vergessen.«[209]

Erst ein Jahr später, am 21. Dezember 1811, wurde der nächste erhaltene Brief aus der Korrespondenz der beiden Frauen verfaßt. 1812 dann erhielten die Reinwalds erneut Besuch von Carl von Schiller. Der Besuch machte Lust auf weitere, Christophine schreibt: »Mich verlangt nun auch herzlich, den lieben Ernst zu sehen, überhaupt alles, was mir noch in jener Gegend teuer ist. Ich habe keine Aussicht, bei dem Alter und der Pflege meines Mannes auf eine Reise zu hoffen.«[210] In der Tat, so geht es aus dem nächsten Brief Christophines hervor, besuchte Ernst im Jahre darauf (1813) seine Tante, und erneut diskutierte sie daraufhin brieflich dessen Ähnlichkeit mit Schiller: Sie sei vorhanden, aber nicht so ausgeprägt wie bei Carl. Aus dem Juli 1814 dann stammt ein neuerlicher Brief Charlottes, die der Schwägerin empfahl, sich für einige Zeit aus der drückenden Pflege des alten Reinwalds zu lösen, um selbst Kraft zu tanken, zumal auch Christophine weiterhin kränkelte und unter depressiven Verstimmungen litt. Carl von Schiller hatte sich in diesen Jahren zum sächsischen Heeresdienst als Ulan gemeldet, doch nach kurzer Zeit wieder davon gelöst, um in seinem ursprünglichen Gebiet, dem Forstwesen, tätig zu werden. Für beide Söhne war in Sachsen-Weimar, anders als direkt nach dem Tode Schillers von Maria Pawlowna versprochen, keine Stelle in Aussicht. So mußte Carl von Schiller im Württembergischen Arbeit suchen und Ernst etwas später im preußischen Köln. Ende März 1815 erhielt Christophine im übrigen einen Brief der knapp fünfzehn Jahre alten Nichte Caroline von Schiller – wir erinnern uns: Die Tante hatte das Kind erst einmal gesehen, 1804. Caroline berichtet, daß sie vor kurzem konfirmiert worden sei, und bittet um den Segen der Tante. Dann wird sie mutig: »Weil Sie selbst so schön zeichnen, will ich Ihnen eine kleine Probe schicken, damit Sie sehen, daß ich mich auch damit beschäftige. Auch bitte ich Sie recht sehr, mir eine von Ihren Zeichnungen zu schicken, damit ich sie zum Muster nehmen kann. [...] Ihre treu ergebene Nichte Caroline von Schiller«[211] Mit diesem Schreiben begann eine äußerst liebevolle Beziehung zwischen Nichte und Tante, die mit Korrespondenz und Besuchen verbunden war und von einem seelischen Gleichklang zeugte.

Ende Juli 1815 berichtete Christophine, daß das Ehepaar mittlerweile die Tochter des verstorbenen Bruders ihres Mannes, die Vollwaise Therese Reinwald aus Kranichfeld bei Weimar, in ihren Haushalt aufgenommen hatte, ein vierzehn Jahre altes Mädchen, das der allmählich alternden Christophine zur Hand ging und offenbar sehr gutartig war.

Auf den 10. August dann ist ein Brief datiert, der von Reinwalds sanftem Hinscheiden am 6. August berichtet: »Teuerste Frau Schwägerin! Die immer zunehmende Schwäche meines Mannes, wovon ich Dir in meinem letzten Briefe meldete, hat die gütige Vorsehung in einen sanften Tod aufgelöst. Er starb den 6. August vormittags halb zehn Uhr, nachdem er vierzehn Tage zuvor an bösem Magen, geschwollenen Füßen und großer Beängstigung viel gelitten hatte. Doch hat ihm Gott sein Ende erleichtert, daß er wahrscheinlich die letzten Stunden nichts mehr empfunden hat. Obwohl ich mir seinen Verlust längst vorstellen mußte, so hat er mich doch hart erschüttert, da wir neunundzwanzig Jahre lang doch so manches miteinander erfahren haben. Gott belohne ihn in der bessern Welt für seine Rechtschaffenheit und Treue in seinen Berufspflichten. [...] Ich verliere an ihm einen treuen Gatten, der, seiner körperlichen Leiden unerachtet, mir doch so manche frohe Stunde durch seinen gebildeten Geist und seine vielen Kenntnisse machte, die er bis ans Ende seines Lebens noch zu vermehren suchte, welches mir so achtungswürdig war. Der redliche Mann hat auch zu meinem künftigen ruhigen Aufenthalt hier mir in den letzten Tagen noch ein kleines Eigentum angekauft, damit ich nicht genötigt bin, den Launen anderer ausgesetzt zu sein: ein kleines Häuschen, das ganz nach meinem Geschmack ist [. . .]. Meine kleine Nichte hat sich bei dieser Gelegenheit sehr gut betragen; ich will sie bei mir behalten, da sie eine arme Waise ist, und ich müßte doch jemand haben. Sie hängt mit kindlicher Liebe an mir, pflegt mich wie ihre Mutter. Wie sonderbar, daß dieses Mädchen noch vor meines Mannes Tod mußte aufgenommen werden! Nachher hätte ich es nicht gewagt, da ich noch nicht wußte, wie sie sich betragen würde. Gott hat alles so gelenkt! Ich erkenne in allen diesen Vorfällen seine Führung, und ich darf mit Ruhe in die Zukunft blicken, weil ich ihm vertraue. Gott erhalte mir nur meine Lieben alle, die noch übrig sind, und stärke sie in allen ihren Unternehmungen; so blühen auch noch Freuden auf meinem Lebenswege!«[212]

So hatte die zweite große Lebensphase Christophine Reinwalds, die Ehe, ihren Abschluß gefunden. Gelassen, als Hauseigentümerin und begleitet von einem jungen, ihr zugetanen Mädchen, ging sie daraus hervor, in dem Bewußtsein, einem einsamen Mann in den neunundzwanzig Jahren einer über lange Strecken problematischen Ehe das Leben erleichtert und bereichert zu haben.

9. WITWENJAHRE (1815-1847)

Christophines Witwenjahre waren, verglichen mit ihrem Dasein als Tochter und dem als Ehefrau, der längste Abschnitt in ihrem Leben. Er währte immerhin zweiunddreißig Jahre und sollte einige Veränderungen mit sich bringen, darunter mehrere Umzüge sowie eine größere und verschiedene kleinere Reisen.

Das Haus, das Reinwald ihr gekauft hatte, als er schon bettlägerig war, befand sich in unmittelbarer Schloßnähe mit der Adresse Burggasse 13. Es war der Erbin schon nach kurzer Zeit zu feucht und bedrückend niedrig.

Charlotte von Schiller hatte Christophine nach dem Tode ihres Mannes in einem (verlorenen) Brief nach Weimar eingeladen, doch leider kam es nie zu einer derartigen Begegnung, wenngleich Charlotte von Schiller im nächsten Brief ihre Einladung wiederholte. Christophine Reinwald plante schon 1816, nach Süddeutschland zu reisen, um ihre Schwester Louise wiederzusehen, wie sie Charlotte mitteilte: »Von meiner Schwester Louise habe ich gute Nachrichten; sie besteht darauf, daß wir uns dieses Jahr sehen sollen, da es schon zwanzig Jahre nicht geschehen ist und da wir doch beide nicht mehr jung sind, also leicht eine Änderung mit uns werden kann. Ich habe mich daher entschlossen, dieses Spätjahr hinzureisen, im Fall meine Gesundheit so ist, daß ich diese Reise unternehmen kann, ohne Furcht lästig zu werden, welches jetzt immer noch mich ängstigt.«[213] Zuvor sah Christophine Charlottes Schwester Caroline von Wolzogen in Meiningen. Diese umtriebige, nie an einem Ort seßhafte Frau stiftete sie wahrscheinlich zu mutigen Reiseplänen an: »Ich fühle, daß die Anwesenheit Deiner Frau Schwester einen sehr großen Einfluß auf mein Gemüt hat; so jemand wie sie bedurfte mein Herz, das in so manchen Weltverhältnissen immer ein Kind bleiben, aber, von ihrer Klugheit und Welterfahrenheit unterstützt, vielleicht auch noch einmal sich in die Welt schicken lernen wird. Diese Sprache klingt freilich sehr sonderbar für eine Frau von neunundfünfzig Jahren, und doch ist sie wahr. Eigentlich möcht' ich mich von so manchen lästigen Verhältnissen hier losmachen können, und doch geht es nicht ganz, weil man doch diese Menschen auch wieder braucht und nicht allein alles bewirken kann; besonders brauche ich jetzt oft als Witwe Rat. Meine Reise nach meinem Vaterlande wird etwas für diese Absicht beitragen; ich kann dann, wenn ich wiederkomme, eine andere Einrichtung machen.«[214]

Höchstwahrscheinlich wollte Christophine Reinwald auch Zugriff auf die von der Schwester Louise für sie angelegten Gelder aus der Erbschaft der Mutter erhalten, um so die »andere Einrichtung« in Meiningen vornehmen zu können. Im selben Brief erklärte sie sich allerdings auch als schonungsbedürftig, schlaflos und einsam. Erneut empfahl sie sich Gott in dieser Lage und beschwor am Ende des Briefs erneut ihren Bruder als neben Gott einzigen, der in der Lage sei, ihr in verzweifelten Lagen Mut zuzusprechen: »Oft ist mir auch, als ob der Geist unsers Geliebten mir Mut einspräche, wenn ich mich so allein fühle und von allen losgerissen mich wähne, und ich möchte dann gern gegen alles Äußere mich verschließen, um diese Empfindungen festzuhalten, die mir so wohltun.«[215]

Schon im Januar 1817 verkaufte Christophine ihr Haus und besuchte ihre Schwester Louise und Familie in Möckmühl in Schwaben. Die Nichte Therese begleitete sie. Doch sie fühlte sich dort nicht wohl. Der Ort kam ihr unsauber vor, im Kontrast dazu huldigten die Frauen dort einem ihr unangemessenen Luxus in Kleidung.

Der nächste Brief Christophines nach Weimar wurde schon aus Marbach expediert, wohin sie, ohne Therese, im November 1817 gezogen war. Sie kehrte also zu ihrem Geburtsort zurück, den sie mit großer Wahrscheinlichkeit auch als Aufenthaltsort gewählt hatte, um ihrer Jugendfreundin Ludovike Simanowiz wieder näher zu sein, die in Ludwigsburg lebte.

In dieser Zeit beschäftigte sich die in Marbach ansonsten isolierte Christophine mit einer ausführlichen Exzerpierarbeit. Sie nahm sich die deutsche Ausgabe der Reisebriefe der Lady Montague während ihrer Reisen in Europa, Asien und Afrika vor, ein Buch, das damals bereits seit mehreren Jahrzehnten in Europa Furore machte und höchstwahrscheinlich zahlreiche Frauen dazu inspiriert hatte, eigene Reisen zu unternehmen.[216] Wir wissen etwa auch, daß das Buch in Herzogin Anna Amalias Bibliothek vorhanden war und die Herzogin zu ihrer eigenen Italienreise angeregt hatte. Christophine dagegen beschäftigte sich mit dem Werk vermutlich zunächst aus Wißbegierde. Sie konzentrierte sich in ihren Exzerpten insbesondere auf die Erlebnisse der Lady Montague in Rom, Venedig und Neapel, doch trat sie selbst eine Italienreise nie an. Stattdessen unternahm sie damals einige längere Ausflüge in die nähere Umgebung: immer wieder nach Stuttgart, wo sie mehrere Bekannte hatte, sowie auch aufs Land – dort lebte eine Pflegetochter von Ludovike Simanowiz.[217]

1819 sollte Charlotte von Schiller gemeinsam mit der

Tochter Caroline die Schwägerin in Marbach besuchen – ein letztes Treffen der beiden älteren Damen. Danach litt Christophine unter gesundheitlichen Problemen, eine schon zuvor einmal überstandene Brustentzündung hatte sich 1820 erneut eingestellt. Daß sie in dieser Situation nicht nach Meiningen zurückgegangen war, war letztlich der guten Pflege einer Marbacher Verwandten der Kodweißschen Linie namens Reinhard[218] zu verdanken. Der eigentliche Wunsch jedoch blieb erneut unerfüllt, nämlich mit Ludovike Simanowiz an einem Ort zu leben. Er scheiterte an Christophines zu geringen Geldmitteln: »Ihr Wunsch und der meinige war es längst, daß ich nach Ludwigsburg ziehen möchte, wo ich freilich in vieler Rücksicht mehr Genuß für Geist und Herz hätte; allein die zu teure Hausmiete und manche Lebensbedürfnisse lassen mich diesen Wunsch immer reiflicher überlegen.«[219] Klug und letztlich gelassen wurden von Christophine Reinwald erneut die Güter gegeneinander abgewogen, und auch Ludovikes weltläufige Persönlichkeit und die Zuneigung zu ihr konnte keine Entscheidung für das Leben in Ludwigsburg provozieren: Trotz ihres Hangs zum Idealischen blieb sie bodenständig. All diese Pläne hatte sie mit der Freundin jeweils in den Sommermonaten 1818 bis 1820 in Erdmannshausen besprechen können, wo die Freundin ihren Bruder, der als Pfarrer dort lebte, jeweils für einige Wochen besuchte. In dieser Zeit, wahrscheinlich 1820, fertigte Ludovike Simanowiz ein schönes ovales Altersbildnis Christophines an. Der lebendige Kreis von interessierten Menschen dort zählte zu den bereichernden Erfahrungen der Schillerschwester. Sicherlich hatte sie sich den kometenhaften Aufstieg der Freundin Simanowiz als Malerin vergegenwärtigt, aber auch deren damalige Lage, in der sie Zeichen- und Malunterricht geben mußte, um, wie sie selbst früher, genügend Geld für den Haushalt und die Pflege des Mannes zu verdienen. Tatsächlich hatte in Ludovike Simanowiz' eigenem Kunstschaffen ab 1800 wenig Entwicklung mehr stattgefunden, also mit dem Eintreten der Krankheit ihres Ehemanns.

Christophine Reinwald hingegen, die all ihr Leben nur hatte darben müssen, hatte zwar weiterhin nur wenig Geld, aber viel mehr Zeit als früher und widmete sich daher verstärkt dem Malen und Zeichnen, trug etwa bei den langen Spaziergängen, die ihr täglich eine Notwendigkeit waren, immer Blumen mit nach Hause, die sie dann abzeichnete. Vermutlich hat sie all diese eingetretenen Veränderungen in den beiden Schicksalen wiederum unter dem gnädigen Wort der »Vorsehung« verbucht. Es trat jedenfalls keinerlei Trübung im Verhältnis der Freundinnen ein, eher kam es zu einer Intensivierung der Freundschaft.

1821 konnte sich Christophine eine Kur in Bad Cannstatt leisten und lernte dort eine Stuttgarter Dame, die wesentlich jüngere Offizierswitwe Frau von Langen, kennen, mit der sie sich anfreundete. Die beiden Damen entschieden, daß sie künftig zusammenleben wollten, so daß Christophine Reinwald nach Stuttgart übersiedelte. In ihrem letzten erhaltenen Brief an Charlotte von Schiller begründete sie diesen Umzug einerseits damit, daß sie von Stuttgart aus viel einfacher (und daher weniger kostspielig) Kuren in Bad Cannstatt machen konnte, die sie so notwendig brauchte, und andererseits mit dem sozialen Aspekt: »Das Alleinsein in Marbach, das mir im Anfange wohltätig war, da ich nach den vielen Beschäftigungen, die meines Mannes Tod nach sich zog, mich nur nach Stille und Ruhe sehnte, wollte doch in der Folge meinem Gemüt, das manche traurige Erfahrungen ernst stimmten, nicht mehr zusagen. Ich vermißte einen Umgang, der meinem Herzen teilnehmend entgegenkam; meine Verwandten füllten diese Lücke nicht aus, ob sie mir gleich viele Freundschaft erzeigten, und ich opferte ihnen meine Zeit, ohne die Freude zu haben, daß im Ganzen das erreicht wurde, was ich hoffte.«[220]

Damals war Christophine Reinwald vierundsechzig Jahre alt. Genau wissen wir nicht, was sie im Umgang mit den Verwandten vermißte, vermuten können wir womöglich geistige Betätigung, literarisches Interesse, kurz all die Freuden, die ihr Leben in Meiningen immerhin bereichert hatten. Doch nennt sie auch ökonomische Gründe, die zu der raschen Neuorientierung geführt hatten. All dies war offenbar gut überlegt, zeigt aber auch ihre trotz der gesundheitlichen Probleme ungebrochene Lust am Leben und der Veränderung, zumal sie jetzt keiner mehr maßregelte. Zum Jahreswechsel 1822 erhielt Christophine einen Brief ihrer Freundin Ludovike, die annehmen mußte, daß sie sich in der selbstgewählten Gemeinschaft noch wohl fühlte: »Ich bin oft in Gedanken bei Euch und besonders bei Dir. Ich sehe im Geist Dein Haus, Dein Zimmer und Dein ganzes Treiben. [...] Ich kann mir vorstellen, wie gerne Du in Stuttgart bist. Ich habe eine Vorliebe für Ludwigsburg. Jede Stelle hier erinnert mich an angenehm durchlebte Zeiten, oft durchstreife ich die nähere Umgebung und träume mich innig in die Vergangenheit zurück.«[221]

Letztlich zeigte Christophine, daß sie fähig war, kluge, der Situation angemessene Entscheidungen zu treffen. So glaubte sie schon binnen Jahresfrist zu bemerken, daß ihr die Stuttgarter Luft nicht guttat, und suchte nach einer Lösung, die sich prompt auch 1822 bot: Sie empfing im Sommer des Jahres den Besuch ihrer alten Meininger Freundin Louise Heim. Auch diese war wesentlich jünger als die Schillerschwester. Sie war die Tochter des Geheimrats Johann Ludwig Heim aus dem wohlhabenden und kultivierten Haus, in dem schon Reinwald als junger Bibliothekar verkehrt hatte. Sie war unverheiratet, gebildet und gewöhnt, mit ihrem Geld zu machen, was sie wollte, etwa auf langen Spaziergängen durch den Thüringer Wald geologische Studien zu betreiben, zu denen sie von ihrem Vater angeleitet worden war. Louise Heim nun strebte an, eine Reise in die Schweiz zu unternehmen. Allein wäre das unschicklich gewesen, daher bot sie ihrer Freundin Christophine an, die Reisekosten zu tragen, wenn diese sie begleiten würde.

So schloß sich dem Besuch am 3. Juli 1822 eine dreimonatige Schweizreise an – für Christophine ein einzigartiges Erlebnis. Sie verfaßte ein Brieftagebuch[222] von dieser Reise, die die beiden Frauen von Stuttgart über den Rheinfall bis nach Zürich führte. Gewidmet war dieses im Grunde sehr konventionelle und auch nicht besonders ausführliche Dokument »allen Freundinnen, deren Andenken mich auf meiner kleinen Reise begleiteten«. Die Naturschönheit generell und die Erhabenheit der Berge sind die Hauptthemen. Ihr Weg führte die beiden Frauen über Tuttlingen und Schaffhausen bis nach Zürich und von dort wieder zurück, und zwar über Würzburg nach – Meiningen. Inzwischen hatte Christophine Reinwald nämlich beschlossen, wieder in ihre Wahlheimat zurückzukehren. Neben der schlechten Stuttgarter Luft und der Vorstellung, an dem angestammten Wohnort den vergleichsweise ausgedehntesten freundschaftlichen Verkehr vorzufinden, war ein weiterer Grund auch, daß die ihr vom Meininger Herzog zugesagte Witwenpension nur innerhalb des Territoriums Sachsen-Meiningens ausgezahlt werden sollte.

Und trotz ihrer langjährigen Augenbeschwerden übernahm Christophine Reinwald nun aus freien Stücken und nicht wie einstmals, gezwungenermaßen die Aufgabe, jungen Mädchen Unterricht im Zeichnen zu erteilen, diesmal unentgeltlich. Daneben waren zahlreiche Lektüren ihre Unterhaltung. Nur so erklären sich die unterschiedlichen Exzerpte in ihrem Nachlaß. Auch das Zeichnen und Malen versuchte sie theoretisch besser zu verstehen. Erhalten sind Abschriften aus bislang nicht näher bekannten Büchern, die bestimmte Techniken, wie etwa das Lavieren[223] und Farbmischungsrezepte für die Pastellmalerei[224] behandeln, aber auch kunsttheoretische Überlegungen.

Ernsthaft ging Christophine Reinwald all ihre Beschäftigungen an, und mittlerweile waren diese Beschäftigungen sehr differenziert und vielfältig. Sie war eine tiefreligiöse Frau, und auch dies wird durch ihre Hinterlassenschaften an eigenhändigen Dokumenten deutlich: Da finden sich eine große Anzahl meist winziger Zettel, die etwa *Mein Gebet* oder *An Gott* betitelt sind – in jedem Jahr schrieb sie mindestens ein derartiges Gebet.[225] Dann finden sich kleinere oder auch größere Texte zu den Themen Religion, Philosophie und Moral – immerhin insgesamt einundfünfzig Blatt. Hier legte sie ihre Gedanken etwa über den Begriff der Entsagung nieder, auch über die Ehe, das Gottvertrauen oder die Tugend. All diese Niederschriften, wie auch die ihr wichtigen Bibelstellen und die Gedichte verschiedener Verfasser, die sie abschrieb und die in der Regel auch moralischen Inhalt haben, dienten ihr wahrscheinlich schon während ihrer Ehe zur Konfliktbewältigung, zur eigenen Tröstung oder zur Selbsttherapie.

In ihrer letzten Lebensphase fällt auf, daß die Witwe vielfältige Kontakte zu jüngeren Frauen hatte, was zweierlei Gründe haben kann: daß diese jungen Frauen ihren Rat und ihre Erfahrung schätzten, aber auch, daß sie selbst seelisch jung geblieben war, wie auch die Bereitschaft zeigte, mehrfach den Wohnort zu wechseln und als unerfahrene Reisende im fortgeschrittenen Alter eine Schweizreise anzutreten. Nach der Rückkehr nach Meiningen 1823 wechselte sie den Wohnort jedoch nicht mehr und trat auch keine weitere Reise mehr an. Wahrscheinlich hatte sie diesen Ausbruch von Mobilität und Ortsveränderung nach dem Tode ihres Mannes zwar gebraucht, aber nach der intensiven Auslebung und den verschiedenen Erfahrungen nun die Ruhe gesucht.

Immerhin hatte sie aber auch in Meiningen noch zwei unterschiedliche Wohnungen. Zuerst lebte sie seit dem 1. April 1823 im sogenannten Steinernen Haus in der Anton-Ulrich-Straße, das einer Freundin gehörte. Ab sofort war sie ein gerngesehener Gast bei der Meininger Herzogin und berichtete in ihrer schwärmerischen Art auch den fernen Freundinnen über diesen Kontakt. In einem Brief von Ludovike Simanowiz an ihre allerbeste Freundin Regine Voßler aus dem Jahr 1823 machte sich die weltläufige, nun jedoch an das Haus gebundene Malerin ein wenig lustig über dieses Faible der Schillerschwester: »Unsere herzensgute Christophine ist vergnügt in Meiningen, sie scheint sich unter dem Adel zu gefallen, die Herzogin ladet sie öfters ein; sie ist eitel darauf; da hat sie eine große Schwäche, ich hatte darüber öfters Streit mit ihr. Eine solche Ehre gehört so recht zur nächsten Vergänglichkeit. Für mich hatte der Umgang mit solchen Personen nur alsdann einen Wert, wenn sie edle oder geistreiche Menschen waren.«[226]

1832 schließlich zog sie mit der Freundin Louise Heim in einem Haus zusammen, sie lebte ab sofort und bis zum Lebensende im unteren Stock des Mißlinkschen Hauses (heute Georgstraße/Ecke Klostergasse).

Christophine Reinwald überlebte Charlotte von Schiller, die wenige Tage nach einer in Bonn durchgeführten Augenoperation am 9. Juli 1826 gestorben war. Einen herben Verlust erfuhr sie zudem 1827, als sie, nachdem sie schon vom Ableben Franz Simanowiz' im Juni des Jahres erfahren hatte, nun auch noch im Oktober vom plötzlichen Tod Ludovikes durch deren Schwester Johanna erfuhr. Der ausführliche Brief von Johanna Reichenbach ist dem Ausbruch der tödlichen Krankheit, einer Lungenentzündung, gewidmet. Johanna Reichenbach war die unmittelbare Erbin und kannte Christophine gut von deren Aufenthalten in Erdmannshausen her. Sie schrieb in tröstender Absicht: »Ihren letzten Brief, teure Freundin, erhielt sie noch bei gesunden Tagen; und sagte öfters zu mir, ja, wenn meine liebe Christophine noch im Lande wäre, wir zögen *gewiß* zusammen, und auch in Ihrem Schreiben, das sie uns mitteilte, äußerten Sie selbst diesen Gedanken. Ja, Ihre Herzen waren eins, geliebte Freundin, durch Ihre Güte besitzen wir noch das Bild unserer teuren Schwester, vereint mit der dritten Freundin,[227] wir konnten es nie als ein ganzes Eigentum betrachten und jetzt um so weniger. [...] Wie teuer sind Sie unserem Herzen, ach, und jetzt um so näher, da ich keine Schwester mehr habe und ich ja nur durch diese Anteil an Ihrer Liebe erworben, und ich weiß, daß Ihr Herz mir gewogen bleiben wird.«[228]

Mit Sicherheit war Christophine Reinwald von diesem Verlust sehr betroffen. Johanna Reichenbach versicherte ihr, daß sie sich weiterhin auch um Christophines Geldangelegenheiten, ihr in Württemberg angelegtes Kapital, kümmern werde (dies hatte offenbar Ludovike zuvor erledigt), aber es gibt keinen Hinweis darauf, daß sich die beiden Frauen noch einmal wiedergesehen hätten.

Trotz des Verlustes der Freundin blieben Christophine einige Verwandte, die insbesondere den direkten Bezug zu Schiller noch hatten. So Caroline von Wolzogen, Charlottes Schwester, die wenige Jahre später, 1830, mit dem Buch *Schillers Leben, verfaßt aus Erinnerungen der Familie, seinen eigenen Briefen und den Nachrichten seines Freundes Körner*[229] ihre Version einer gültigen, quasi hagiographisch aufgezogenen Schiller-Biographie vorlegen sollte. Sie übernahm damit interfamiliär die erwähnte Deutungshoheit über Schillers Leben, während Ernst von Schiller sich um die Einkünfte aus Schillers Werken kümmerte. Caroline von Wolzogen sollte dereinst am 13. Januar 1847 sterben, also einige Monate vor Christophine Reinwald, die nach Charlotte von Schillers Tod für deren Töchter Caroline und Emilie zu einer Art Muttterersatz wurde.

Charlottes Tochter Caroline strebte aus freien Stücken an, den Beruf der Erzieherin zu ergreifen, für den sie hervorragend geeignet war. Ebenso wie Christophine Reinwald sah sie Ausbildung – und darin würde sie sich im Laufe ihres Lebens doch noch von der väterlichen Position entfernen – als »Mittel zur Erkenntnis des Meisterwerks unseres Himmlischen Vaters und seiner heiligen Weisheit«[230] an. Auch hierüber tauschte sie sich mit der Tante Reinwald aus. In einem Brief vom 20. Oktober 1825, ein Jahr, bevor sie in Karlsruhe in Schlesien eine Stelle als Erzieherin der verwaisten acht Jahre alten Prinzessin Marie von Württemberg antrat, betont sie eingangs erneut ihre geistige Verwandtschaft mit der Tante und klagt: »Warum sind wir getrennt?« Nach einem Verlöbnis mit dem Hofmeister des kleinen Prinzen Eugen, des Bruders der Prinzessin Marie, das jedoch von seiten des Hofmeisters gelöst wurde, gab sie 1828 ihre Stelle in Schlesien auf und lebte einige Jahre bei ihrer Tante Caroline von Wolzogen, um einige Jahre später den Plan zu fassen, in Rudolstadt eine Erziehungsanstalt für Mädchen zu gründen. In dieser Zeit, 1834, hielt sich Christophine Reinwald, die mittlerweile sechsundsiebzig Jahre alt war, mehrere Wochen bei der Nichte auf, mit der sie so vieles verband und die immer wieder schrieb, wie gerne sie mit der Tante auf Dauer zusammenleben wollte. Diesen Plan erwog Christophine damals wohl auch gründlich, sowie auch den, zu ihrem Neffen Ernst nach Trier zu ziehen. Doch beide Vorhaben wurden nicht mehr in die Tat umgesetzt. Sie hatte vielleicht gefürchtet, ihre seit dem Tode des Mannes erworbene Freiheit, die ihr viel bedeutete, erneut aufgeben zu müssen. Auch war ihr Meiningen wichtig. Zahlreiche intensive Kontakte banden sie an diese kleine Residenz, insbesondere der zur verwitweten Herzoginmutter Louise Eleonore von Sachsen-Meiningen (1763-1837), die 1803 bis 1821 die vormundschaftliche Regierung für ihren minderjährigen Sohn Bernhard II. Erich Freund ausgeübt hatte und die Christophine bis an ihr Lebensende oft an den Hof einlud. Die Verbindung zu der charakterstarken Herzogin, einer Mutter von drei Kindern, mag Christophine Reinwald über die sicherlich manchmal aufkommende Trauer, keine eigenen Kinder und Enkel gehabt zu haben, hinweggetröstet haben – die zahlreichen Familienfeste am Hof feierte sie immer mit.

1830 besuchte Christophine Reinwald die geliebte Nichte Emilie für längere Zeit. Von den Briefen Emilies an Christophine sind nur die ab 1828 erhalten, als diese sich mit Heinrich Adelbert von Gleichen-Rußwurm (1803-1887), den sie seit Kindertagen kannte, verheiratete und zu ihm auf sein Stammschloß Greifenstein op Bonnland in Unterfranken bei Würzburg zog. Emilie hatte ein Kind, Ludwig Heinrich, geboren 1836, der offenbar das Zeichentalent der Tante geerbt hatte, wie Emilie nicht müde wurde, in ihren Briefen an die Tante zu schreiben. Auch fungierte diese offenbar noch aus der Ferne als dessen erste Lehrmeisterin: »Ludwig

15. Christophine Reinwald, Caroline von Schiller, verh. Junot, schwarz-weiße Lithographie, undatiert (Goethe-Nationalmuseum Weimar).

16. Sophie von Egloffstein (?), Emilie von Schiller, verh. von Gleichen-Rußwurm, schwarz-weiße Lithographie von C. A. Stößel (?), wahrscheinlich zwischen 1825 und 1827 (Goethe-Nationalmuseum Weimar).

hat Dir selbst geschrieben und etwas gemalt. Ich gebe ihm jetzt Deine schönen Blumen zum Kopieren, und er zeichnet und malt sie mit großer Freude nach, natürlich nach seiner Art, aber es macht mir so große Freude, daß es Deine Blumen sind, die er nachzeichnet.«[231] Im selben Brief vom Mai 1843 deutete Emilie einen Reiseplan an, der sie nach Meiningen führte, und im Januar 1844 reiste die Familie Gleichen-Rußwurm erneut zur Tante. Im Anschluß an ihre Kur in Bad Kissingen im Juni und Juli 1845 fand dann der letzte Besuch der treuen Nichte in Meiningen statt. Sie bezeichnete die Tante inzwischen aufgrund deren im Alter stabilen Gesundheit als »wahres Wunder der Natur«.

Emilies ältere Brüder starben lange vor ihr, Ernst bereits

1841 und Carl 1857. Somit war die mehrfach schon beschworene Deutungshoheit über Schiller spätestens 1857 auf die jüngste Tochter des Dichters, die gar keine unmittelbaren Erinnerungen an ihn haben konnte, übergegangen. Emilie verstarb im Alter von achtundsechzig Jahren 1872. Sie war diejenige, die den Schillerschen Nachlaß sowie auch denjenigen ihrer Tante Reinwald erbte und betreute.

Emilies Sohn Ludwig wurde wirklich das, was die Mutter offenbar gewünscht und gefördert hatte: ein ausgewiesener Maler insbesondere von Landschaften. Er vertrat in Weimar, wo er Kunst studiert hatte, mit seinen früh dem Impressionismus zuzuordnenden Arbeiten lange die sogenannte Weimarer Malerschule. Und er war auch insofern ein modern denkender Mann, als er gemeinsam mit seinem Sohn Alexander für die Familie 1889 den Schillerschen Nachlaß – und damit auch den Christophines – dem Weimarer Goethe-Archiv übergab, das in diesem Zuge seinen Namen in Goethe- und Schiller-Archiv wandelte: Damit wurde dieser Schatz der germanistischen Forschung und dadurch auch der Öffentlichkeit durch zahlreiche Publikationen zugänglich gemacht.

In ihren letzten Lebensjahren konnte Christophine Reinwald noch manche Freude erleben. Eine solche äußerlicher Natur war sicherlich die Verdoppelung ihrer Witwenpension 1837 durch Herzog Bernhard von Sachsen-Meiningen. Aber es gab auch ein Ereignis, bei dem sie sich mehr als mißverstanden fühlte, nämlich die Veröffentlichung einer kleinen Verserzählung namens *Ein Genrebild* durch Gustav Schwab (1792-1850). Der Pfarrer und Gymnasialprofessor ist durch seine *Sagen des klassischen Altertums* bekannt geworden, gehörte aber auch der Schwäbischen Dichterschule

17. J. Diez, Elisabeth Christophine Friederike Reinwald, geb. Schiller, Lithographie von E. Schulz, frühestens 1846, 41,5 auf 33,6 cm (DLA).

an – seine Mutter war die Nichte eines Mitschülers Schillers an der Hohen Carlsschule gewesen, sein Vater ebendort einst Lehrer. So ist Schwabs Verbindung zu Schiller deutlich. Seine Verserzählung jedoch, die 1846 erschienen war, verärgerte Christophine, zumal sie Schwab, der darin einen fiktiven Besuch bei ihr beschreibt, nie gesehen hatte. Da heißt es:

»Doch sie will nicht, die Bedürfnißlose,
die an Selbstverleugnung längst gewöhnte,
sie, von dargebrachten Opfern lebend,
Wie ein And'res lebet von Genüssen.
Ohne Dienerhand und Freundesauge
Am Vergang'nen zehrend in der Stille,
aus der Gegenwart nur Blumen pflückend,
sitzt und malt im niedern Erdgeschosse
Schillers neunundachtzigjähr'ge Schwester.«[232]

Christophine Reinwald fand diese Darstellung ihrer Person als einsame, alte, vollkommen in der Vergangenheit lebende, bedürfnislose Frau unangemessen. Sie war vielmehr stolz darauf, gerade seitdem sie Witwe war, ein selbstbestimmtes, gottesfürchtiges, aber aus freier Wahl nun immer noch äußerst bescheidenes Leben zu führen, auch in dem Bewußtsein, Schillers Schwester zu sein. Der Begriff »Selbstverleugnung« in diesem Text hatte sie wahrscheinlich am meisten getroffen. Sie schrieb daraufhin dem Dichter einen Brief, in dem sie sich gegen das Zerrbild verwahrte: »Daß es mir bis jetzt noch nicht ähnlich ist, habe ich Gottes Gnade zu danken und erkenne darin eine Belohnung für mein früheres Leben, das ich der Pflicht gewidmet habe.«[233] Hatte

Christophine heiter und abgeklärt mit diesem Brief wirken wollen, wie sie offenbar im Freundeskreis verlauten ließ,[234] so war der Dichter Schwab seinerseits verstört durch das Schreiben und schrieb an einen Meininger Kollegen, ebenfalls Gymnasialprofessor, dieser möge in seinem Namen eine Entschuldigung bei der Frau Hofrätin Reinwald sowie bei der Frau Baronin von Gleichen, also Emilie, anbringen, er habe die Hofrätin unwillentlich beleidigt.[235] Dies konnte sie vermutlich wieder gnädiger stimmen.

Christophine Reinwald hatte frühzeitig ein Testament gemacht. Das erste im Jahr 1817, also dem Jahr, in dem sie nach dem Tode ihres Mannes ihr Haus in Meiningen verkauft hatte. Darin bedachte sie hauptsächlich die Nichte Therese Reinwald, die sie in Stuttgart gelassen hatte, und deren Schwester Caroline Reinwald in Rudolstadt, weil sie mittellose Waisen waren. Der Nichte Therese vermachte sie außerdem all ihre Kleidung sowie ihr Federbett. Den Töchtern Schillers, Caroline und Emilie, bestimmte sie jeweils ein kleineres Legat in Geldform, ebenso den Töchtern ihrer Schwester Louise. Auch bestimmte sie den Kindern ihres gesetzlichen Vormunds in Meiningen ein Legat in Geldform, dies wurde in einem Nachtrag vom 7. Februar 1820 zusätzlich vermerkt.

Nach zwei weiteren Testamentsänderungen 1828 und 1838 wurde am 12. Dezember 1845 das vierte, endgültige Testament in Meiningen beglaubigt. Darin wird, wie schon im dritten, erwähnt, daß das Vermögen und der Nachlaß Wilhelm Reinwalds schon zuvor an dessen Erben abgeführt worden sei und sie, Christophine Reinwald, auch selbst bereits zu Lebzeiten an Schillers Kinder ihr Erbteil abgegeben hatte. Es blieben also die Kinder der mittlerweile verstorbenen

Schwester Louise bzw. deren Kinder zu bedenken (zwei der drei Kinder Louises waren auch schon tot). Diese Nachkommen erbten Christophines Vermögen zu drei gleichen Teilen. Hierbei wurden drei verschiedene Legate ausgenommen, von denen insbesondere die Freundinnen in Meiningen profitierten. Zu ihren eigenen Zeichnungen und Malereien äußerte sie mit großer Bescheidenheit: »Wer von meinen eigenen Zeichnungen und Malereien gerne etwas zum Andenken wünscht, kann's gegeben werden; ich kann hier nichts bestimmen, besonders wage ich es nicht, höheren Personen etwas anzubieten.« Die einzigen Männer, die sie bedachte, waren der Gymnasialprofessor in Meiningen und Pfarrer Pfranger in Bürden, ihr Patensohn (der »junge Pfranger«): Er sollte ihre geistlichen Bücher und zwei Ölgemälde sowie hundert Gulden erhalten. Die Schatulle aus Ebenholz aus ihrem Schlafzimmer, die der Vater ihres Mannes »vor hundert Jahren« in einer Auktion in Gotha erstanden hatte, wollte sie hingegen dem Meininger Erbprinzen hinterlassen. Sicherlich waren gerade diese letzten Vermächtnisse die Frucht langen Überlegens gewesen. Christophine wollte jedem Menschen das geben, was ihn ihrer Meinung nach besonders mit ihr verband oder ihm gefallen hatte, eine Tasse etwa, aus der man gemeinsam Kaffee getrunken hatte, denn natürlich hatte sie keine Reichtümer zu vererben.

Am 31. August 1847 starb Christophine Reinwald im Alter von fast neunzig Jahren in Meiningen. Ein angefangenes Blumenbild lag noch auf ihrem Arbeitstisch. Mit diesem Bild drückte sie der Nachwelt noch einmal ihre Liebe zur Malerei aus, die trotz Begabung und aufgrund nur eingeschränkter Möglichkeiten nie wirklich über eine Leidenschaft hinausgehen sollte und die dennoch ihr bescheidenes und oft schwieriges Leben bereicherte. Selbst die Zeitgenossen hatten die Grenzen ihrer Kunst bereits erkannt, so der Meininger Oberhofprediger Constantin Ackermann, der einen Nachruf auf sie verfaßt hatte.[236] Mit einigen Passagen aus diesem Nachruf auf Christophine Reinwald soll diese Lebensbeschreibung schließen:

»Das, was am meisten von ihr bekannt war, und was sie für viele besonders anziehend machte, war vornehmlich zweierlei, einmal der Umstand, daß sie Schillers Schwester war, die Schwester des gefeierten deutschen Dichters, und dann ihre ungemeine Rüstigkeit und Lebendigkeit im hohen Alter. In den Gesichtszügen trat keine merkliche Ähnlichkeit mit ihrem Bruder hervor; erst nach dem Tode wollen etliche das deutliche Hervortreten einer solchen wahrgenommen haben. Desto unverkennbarer waren die Züge der Ähnlichkeit zwischen ihr und dem Bruder in ihrem Innern. Sie hatte, wie er, ein begeisterungsfähiges Gemüt, ein Gemüt, das eines hohen Aufschwungs fähig war; von allem geistig und sittlich Ausgezeichneten fühlte sie sich lebhaft ergriffen und sprach sich lebhaft darüber aus, und in ihrer Ausdrucksweise, besonders in ihrer Schreibart, lag etwas von dem Ernst und der Würde des Schillerischen Stils. Auch in Absicht auf dichterische Begabung hatte sie etwas mit dem Bruder gemein; sie hatte außerordentlich viel Sinn für Poesie und Kunst; Gedichte, Gemälde, Kunstanschauungen aller Art waren ihr eine Lebensfreude und ein Lebenselement. Sie erquickte, sie erbaute sich daran, sie war Gott und den Menschen dankbar für solche Genüsse. Ihre frohen oder frommen Erregungen schrieb sie nicht selten in Versen nieder, am liebsten und am häufigsten aber beschäftigte sie sich mit Zeichnen und Malen. Diese Beschäftigung setzte sie bis an ihr Ende fort; noch am letzten Morgen ihres Lebens hatte sie ein Frucht- und Blumenstilleben angefangen. Auch in dem, was sie zeichnete, prägte sich ihre Eigentümlichkeit entschieden aus. Nie würde sie sich dazu verstanden haben, eine Karikatur zu zeichnen. [...] Mit ihren Zeichnungen und Bildern schmückte sie ihre Wohnung aus oder beschenkte ihre Freunde und Freundinnen damit.

Vater und Mutter ehrte sie lebenslänglich mit der kindlichsten Dankbarkeit. [...] Wie für die Eltern, so hatte sie auch für die Geschwister, besonders für den Bruder, ein Herz voller Anhänglichkeit und Liebe. Das Herz ging ihr auf, wenn die Rede auf ihn kam und wenn sie dies und jenes von ihm erzählte, was in keiner Lebensbeschreibung

18. Grab Christophine Reinwalds auf dem Parkfriedhof in Meiningen, Fotografie (DLA).

von ihm stand; wenn sie unvermutet irgendwo sein Bildnis sah, so war sie freudig überrascht und rief: ›Ach, mein Bruder!‹ Aber bei aller Verehrung und Liebe für diesen Bruder war sie weit davon entfernt, diese Verehrung zur Schau zu tragen oder sich irgendwie damit hervorzutun, daß sie seine Schwester sei, oder von ihrem Bruder und von seinen Werken mit aller Welt zu sprechen; von freien Stücken sprach sie nicht leicht über ihn; wer sie nicht ausdrücklich auf diesen Gegenstand brachte, hörte und erfuhr darüber nichts von ihr. [...] Sie sah ihr Leben an wie einen Gottesdienst; mehr noch, sie führte es wie einen solchen. Alle Menschen auf Erden, meinte sie, seien Werkzeuge Gottes, und es sei ihr Glück wie ihre Ehre, dasjenige zu erkennen und auszurichten, was Gott für sie bestimmt habe und was er durch sie ausgerichtet haben wolle.«[237]

ANMERKUNGEN

Vorwort

1 Einer größeren Forschungsarbeit wird es in Zukunft überlassen bleiben, auch die Nachlässe dieser Korrespondentinnen, etwa der Freundinnen Ludovike Simanowiz, geb. Reichenbach, oder Louise Heim, um nur die beiden wichtigsten zu nennen, aber auch ihrer Schwester Louise Franckh, geb. Schiller, aufzuarbeiten und nach Hinweisen auf die Beziehung zu Christophine Reinwald zu durchforsten.

1. Herkunft, Kindheit und Jugend

2 zit. nach: von Maltzahn, S. 337-348.
3 Johann Caspar Schiller, S. 1.
4 so etwa die Ludwigsburger Freundin Ludovike Simanowiz, geb. Reichenbach.
5 vgl. Sonnet, S. 129.
6 Gühring, Krause et al. (Hg.), S. 641.
7 Johann Caspar Schiller, S. 6 f.
8 Caroline von Wolzogen, S. 4.
9 ebd.
10 vgl. Gühring, Krause et al., S. 642.
11 Caroline von Wolzogen, S. 7 f.
12 ebd., S. 9.
13 ebd., S. 11.
14 vgl. Scherzer, S. 59.
15 Johann Caspar Schiller, S. 10.
16 Caroline von Wolzogen, S. 33.
17 Wagner, S. 43.
18 Friedrich Schiller (F. S.) an Christophine Schiller (Chr. S.) am 19. 6. 1780, in: SNA, Bd. 23, S. 13 ff.

19 Christophine Reinwald, Notizen über meine Familie, in: von Maltzahn, S. 341.
20 ebd., S. 344.
21 vgl. Dieckmann, S. 52.
22 SNA, Bd. 23, S. 45.
23 von Maltzahn, S. 5–8.
24 ebd., S. 52
25 SNA, Bd. 23, S. 52.
26 vgl. Wölfing, S. 115 ff.
27 zit. nach: von Maltzahn, S. XV f.
28 Wohlgemerkt können wir nur von den erhaltenen Korrespondenzen ausgehen. Alles, was auf der Post verloren ging – damals auch ständig ein Thema in den Briefen – oder, von wem auch immer, vernichtet wurde, ist für uns nicht existent.
29 zit. nach: Dieckmann, S. 88 f.
30 Christophine Reinwald, Notizen ..., S. 345.
31 SNA, Bd. 33, I, S. 3 f.
32 ebd., S. 9.
33 Kern, S. 39.
34 SNA, Bd. 23, S. 122.
35 ebd., S. 123.
36 vgl. dazu Dieckmann.
37 Christophine Reinwald, Notizen ..., S. 346.
38 vgl. Ziegler und Davidis, S. 33.
39 Caspar Schiller (C. S.) an F. S. am 30. 6. 1784, in: SNA, Bd. 33, I, S. 33.
40 vgl. SNA, Bd. 33, II (Anmerkungen vom Herausgeber Georg Kurscheidt), S. 96 f.
41 SNA, Bd. 33, I, S. 34 ff.
42 Chr. S. an F. S. am 8. 8. 1784, in: SNA, Bd. 33, I, S. 37.
43 Wilhelm Reinwald (W. R.) an F. S. am 13. 8. 1784, in: SNA, Bd. 33, I, S. 39.
44 Johann Georg Pfranger an Chr. S. vom 26. 1. 1785, GSA 83/2400.
45 Christophine Reinwald, Notizen ..., S. 347.

46 C. S. an F. S. am 14. 6. 1785, in: SNA, Bd. 33, I, S. 73.
47 F. S. an Chr. S. am 28. 9. 1785, in: SNA, Bd. 24, S. 23 f.
48 ebd., S. 24 f.
49 Christophine Reinwald, Notizen …, S. 347.
50 W. R. an F. S. im Januar 1786, in: SNA, Bd. 33, I, S. 85.
51 F. S. an W. R. am 15. 4. 1786, in: SNA, Bd. 24, S. 41 f.
52 W. R. an F. S. am 26. 4. 1786, in: SNA, Bd. 33, I, S. 89 f.
53 mit Bleistift
54 ebd., S. 90.
55 ebd., S. 90 f.
56 vgl. Dieckmann, S. 170.
57 C. S. an F. S. am 27. 6. 1786, in: SNA, Bd. 33, I, S. 103 f.
58 SNA, Bd. 33, II, S. 207.

3. Vom Beginn der Ehe mit Reinwald bis zu Schillers Heirat (1786-1790)

59 W. R. u. Christophine Reinwald (Chr. R.) an F. S. am 5. 10. 1786, in: SNA, Bd. 33, I, S. 105.
60 ebd., S. 105 f.
61 Chr. R. an F. S. am 6. 10. 1786, in: SNA, Bd. 33, I, S. 106 ff.
62 SNA, Bd. 33, II, S. 214 f.
63 ebd., S. 215.
64 F. S. an W. u. Chr. R. am 13. 10. 1786, in: SNA, Bd. 24, S. 64 f.
65 fürwahr
66 Brief von W. u. Chr. R. an F. S. am 12. u. 21. 11. 1786, in: SNA, Bd. 33, I, S. 109 ff.
67 SNA, Bd. 33, II, S. 222.
68 Brief von W. u. Chr. R. an F. S. am 12. u. 21. 11. 1786, in: SNA, Bd. 33, I, S. 112.
69 F. S. an W. R. am 20. 12. 1787, in: SNA, Bd. 24, S. 187.
70 Brief von W. u. Chr. R. am 2. 3. 1788, in: SNA, Bd. 33, I, S. 174.
71 vgl. Fiege, S. 25.
72 F. S. an W. R. am 18. 4. 1789, in: SNA, Bd. 25, S. 243 f.

73 F. S. an Chr. R. am 18. o. 19. 8. 1789, in: SNA, Bd. 25, S. 276.

74 Chr. u. W. R. an F. S. am 25. 1. 1790, in: SNA, Bd. 33, I, S. 464 f.

75 Brief von W. u. Chr. R. an F. S. am 28. u. 29. 12. 1789, in: SNA, Bd. 33, I, S. 447 ff.

76 Dieckmann, S. 375.

77 F. S. an Chr. R. an F. S. am 19. 1. 1790, in: SNA, Bd. 25, S. 398 f.

4. Vorsichtiges Taktieren (1790-1795)

78 Chr. R. an F. S. am 27. 4. 1790, in: SNA, Bd. 34, I, S. 8 f.

79 GSA 83/2374.

80 F. S. an Chr. R. am 16. 5. 1790, in: SNA, Bd. 26, S. 20 ff.

81 Chr. R. an Charlotte von Schiller (Ch. v. S.) am 20. 9. 1790, in: von Wolzogen und von Gleichen-Rußwurm, S. 222 ff.

82 ebd., S. 224.

83 W. R. an Ch. v. S. am 24. 9. 1790, in: SNA, Bd. 34, I, S. 369 f.

84 Ch. v. S. an Chr. R. am 23. 5. 1791, in: SNA, Bd. 26, S. 511.

85 Chr. R. an Ch. v. S. am 18. 12. 1791, in: von Wolzogen und von Gleichen-Rußwurm, S. 224 ff.

86 Urlichs (Hg.), S. 340.

87 Elisabeth Dorothea Schiller (E. D. S.) an Ch. v. S. am 22. 6. 1794, in: von Wolzogen und von Gleichen-Rußwurm, S. 166.

88 ebd., S. 169.

89 F. S. an Chr. R. am 15. 11. 1792, in: SNA, Bd. 26, S. 165.

90 Ch. v. S. an W. R. am 16. 11. 1792, in: SNA, Bd. 26, S. 643 f.

91 W. R. an Ch. v. S., zit. nach SNA, Bd. 26, II (Anmerkungen der Herausgeber Edith und Horst Nahler), S. 727.

92 F. S. an W. u. Chr. R. am 31. 5. 1793, in: SNA, Bd. 26, S. 244 f.

93 W. u. Chr. R. an F. u. Ch. v. S. am 4. 6. 1793, in: SNA, Bd. 34, I, S. 269 f.

94 W. R. an F. S. am 22. 6. 1793, in: SNA, Bd. 34, I, S. 276.

95 vgl. Fiege, S. 16 f.

96 F. S. an Ludovike Simanowiz (L. S.) am 24. 6. 1793, in: SNA, Bd. 26, S. 249.

97 ebd.
98 W. R. an F. S. am 18. 7. 1793, in: SNA, Bd. 34, I, S. 287.
99 F. S. an W. u. Chr. R. am 22. 7. 1793, in: SNA, Bd. 26, S. 273.
100 F. S. an W. u. Chr. R. am 16. 9. 1793, in: SNA, Bd. 26, S. 281 f.
101 W. u. Chr. R. an F. S. am 1. 10. 1793, in: SNA, Bd. 34, I, S. 321.
102 W. u. Chr. R. an F. u. Ch. v. S. am 22. 7. 1794, in: SNA, Bd. 35, S. 32 ff.
103 F. S. an W. R. am 21. 12. 1794, in: SNA, Bd. 27, S. 107.

5. Das Krisenjahr 1796

104 F. S. an Chr. R. am 25. 4. 1796, in: SNA, Bd. 28, S. 214.
105 Chr. R. an F. S. am 28./29. 4. 1796, in: SNA, Bd. 36, I, S. 192 f.
106 E. D. S. an F. S. am 30. 4. 1796, in: SNA, Bd. 36, I, S. 197.
107 ebd., S. 195.
108 W. R. an F. S. am 20. 4. 1796, in: SNA, Bd. 36, I, S. 198.
109 Anstrengung
110 Einkommen
111 W. R. an F. S. am 30. 4. 1796, in: SNA, Bd. 36, I, S. 198 f.
112 Johann Friedrich Consbruch (1736-1810), ab 1780 Leibarzt, ab 1794 praktizierender Arzt in Stuttgart, zuvor Lehrer für Arzneimittelkunde an der Hohen Carlsschule. Er war vermutlich auch Schillers Lehrer dort.
113 Chr. R. an F. S. am 11. 5. 1796, in: SNA, Bd. 36, I, S. 204 ff.
114 F. S. an Chr. R. am 21. 5. 1796, in: SNA, Bd. 28, S. 219.
115 Arznei in Breiform
116 Chr. R. an F. S. am 20. 5. 1796, in: SNA, Bd. 36, I, S. 210 ff.
117 ebd., S. 212.
118 E. D. S. an F. S. am 21. 5. 1796, in: SNA, Bd. 36, I, S. 212 ff.
119 Chr. R. an F. S. am 10./11. 6. 1796, in: SNA, Bd. 36, I, S. 223.
120 ebd., S. 223 f.
121 ebd., S. 225.
122 ebd., S. 225.
123 E. D. S. an F. S. am 28. 6. 1796, in: SNA, Bd. 36, I, S. 248 f.

124 Chr. R. an F. S. (Nachschrift im Brief von E. D. S. an F. S. am 28. 6. 1796), in: SNA, Bd. 36, I, S. 249 f.

125 SNA, Bd. 36, II (Anmerkungen vom Herausgeber Norbert Oellers), S. 273.

126 Chr. R. an F. S. am 20. 7. 1796, in: SNA, Bd. 36, I, S. 279.

127 Chr. R. an F. S. am 21./22. 6. 1796, in: SNA, Bd. 36, I, S. 281.

128 F. S. an W. R. am 15. 8. 1796, in: SNA, Bd. 28, S. 286.

129 ebd.

130 Chr. R. an F. S. am 28.(-30.) 8. 1797, in: SNA, Bd. 36, I, S. 314.

131 ebd., S. 315.

132 Chr. R. an F. S. am 8./9. 9. 1796, in: SNA, Bd. 36, I, S. 320.

133 W. R. an F. S. am 10. 9. 1796, in: SNA, Bd. 36, I, S. 325.

134 F. S. an W. R. am 19. 9. 1796, in: SNA, Bd. 26, S. 295.

135 Chr. R. an F. S. am 29. 10. 1796, in: SNA, Bd. 36, I, S. 362.

6. Vom Tod des Vaters bis zum Tod der Mutter (1796-1802)

136 Chr. u. W. R. an F. S. am 8. 5. 1797, in: SNA, Bd. 37, I, S. 21.

137 Chr. R. an Ch. v. S. am 8. 5. 1797, in: SNA, Bd. 37, II, S. 46 f.

138 ebd., S. 47.

139 ebd.

140 Ch. v. S. an Chr. R. am 12. 10. 1797, in: Urlichs (Hg.), S. 343 f.

141 E. D. S. an F. S. am 16. 12. 1798, in: SNA, Bd. 38, I, S. 16 f.

142 W. R. an F. S. am 15. 2. 1799, in: SNA, Bd. 38, I, S. 36 f.

143 Nachschrift von Chr. R. im Brief von W. R. an F. S., in: SNA, Bd. 38, I, S. 37 f.

144 Chr. R. an F. S. am 27. 4. 1799, in: SNA, Bd. 38, I, S. 81 f.

145 Chr. R. an Ch. v. S., in: von Wolzogen und von Gleichen-Rußwurm, S. 266 f.

146 ebd., S. 267 f.

147 ebd., S. 268 f.

148 Chr. R. an L. S. 1799, GSA 83/2425.

149 ebd.

150 Chr. R. an Ch. v. S., in: von Wolzogen und von Gleichen-Rußwurm, S. 269 f.

151 ebd., S. 270.

152 W. u. Chr. R. an F. S. am 21. 12. 1799, in: SNA, Bd. 38, I, S. 203.

153 Chr. R. an Ch. v. S. am 8. 1. 1800, in: von Wolzogen und von Gleichen-Rußwurm, S. 271.

154 ebd., S. 271 f.

155 Chr. R. an F. S. am 27. 2. 1802, in: SNA, Bd. 39, I, S. 206.

156 Chr. R. an F. S., in: von Wolzogen und von Gleichen-Rußwurm, S. 271 f.

157 F. S. an Chr. R., zw. 8. u. 10. 5. 1802, in: SNA, Bd. 31, S. 131.

158 Ch. v. S. an Chr. R. am 10. 5. 1802, in: Urlichs (Hg.), S. 347.

7. Vom Tode der Mutter bis zum Tod Schillers (1802-1805)

159 Am 29. 4. 1802 war Schiller mit seiner Familie in das Haus an der Esplanade in Weimar gezogen.

160 Chr. R. an F. S. am 21./22. 5. 1802, in: SNA, Bd. 39, I, S. 263 ff.

161 Cotta an F. S. am 11. 6. 1802, in: SNA, Bd. 39, I, S. 281.

162 das Erbe

163 Chr. R. an F. S. am 9. 6. 1802, in: SNA, Bd. 39, I, S. 279.

164 Chr. R. an F. S. am 9. 6. 1802, in: SNA, Bd. 39, I, S. 279 f.

165 SNA, Bd. 39, II (Anmerkungen der Herausgeberin Barbara Steingießer), S. 647.

166 Chr. R. an Ch. v. S. am 30. 10. 1802, in: von Wolzogen und von Gleichen-Rußwurm, S. 288 f.

167 Chr. R. an F. S. am 15. 12. 1802, in: SNA, Bd. 39, I, S. 349 ff.

168 die sich mit seinen Sachen auskennen

169 Chr. R. an F. S. am 15. 1. 1803, in: SNA, Bd. 40, I, S. 5 ff.

170 Es handelte sich um ein Lustschloß der Sachsen-Meininger Herzöge südwestlich von Meiningen, benannt nach Charlotte Amalie, der zweiten Frau Herzog Anton Ulrichs (1687-1763).

171 Chr. R. an F. S. am 30. 4. 1803, in: SNA, Bd. 40, I, S. 53 f.

172 Chr. R. an F. S. am 1. 1. 1804, in: SNA, Bd. 40, I, S. 160 f.

173 Chr. R. an Ch. v. S. am 16. 6. 1804, in: SNA, Bd. 40, II (Anmerkungen der Herausgeber Georg Kurscheidt und Norbert Oellers), S. 323.

174 vgl. ebd., S. 322 ff.

175 Wilhelm von Wolzogen, der zweite Mann von Charlotte Schillers Schwester, war als diplomatischer Vertreter Weimars nach Moskau und St. Petersburg gereist, um erfolgreich die Heiratsabsichten des Weimarer Thronfolgers mit der Zarentochter Maria Pawlowna zu betreiben.

176 Chr. R. an Ch. v. S. am 11. 11. 1804, in: von Wolzogen und von Gleichen-Rußwurm, S. 302 ff.

177 Gemeint ist Maria Pawlowna, die russische Zarentochter, die im November 1804 als Ehefrau des Thronfolgers von Sachsen-Weimar-Eisenach, Carl Friedrich, feierlich in Weimar eingezogen war. Schiller hatte zu diesem Anlaß seine *Huldigung der Künste* zu ihren Ehren verfaßt, in welchem Werk er sich im Namen aller Weimarer Kunstschaffenden die Unterstützung der reichen Großfürstin erhoffte.

178 Chr. R. an Ch. v. S. am 16. 1. 1805, in: von Wolzogen und von Gleichen-Rußwurm, S. 305 ff.

179 Windpocken

180 F. S. an W. u. Chr. R. am 25. o. 26. 3. 1805, in: SNA, Bd. 32, S. 200 f.

181 Sie bezieht sich hier auf die zuvor erwähnte Übersetzung des *Heliand*, die jedoch nie von Reinwald publiziert wurde.

182 Chr. R. an F. S. am 30. 3. 1805, in: SNA, Bd. 40, I, S. 304 ff.

183 Sie hatte dem Bruder gegenüber eine in Aussicht gestellte Gehaltserhöhung Reinwalds erwähnt.

184 ebd., S. 306.

185 Herausgeber der *Aurora*.

186 ebd., S. 307.

8. Von Schillers Tod bis zum Tod Wilhelm Reinwalds (1802-1815)

187 Dies beruhte allerdings, zumindest was spätere Jahre anging, nicht auf Tatsachen. Charlotte las dann alles, was mit Schiller zusammenhing, und kritisierte gerade in Briefen an ihren Sohn Ernst derartige Publikationen scharf aufgrund ihrer Fehlerhaftigkeit.

188 Ch. v. S. an Chr. R., Anfang Juni 1805, in: Urlichs (Hg.), S. 356 ff.

189 ebd.

190 Chr. R. an Ch. v. S. am 15. 6. 1805, in: von Wolzogen und von Gleichen-Rußwurm, S. 312 ff.

191 Christophine zitiert Verse aus dem Gedicht in der ursprünglichen Fassung, die Schiller aber später verworfen hatte.

192 Chr. R. an Ch. v. S., in: von Wolzogen und von Gleichen-Rußwurm, S. 314.

193 vgl. Schöne, S. 44 ff.

194 Im Zuge der Rekonstruktion des »Schiller-Codes« 2008 ist auch die zwar nicht zu beweisende, allerdings plausible Theorie aufgestellt worden, daß Gall bzw. ein von ihm Beauftragter wesentlich später, mit einem dem Abguß möglichst ähnlichen Schädel aus seiner Sammlung bewaffnet, im Kassengewölbe auf die Suche nach dem Schiller-Schädel gegangen sei und diesen durch den ähnlichen ausgetauscht habe, was die wiederholte vergebliche Suche nach Schillers Schädel im Kassengewölbe und damit auch später in der Fürstengruft in Weimar erklären würde.

195 GSA 83/2462.

196 Chr. R. an Ch. v. S. am 14. 10. 1805, in: von Wolzogen und von Gleichen-Rußwurm, S. 318 f.

197 ebd., S. 319.

198 ebd., S. 319.

199 ebd., S. 320.

200 ebd., S. 322.

201 Chr. R. an Ch. v. S. am 16. 4. 1806, in: von Wolzogen und von Gleichen-Rußwurm, S. 323.

202 ebd., S. 323.

203 Chr. R. an Ch. v. S. am 2. 12. 1806, in: von Wolzogen und von Gleichen-Rußwurm, S. 327.
204 Ch. v. S. an Chr. R. am 30. 10. 1807, in: Urlichs (Hg.), S. 359 f.
205 Chr. R. an Ch. v. S. am 26. 12. 1807, in: von Wolzogen und von Gleichen-Rußwurm, S. 327 f.
206 Chr. R. an Ch. v. S., in: von Wolzogen und von Gleichen-Rußwurm, S. 334.
207 Ch. v. S. an Chr. R. am 10. 10. 1810, in: Urlichs (Hg.), S. 335.
208 Chr. R. an Ch. v. S. am 28. 12. 1810, in: von Wolzogen und von Gleichen-Rußwurm, S. 336.
209 ebd., S. 336 f.
210 Chr. R. an Ch. v. S., Ende 1812, in: von Wolzogen und von Gleichen-Rußwurm, S. 341.
211 Caroline von Schiller an Chr. S. am 25. 3. 1815, GSA 83/2391, Bl. 1.
212 Chr. R. an Ch. v. S. am 10. 8. 1815, in: von Wolzogen und von Gleichen-Rußwurm, S. 347 ff.

9. Witwenjahre (1815-1847)

213 Chr. R. an Ch. v. S. am 8. 5. 1816, in: von Wolzogen und von Gleichen-Rußwurm, S. 352.
214 ebd., S. 354.
215 ebd., S. 355.
216 Christophine Reinwald merkte an, daß sie die Ausgabe Leipzig, bei M. G. Weidmanns Erben und Reich, von 1764 benutzt hatte. Lady Montague hatte ihr Buch 1724 verfaßt.
217 vgl. Klaiber, S. 128.
218 vgl. von Wolzogen und von Gleichen-Rußwurm, S. 356, Fußnote 1.
219 Chr. R. an Ch. v. S. am 8. 1. 1817, in: von Wolzogen und von Gleichen-Rußwurm, S. 357.
220 Chr. R. an Ch. v. S. am 5. 4. 1822, in: von Wolzogen und von Gleichen-Rußwurm, S. 359.
221 L. S. an Chr. R. am 2. 1. 1822, in: Klaiber, S. 427 f.

222 GSA 83/2434.

223 GSA 83/2458.

224 GSA 83/2449, Bl. 46.

225 GSA 83/2369.

226 Klaiber, S. 429.

227 Hierzu zwei Hypothesen: Entweder handelt es sich um ein Bild, das Christophine Reinwald von Ludovike Simanowiz und Regine Voßler gemalt hatte, oder aber das Gemälde Ludovikes von sich selbst mit Regine Voßler, das dann aber Christophine geschenkt worden sein müßte und das sie in Erdmannshausen bei Johanna Reichenbach und dem Pfarrer-Bruder gelassen hatte.

228 Johanna Reichenbach an Chr. R. am 1. 10. 1827, GSA 83/2403.

229 Stuttgart und Tübingen, Cotta'sche Buchhandlung, 1830.

230 Caroline von Schiller an Chr. R. am 20. 10. 1825, GSA 83/2391, Bl. 4.

231 Emilie von Gleichen-Rußwurm an Chr. R. am 28. 5. 1843, GSA 83/2385.

232 zit. nach Ziegler und Davidis, S. 61 f. Gustav Schwabs Text erschien 1846 in Friedrich Hofmanns Almanach *Weihnachtsbaum für arme Kinder: Gaben deutscher Dichter* im Bibliographischen Institut Hildburghausen.

233 Chr. R. an Gustav Schwab am 14. 1. 1847, Deutsches Literaturarchiv Marbach.

234 In seinem Nachruf auf Christophine Reinwald berichtet dies Dr. Ackermann, Hofprediger in Meiningen.

235 GSA 83/2424.

236 vgl. Ackermann, S. 6 f.

237 ebd., S. 11-20.

PERSONENVERZEICHNIS

LITERATURVERZEICHNIS

Archivmaterialien:

Benutzt wurden das Goethe- und Schiller-Archiv Weimar, die Archivalien werden jeweils zitiert mit GSA,
und das Deutsche Literaturarchiv Marbach, zitiert als DLA.

Primärtexte:

Schillers Werke, Nationalausgabe (in den Fußnoten zitiert als: SNA), begründet von Julius Petersen, fortgeführt von Lieselotte Blumenthal und Benno von Wiese, hg. von Norbert Oellers und Siegfried Seidel, Band 1-43, Weimar 1943-2001.

Christophine Reinwald, Notizen über meine Familie, in: Wendelin von Maltzahn (Hg.), Schillers Briefwechsel mit seiner Schwester Christophine und seinem Schwager Reinwald, Verlag von Veit & Comp., Leipzig 1875.

Johann Caspar Schiller, Meine Lebensgeschichte, hg. vom Schillerverein Marbach am Neckar e. V., Tübingen 1993.

Alfred Freiherr von Wolzogen und Emilie Freifrau von Gleichen-Rußwurm, Schillers Beziehungen zu Eltern, Geschwistern und der Familie von Wolzogen, Cotta'scher Verlag, Stuttgart 1859.

Sekundärliteratur:

Constantin Ackermann, Züge aus dem Lebensbild der Frau Hofräthin Reinwald geb. Schiller, Meiningen 1847.

Friedrich Dieckmann, »Diesen Kuß der ganzen Welt!« – Der junge Mann Schiller, Insel Verlag Frankfurt am Main und Leipzig 2005.

Gertrud Fiege, Ludovike Simanowiz – Eine schwäbische Malerin zwischen Revolution und Restauration, in: Marbacher Magazin 57/1991.

Albrecht Gühring, Rüdiger Krause u. a. für Schillerverein Marbach am

Neckar (Hg.), Geschichte der Stadt Marbach am Neckar, Bd. 1 (bis 1871), Ubstadt-Weiher 2002.

Karl Hossinger, Die Hohe Carlsschule zu Stuttgart – Sklavenplantage oder einmalige epochale Erziehungsanstalt?, Nationale Forschungs- und Gedenkstätten der klassischen deutschen Literatur in Weimar, Weimar 1960.

Kirsten Jüngling und Brigitte Roßbeck, Schillers Doppelliebe. Die Lengefeld-Schwestern Caroline und Charlotte, Propyläen-Verlag, Berlin 2005.

Kabinettstücke (hg. von der Deutschen Schillergesellschaft = Sonderheft Spuren 75/76), Marbach am Neckar 2006.

Utta Keppler, Charlotte von Schiller, Stieglitz Verlag, Mühlacker 1986.

Dana Kern, Erfahrungen und Anregungen. Der junge Schiller im Fränkischen und seine Berührungspunkte mit Meiningen, in: Südthüringer Forschungen 26 (Beiträge zur Kulturgeschichte Meiningens), Meiningen 1992.

Friederike Klaiber, Ludovike – Ein Lebensbild für christliche Mütter und Töchter, Chr. Belsersche Buchhandlung, Stuttgart 1850.

Manfred Mai, »Was macht den Mensch zum Menschen?« – Friedrich Schiller, München und Wien 2004.

Klaus Manger und Nikolaus Immer (Hg.), Der ganze Schiller – Programm ästhetischer Erziehung, Winter Verlag, Heidelberg 2006.

Claudia Opitz, Ulrike Weckel, Elke Kleinau (Hg.), Tugend, Vernunft und Gefühl – Geschlechterdiskurse der Aufklärung und weibliche Lebenswelten, Waxmann Verlag, Münster und New York 2000.

Rüdiger Safranski, Friedrich Schiller oder Die Erfindung des Deutschen Idealismus, Hanser Verlag, München und Wien 2004.

Beatrice Scherzer, Ludovike Simanowiz, die Künstlerin in ihren Selbstbildnissen, in: Katharina Küster und Beatrice Scherzer, Der freie Blick – Anna Dorothea Therbusch und Ludovike Simanowiz – Zwei Porträtmalerinnen des 18. Jahrhunderts, Kehrer Verlag, Heidelberg 2002.

Albrecht Schöne, Schillers Schädel, C. H. Beck Verlag, München 2002.

Martine Sonnet, Mädchenerziehung, in: Georges Duby und Michelle Perrot, Geschichte der Frauen, Bd. 3: Frühe Neuzeit, hg. von Arlette

Farge und Natalie Zemon Davis, Campus Verlag und Editions de la Fondation Maison des Sciences de l'Homme, Frankfurt, New York, Paris 1994.

Ludwig Urlichs (Hg.), Charlotte von Schiller und ihre Freunde, Bd. 1, Cotta'sche Buchhandlung, Stuttgart 1860.

Heinrich Wagner, Geschichte der Hohen Carlsschule, Bd. 1, Würzburg 1856.

Günther Wölfing, Geschichte des Henneberger Landes zwischen Grabfeld, Rennsteig und Rhön, Verlag Frankenschwelle H.-J. Salier, Hildburghausen 1992.

Caroline von Wolzogen, Schillers Leben, verfaßt aus Erinnerungen der Familie, seinen eignen Briefen und den Nachrichten seines Freundes Körner, Erster Theil, Cotta'sche Buchhandlung, Stuttgart und Tübingen 1830.

Edda Ziegler und Michael Davidis, »Theuerste Schwester« – Christophine Reinwald, geb. Schiller, in: Marbacher Magazin 118/2007.